国家出版基金项目
NATIONAL PUBLICATION FOUNDATION

东　华　大　学
大　英　博　物　馆
维多利亚与艾尔伯特博物馆
英　国　国　家　图　书　馆
中　国　丝　绸　博　物　馆

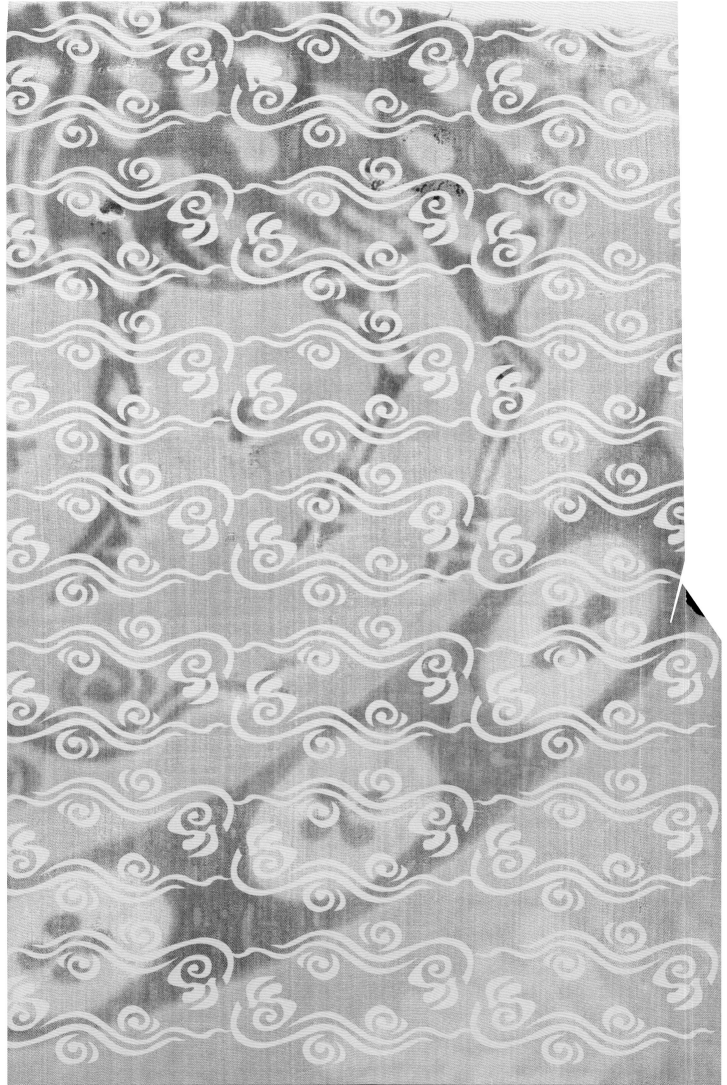

英藏卷

敦煌丝绸艺术全集

主　　编	赵　丰
副 主 编	汪海岚
	白海伦
	吴芳思
助理主编	王　乐
	徐　铮

东华大学出版社·上海

图书在版编目（CIP）数据

敦煌丝绸艺术全集.英藏卷／赵丰主编.--上海：
东华大学出版社，2024.12.--ISBN 978-7-5669-2494
-0

Ⅰ.K876.92

中国国家版本馆 CIP 数据核字第 2024XR0923 号

敦煌丝绸艺术全集·英藏卷

DUNHUANG SICHOU YISHU QUANJI · YINGCANG JUAN

主　　编　赵丰

副 主 编　汪海岚　白海伦　吴芳思
助理主编　王　乐　徐　铮

论文作者　汪海岚　白海伦　吴芳思　赵　丰　王　乐　徐　铮　包铭新　沈　雁

图录说明　赵　丰　徐　铮　王　乐（大英博物馆和英国国家图书馆部分）
　　　　　白海伦（维多利亚与艾尔伯特博物馆部分，蒙印度政府慨允）

翻　　译　邝杨华

译　　校　汪海岚

摄　　影　凯文·洛夫洛克（大英博物馆部分）
　　　　　科林·梅特兰（维多利亚与艾尔伯特博物馆部分）
　　　　　伊恩·托马斯（维多利亚与艾尔伯特博物馆部分）
　　　　　蕾切尔·罗伯茨（英国国家图书馆部分）
　　　　　赵　丰　徐　铮　王　乐（织物结构部分）

封面题字　冯其庸

策　　划　李柯玲
责任编辑　马文娟
文字校对　许可心　范　榕　李司奇　张越一
设　　计　彭　波　薛小博

出　　版　东华大学出版社（上海市延安西路1882号，200051）
本社网址　http://dhupress.dhu.edu.cn
天猫旗舰店　http://dhdx.tmall.com
营销中心　021-62193056　62373056　62379558
印　　刷　上海雅昌艺术印刷有限公司
版　　次　2024年12月第1版
印　　次　2024年12月第1次印刷
开　　本　889 mm × 1194 mm　1/16
印　　张　21.75　　字　数　529千字
书　　号　ISBN 978-7-5669-2494-0
定　　价　498.00元

目录

总　序

丝绸之路是人类历史上一项伟大的文化工程，它以丝绸为载体，成为东西方文化交流的重要通道。敦煌是丝绸之路上的明珠，是世界珍贵的文化遗产。1900 年，道士王圆箓意外发现藏经洞，其中除大量文书和佛画之外，还有各种各样的以丝绸为主的纺织品。藏经洞发现后，英国的斯坦因（Aurel Stein）、法国的伯希和（Paul Pelliot）、俄国的奥登堡（Sergei Oldenburg）以及日本大谷探险队等纷纷来到敦煌，用各种手段取得大量藏经洞发现的文物，其中也包括十分珍贵的丝绸。这种状况一直到中华人民共和国成立之后才得到了彻底的改变，在敦煌研究院的主持下，莫高窟得到了科学的保护，在清理和发掘的过程中，又发现了几批自北魏至元代的丝织品。

现存的敦煌出土丝织品主要收藏于中国、英国、印度、法国和俄罗斯等国家的众多研究和收藏机构。对于国外收藏的敦煌丝织品来说，总体只有零星刊布，罕见专门著作。基于藏经洞发现而形成的敦煌学虽然已得到了长足的发展，但其中的丝织品却一直缺少系统的整理和深入的研究，因此，东华大学组织了《敦煌丝绸艺术全集》这一出版工程，并已列入"十一五""十二五"国家重点图书出版规划。

敦煌莫高窟发现的织物以丝绸为主，同时也包括少量其他纺织品。不过，本书对纺织品的界定是采用织、染、绣工艺完成的文物，以及部分以装饰效果为主的彩绘文物，而不包括以佛教造像为题材的绢画和布幡。

从 20 世纪 80 年代初起，东华大学的前身——中国纺织大学就开展了中国纺织科技史的全面研究。2000 年，我校又与敦煌研究院合作成立了敦煌服饰研究中心，对敦煌服饰资料进行了系统的整理和研究。现在，我校又开始与英国、法国、印度、俄罗斯等国以及国内的相关学术机构合作，收集和整理散藏于世界各地的敦煌丝绸和纺织品，从纺织科技与艺术的角度进行分析，详细记录，整理出版，这将填补敦煌学在丝绸研究方面的空白，也将为丝绸之路研究、中外文化交流史研究、纺织服饰美术史研究等领域谱写新的篇章。

我们衷心地感谢所有的合作伙伴慷慨地提供他们所收藏的敦煌纺织品资料，提供各种便利的条件使得我们的合作顺利展开。我们也期待敦煌学研究能通过这一全集的出版得到进一步的深入发展，中华灿烂的历史和文化会继续通过丝绸之路与整个世界交相辉映。

东华大学原校长

英藏卷序

许多世纪以来，敦煌一直是丝绸之路中国西部的一个重镇。由东往西的旅行者在穿过塔里木盆地中被称为死亡之海的塔克拉玛干大沙漠之前要在此做最后的休整，而由西往东者在经过了漫长的旅途之后也会在敦煌寻找暂栖之处，其中有许多人会前往敦煌东南的千佛洞朝拜。就在此地，数以千计的经卷、绘画、织物以及其他文物在11世纪初被封存于一个小小的石室，即举世闻名的第17窟。20世纪初，道士王圆箓翻修佛窟，机缘巧合地发现了藏经洞。后来，他即拿出藏经洞的部分文物换取资金，来翻修寺庙，改善朝拜者的住宿条件。

1907年5月，即藏经洞与世隔绝约九百年后，斯坦因首次访问敦煌。他从王圆箓那里得到了大量遗书和织物，并把它们运到伦敦让专家进行研究，其中最为重要的是将这些文物在伦敦保存、记录，其相关资料也得以出版问世。他的科学报告《西域考古图记》汇合了当时一些顶尖学者的成果，为中亚和东亚早期的历史和考古研究提供了重要的参考资料。

藏经洞的文物无疑改变了东方文明研究的许多领域。遗书有助于了解古人的语言和文字，绢画和佛窟内的壁画揭示了公元4世纪以来的佛教艺术传统，同样有着一千多年历史的织物，显示了它们同时受到东西方两种传统的影响。不过，虽然人们对织物也颇感兴趣，但当时最为吸引人们视线的还是敦煌的遗书和绘画。

因此，在2006年夏天，我们高兴地欢迎来自上海东华大学和中国丝绸博物馆的赵丰教授以及他的助手王乐和徐铮，研究分别收藏在大英博物馆、维多利亚与艾尔伯特博物馆和英国国家图书馆的敦煌织物。该项目同时也是他们和英伦三馆工作人员之间一次极为成功的合作。

2007年5月，距藏经洞与世隔绝约有千年，距斯坦因首次访问敦煌恰逢百年，我们很高兴在这一时候看到本书的出版，它是中英两国学者共同合作的结晶。我们坚信，敦煌学的明天将建立在进一步的国际合作上。

Neil MacGregor	Mark Jones	Lynne Brindley
尼尔·麦克奎格尔	马克·琼斯	林恩·布莱得利
大英博物馆原馆长	维多利亚与艾尔伯特博物馆原馆长	英国国家图书馆原馆长

致　　谢

2006年是我们研究敦煌纺织品的一个重要年份，至少有三件事有机地结合在一起。首先是大英博物馆得到了英国学术院的资助，邀请我前往伦敦进行斯坦因藏品中纺织品的整理和研究，并为其完成美林数据库中的相关资料，结果我于该年的4月18日至9月20日在伦敦度过了5个月的时光，完成了对大英博物馆收藏所有斯坦因纺织品的分析和整理，共五百多件，其中包括220件来自敦煌藏经洞的织物。二是由东华大学出版社承担的中国国家"十一五"重点出版规划项目多卷本《敦煌丝绸艺术全集》开始启动，其中首先启动的是英藏卷，东华大学和中国丝绸博物馆为我提供了两名助手王乐和徐铮，她们于6月15日至8月12日来到伦敦，和我一起在大英博物馆、维多利亚与艾尔伯特博物馆和英国国家图书馆工作，完成了对三馆所藏所有敦煌纺织品的分析和研究。三是东华大学、敦煌研究院和中国丝绸博物馆联合申报了2006年度国家社科基金课题《敦煌丝绸与丝绸之路——历史、科技、艺术的综合研究》，我们同时展开了对敦煌丝绸与丝绸之路更深层次的研究工作。这三项工作相互关联，同时进行，但现在首先可以看到的是《敦煌丝绸艺术全集》中的英藏卷将要面世。

在整个研究过程中，我们首先要感谢大英博物馆、维多利亚与艾尔伯特博物馆（蒙印度政府慨允）和英国国家图书馆慷慨地提供各种方便，让我们进行详细的分析和研究，感谢三馆无偿提供了所有斯坦因敦煌纺织品的图片和版权。在这其中我们特别感谢的是大英博物馆的麦嘉乐（Carol Michaelson），她在主持大英博物馆斯坦因藏品数字化项目的过程中，为了使其中的纺织品内容更为准确和完整，特别邀请我前往英国进行研究，使得这一敦煌项目得以启动。在她的组织和协调下，大英博物馆、维多利亚与艾尔伯特博物馆和英国国家图书馆的同行联合参与这一项目，虽然她在本书中并不承担任何写作任务，但她所起到的作用至关重要。维多利亚与艾尔伯特博物馆的东亚部主任马可乐（Beth McKillop）也给予了极大的支持。同时，我们要感谢东华大学和中国丝绸博物馆，他们在经费和人员上给予了极大的支持。原东华大学徐明稚校长、研究生部张家钰主任、服装与设计学院李柯玲院长和包铭新教授在组织和协调这一项目的立项和操作，特别是在资金方面起到了关键性的作用。同时，原中国丝绸博物馆的俞志达馆长和徐德明副馆长也对这一项目表示由衷地理解，并在人力上给予了极大的支持。

感谢直接参与本书写作与相关工作队伍中的所有人员。大英博物馆的汪海岚（Helen Wang）、维多利亚与艾尔伯特博物馆的白海伦（Helen Persson）和英国国家图书馆的吴芳思（Frances Wood）三位女士，她们不仅组织和协调了各馆的工作，并在本书中撰写了本书中的论文及图录说明。东华大学的王乐和中国丝绸博物馆的徐铮自始至终参与了整个项目，并撰写了本书中的论文和图录说明，东华大学的包铭新和沈雁也为本书贡献了一篇极有价值的论文。所有这些，都在本书中有详细的署名。除他们之外，这里必须说明的还有：

英文翻译：邝杨华；

英文翻译校对：汪海岚；

摄影：凯文·洛夫洛克（Kevin Lovelock，大英博物馆部分），科林·梅特兰（Colin Maitland，维多利亚与艾尔伯特博物馆部分），伊恩·托马斯（Ian Thomas，维多利亚与艾

尔伯特博物馆部分），蕾切尔·罗伯茨（Rachel Roberts，英国国家图书馆部分），赵丰、王乐、徐铮（织物结构部分）；

绘图：王乐、万芳、冯荟、刘珂艳、顾春华、谭文佳等；

织物组织分析：徐铮、王乐为主，王淑娟、于颖也有部分贡献。

大英博物馆文物保护中心的莫尼卡·波伦（Monique Pullan）及她的同事、维多利亚与艾尔伯特博物馆的琳达·希利尔（Lynda Hillyer）和索尔迪丝·巴尔杜斯多蒂尔（Thordis Baldursdottir）、英国国家图书馆的马克·巴纳德（Mark Barnard）以及她们的同伴为敦煌织物的保护做了大量的工作，使得这些织物能较为平整地展示在我们面前。大英博物馆的助理们的辛苦操劳和帮助也为我们观摩和研究敦煌纺织品提供了便利条件。

在此，我们也要感谢本书的出版人员，东华大学出版社对本书出版给予了各方面的支持。马文娟自始至终负责本书的编辑，彭波为本书进行了精心的艺术指导，薛小博、施红阳、刘文豪等进行了大量具体的排版工作。

我们还要感谢在整个工作过程中给予各种帮助、在写作过程中给予各种指导并提供相关资料的老师和同仁，他们是樊锦诗、郝春文、柴剑虹、孟凡人、荣新江、尚刚、巫新华、扬之水、张涌泉、郭物、府宪展、韦陀（Roderick whitfield），大英博物馆的罗伯特·诺克斯（Robert Knox）、塔妮娅·察拉伯（Tanya Szrajber）、塞西莉亚·布拉金（Cecilia Braghin）、特里萨·弗朗西斯（Teresa Francis）、路易丝·弗莱彻（Louise Fletcher）、金玛丽（Mary Ginsberg）、杰西卡·哈里森-霍尔（Jessica Harrison-Hall）、莫琳·西奥博尔德（Maureen Theobald）、邱锦仙，英国国家图书馆的魏泓（Susan Whitfield）、蒙安泰（Alastair Morrison），维多利亚与艾尔伯特博物馆的卫怡真（Verity Wilson）、张宏星、刘明倩、张越翔、张菁等。

最后，我们还要感谢东华大学校长原徐明稚教授为本书撰写总序，大英博物馆馆长尼尔·麦克奎格尔（Neil MacGregor）、维多利亚与艾尔伯特博物馆馆长马克·琼斯（Mark Jones）以及英国国家图书馆馆长林恩·布莱得利（Lynne Brindley）为本卷作序，冯其庸先生为本书题签。

浙江大学艺术与考古学院院长
中国丝绸博物馆名誉馆长
东华大学服装与艺术设计学院教授

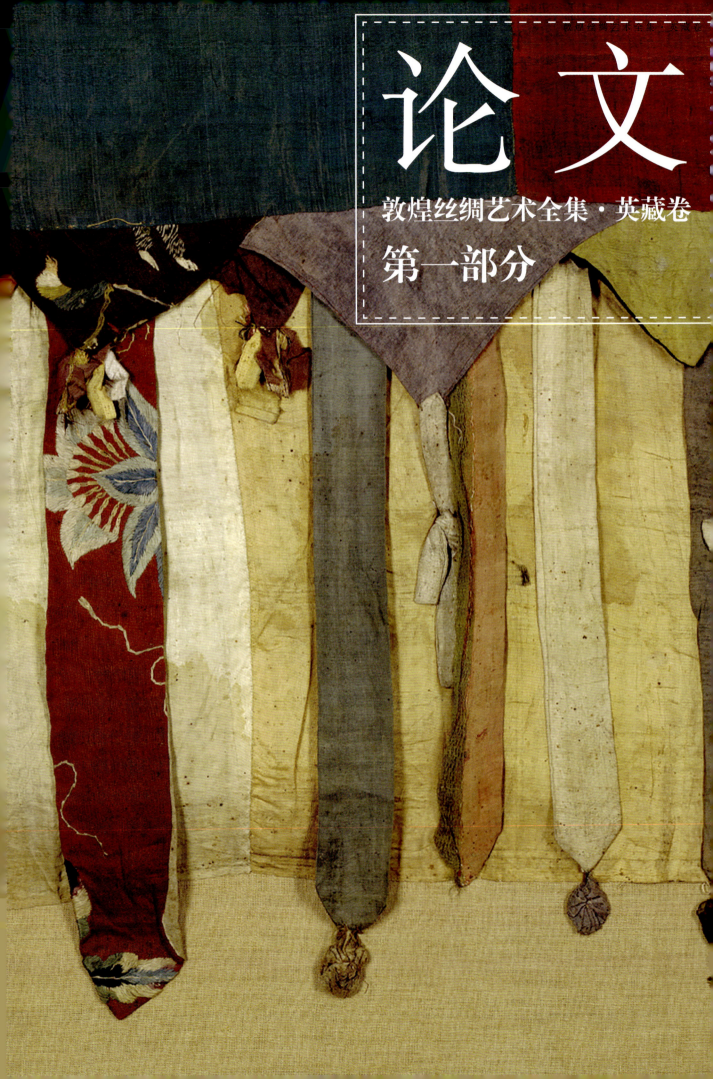

论文

敦煌丝绸艺术全集·英藏卷

第一部分

图1 斯坦因所拍摄的藏经洞洞口

图2 出自藏经洞的写经包袱

伦敦收藏的敦煌丝绸

汪海岚（Helen Wang） 白海伦（Helen Persson） 吴芳思（Frances Wood）*

在这个世界上我们只能抓住有限的东西，然而对中国纺织艺术整体性的研究，却能引领我们进入一个无限的领域❶。

1907年与1914年，奥雷尔·斯坦因（Aurel stein）爵士曾两次到访敦煌。在千佛洞，道士王圆箓向他透露了第17窟藏经的秘密，该洞洞口于11世纪早期被封（图1、图2）。藏经洞中的珍宝现已众所周知，特别是那些用各种文字记录的文书和手稿，以及精美绝伦的绢画❷。然而，长期以来人们对织物的重视相对较少。因此，2006年夏天当我们在伦敦欢迎前来专门研究敦煌丝绸珍品的赵丰教授和他的助手王乐和徐铮时，确实非常高兴。

我们的介绍旨在为现藏于伦敦的这批敦煌织绣珍品提供背景性知识。首先是收藏这批丝织品的几家机构的历史概况：大英博物馆（British Museum）、英国国家图书馆（British Library）、印度事务部图书馆（India Office Library）和维多利亚与艾尔伯特博物馆（Victoria and Albert Museum）。其次，我们将对斯坦因收藏品的过程给出一个时间轮廓，斯坦因共有四次中亚探险，其中第二次和第三次到过敦煌❸。虽然伦敦收藏的敦煌织物都来自斯坦因的第二次探险，但为了清楚起见，我们仍准备对这些收藏机构和斯坦因前三次探险所得织物进行简单回顾。第三，我们将对斯坦因整理和刊布敦煌织物以后这些研究机构所做的相关工作做一概述。

一、大英博物馆、英国国家图书馆、印度事务部图书馆和维多利亚与艾尔伯特博物馆

1. 大英博物馆

大英博物馆的藏品最初来自汉斯·斯隆（Sir Hans Sloane，1660—1753）爵士的大量收藏（图3）。斯隆去世后，议会通过了一项法案（即1753年大英博物馆法），允许政府购买其多达80 000件的私人收藏品，同时选出一个董事会负责保管这批藏品，并向公众开放展示。其他一些重要的收藏，包括罗伯特·布鲁斯·科顿（Sir Robert Bruce Cotton，1571—1631）爵士家族图书馆的收藏也被同时加入到斯隆收藏中。博物馆向公众开放后，图书馆内还为学者们提供了阅览室。其后两百多年间，这个藏有手稿和印刷书籍的图书馆一直是大英博物馆的重要组成部分（其中还有一个东方手稿的分部）。

1972年议会通过了英国国家图书馆法案，法案规定英国国家图书馆将从1973年7月开始运作，于是大英博物馆的图书馆便成了这个新建图书馆的一个组成部分。从此，大英博物馆内不再有文献资料。博物馆藏品中的亚洲文物起初归入文物部，随着藏品的增加，1921年专门设立了东方文物分

* 汪海岚(Helen Wang)，英国皇家钱币学会副会长；
白海伦(Helen Persson)，维多利亚与艾尔伯特博物馆馆长；
吴芳思(Frances Wood)，大英图书馆前中国馆长。
❶ 见斯坦因1912年12月8日写给安德鲁斯的信(包德利图书馆Stein MSS40/173)。
❷ 参见大英图书馆国际敦煌项目：http://idp.bl.uk。大英博物馆斯坦因藏品典型标本：http://www.thebritishmuseum.net/thesilkroad。
❸ 斯坦因被迫中止他的第四次探险，收集品全部留在中国。

图3 大英博物馆

图4 英国国家图书馆

图5 维多利亚与艾尔伯特博物馆

部。在印刷绘画部内也有东方印刷绘画分部（1912年设立）。1933年这两个分部合并成立了东方文物部。2003年稍作调整并正式更名为亚洲部。

2. 英国国家图书馆

1972年，英国国家图书馆由几个藏书机构合并建成，其中最重要的就是大英博物馆印刷书籍部和手稿部的收藏（图4）。由此，斯坦因收藏的手稿资料包括附有丝织带的中文卷轴，从大英博物馆转入英国国家图书馆。1982年，印度事务部图书馆和档案部也并入英国国家图书馆，所以斯坦因从敦煌收集的藏文和于阗文文献也和中文文献归在一起。这一新部门最初名为东方和印度藏品部，后来又更名为亚洲太平洋地区和非洲藏品部。由此可见，现藏于英国国家图书馆的斯坦因藏品曾几经易手。自1982年起，英国国家图书馆的东方和印度藏品部曾三度迁址：1982—1990年在 Store Street，London WC1；1991—1998年在 Orbit House，Blackfriars，London SE1；1998年至今在 St Pancras，Euston Road，London NW1。

3. 印度事务部图书馆

印度事务部（India Office）的前身是1600年建立的东印度公司（East India Company）。1858年印度兵变后，东印度公司被英国政府接管，更名为印度事务部。印度事务部的职能类似外交和殖民地事务部，主要为印度政府处理一些英国境内的印度事务。1947年印度独立后，印度事务部归入外交和殖民地事务部。1982年，印度事务部图书馆及其手稿和档案文件一起归入英国国家图书馆。

4. 维多利亚与艾尔伯特博物馆

维多利亚与艾尔伯特博物馆缘起1851年的世界博览会（俗称水晶宫博览会）。博览会的收益用于建立产业博物馆（Museum of Manufactures），并购买部分展品，为新博物馆奠定藏品基础（图5）。建立博物馆的目的是让大众有机会欣赏艺术作品，让劳动者接受教育，并让英国的设计师和制造者汲取灵感。1857年，博物馆迁至现址，并更名为南肯辛顿博物馆（South Kensington Museum），从此，其藏品（包括纺织品）迅速增加，并应需要建造了半永久性的展厅。1880年，另一家印度博物馆（India Museum）的所有财产正式并入南肯辛顿博物馆。1899年，该博物馆的主厅和主入口动工，博物馆由此又更名为维多利亚与艾尔伯特博物馆。

二、斯坦因藏品概况

经过在维也纳（Vienna）、莱比锡（Leipzig）和蒂宾根（Tübingen，1879—1884）等地对梵语、古波斯语、印度学和文献学的系统学习，在布达佩斯服役期间从事绘制地图的工作后，奥里尔·斯坦因在印度开启了他的职业生涯。他先后担任旁遮普大学（Punjab University）注册主任、拉合尔亚洲学院（Oriental College，Lahore）校长（1888—1899）和加尔各答伊斯兰学校（Calcutta Madrasah）校长（1899—1900）。但他真正的兴趣还是在于对中亚、中国、印度、伊朗、伊拉克和约旦的"考古探险"❹。

斯坦因的中亚探险得到多家机构的资助，斯坦因也答应为这些机构收集考古和文献实物，其收集品最后将由各机构按其投资比例分配。斯坦因的第一次探险（1900—1901）是由印度政府、旁遮普和孟加拉政府共同赞助的❺，他们同意斯坦因将收集品先在伦敦进行研究后再送往指定的博物馆。斯坦因的敦煌之行发生在第二次（1906—1908）和第三次探险（1913—1916）。第二次探险的资金由印度政府赞助 60% 和大英博物馆提供 40%。因此，这次的收集品也按此比例分配。第三次探险则完全由印度政府资助，此次探险的收集品主要进入新德里（New Delhi）一家新建的博物馆，大英博物馆仅收藏了一些代表性的标本和"文学遗稿"❻。

然而，在任何一次分配之前，斯坦因都会尽力把这些藏品放在一起进行研究、编目、拍照并出版。这通常需要很多年，也会有来自各个机构的代表介入。由于第二次世界大战的缘故，某些决定又被延误了❼。

斯坦因的目的是尽快出版关于每次探险的"个人亲历记"，以其日记为基础并整理出版，如《沙埋和田废墟记》（1903）和《契丹沙漠废墟》（1912）❽。在对其收集品做出进一步的研究和编目之后，还会出版更为学术的"科学报告"，其中包括不同学科专家的研究成果，如众所周知的《古代和田》（1907）、《西域考古图记》（1921）和《亚洲腹地》（1928）。这两种类型的出版物都以对这些藏品所做的整理和研究为基础❾。大英博物馆从斯坦因的第一次探险起就为他提供了这样的便利场所。他的助手安德鲁斯（Fred Andrews）也在伦敦和克什米尔（Kashmir）协助整理三次探险的收集品，这保证了斯坦因的工作持续稳定地进展。

人们总是推测，斯坦因三次中亚探险的收集品都被集中在伦敦，成为大英博物馆馆藏的一部分并在那里开展研究工作。然而，这一说法并不准确。下面我们回顾一下这些藏品的历史。重要的是，尽管斯坦因藏品曾留存在大英博物馆，但只有在博物馆与印度事务部经过协商分配之后，它们才真正属于大英博物馆。在大英博物馆正式向印度事务部要求一些样品之前，斯坦因的收藏并非大英博物馆馆藏的一部分，而且得到这些样品通常需经过一段马拉松式的协商。在斯坦因收集品分配方案正式决定之前，这些文物仅存放在大英博物馆。偶尔，斯坦因也向专家出借藏品，在博物馆外进行研究。他的斯坦因藏品助理会记录借出的文物名称、编号及其去处，以便日后收回。

❹ MIRSKY J,1977; WALKER A,1995.

❺ STEIN M A, 1907: p. vi.

❻ STEIN M A, 1928: p. xvi.

❼ 参见WOOD F, 1996; WHIFIELD S, URSULA S-W 2004和WANG H, 2002.

❽ 斯坦因并未为他的第三次探险发表"个人陈述"。

❾ 关于对照表，参见DIAMOND E, ROGER M, 1983; FALCONER J, et al. 2002; WANG H, 2002。

1. 第一次探险收集品

斯坦因第一次探险（1900—1901）的收集品被运到伦敦时，大英博物馆印度文物组借出了一间专室供斯坦因研究文物。随后印度政府便建议鲁道夫·霍诺尔（Rudolf Hoernle）博士和大英博物馆代表人应确定收集品的分配方案[10]。

2. 第二次探险收集品

斯坦因第二次探险（1906—1908）的收集品也被运到伦敦。它们最初存放在自然历史博物馆（Natural History Museum，隶属于大英博物馆）[11]，等到布伦斯堡区（Bloomsbury）大英博物馆的斯坦因藏品室（Stein Collection）设施就绪后又搬入新址。但斯坦因对那里的设施并不满意，甚至提出是否能将藏品继续存放在自然历史博物馆或者印度博物馆[12]，是否有相应的条件存放这批藏品。但他的要求还是被拒绝了，其主要原因是当时在南肯辛顿的博物馆正在进行重大的改造[13]。

1909年8月5日，第二次探险收集品最终还是进入了大英博物馆的斯坦因藏品室。斯坦因藏品室独立于大英博物馆的永久藏品，它有自己的锁和工作人员，其中最重要的是安德鲁斯先生（Mr. Andrews）和罗里默小姐（Miss F. M. G. Lorimer）。他们尽管独立为斯坦因藏品工作，但也和博物馆的工作人员以及博物馆之外的专家协商和讨论。

藏品编目结束之后，也是《西域考古图记》（1921）准备出版之时，关于收集品分配的谈判开始了。1917年和1919年，分配给大英博物馆的藏品两次正式从斯坦因藏品名下转入大英博物馆（见下文），而分配给印度政府的藏品则于1919年2月12日从大英博物馆迁至驻伦敦的印度事务部，准备日后装船运往印度。

然而，这批藏品似乎并没有马上运往印度，相反，它们被留在了伦敦的印度事务部的仓库（India Store Depot）。安德鲁斯的论文《中国古代提花丝织品》的发表（1920）和斯坦因的著作《西域考古图记》以及《千佛》（均在1921）的出版再次引起人们对斯坦因探险收集品的关注。因此，1923年3月这批物品又回到大英博物馆。1923年的夏天再从这里转移到维多利亚与艾尔伯特博物馆，安德鲁斯在此"完全地投入到分配给印度政府的第二次探险收集品的检查、分配和包装工作"[14]。这批收集品在那里重新打包，且大部分箱子于1923年10月送回印度事务部的仓库。第二次探险收集的纺织品似乎正是在此时和其他文物分开了。维多利亚与艾尔伯特博物馆向印度政府申请借用这批纺织品，并于1923年12月得到了印度政府的同意。三只箱子（据说还包括绢画）被临时存放在维多利亚与艾尔伯特博物馆的防空贮藏室里，1924年9月又移入大英博物馆，推测可能是为了和斯坦因第三次探险的收集品（其中有些是1924年从克什米尔送来的）作对比研究[15]。

[10] 大英博物馆档案中心，斯坦因文件，编号CE32/23/5。
[11] 大英博物馆档案中心，斯坦因文件，编号CE32/231。1881年自然历史博物馆在南肯辛顿成立，随后便成了大英博物馆自然历史类藏品的收藏地。自然历史博物馆附属于大英博物馆董事会，直到1963年议会通过大英博物馆法案才完全独立。
[12] 大英博物馆档案中心，斯坦因文件，编号CE32/23/23/2。
[13] BAKER M, RICHARDSON B, 1997: p.45.
[14] 维多利亚与艾尔伯特博物馆档案，见1923年2月19日斯坦因致C. H. 密斯的一封信；亦可见A. F. 坎德里克1923年3月14日笔记。1897—1924年，A. F. 坎德里克曾在维多利亚与艾尔伯特博物馆担任纺织品部主任。
[15] 维多利亚与艾尔伯特博物馆斯坦因档案，备忘录，1923年10月3日。

3. 第三次探险收集品

　　斯坦因第三次探险（1913—1916）的收集品被送往克什米尔的斯林那加（Srinagar）。安德鲁斯和罗里默也随着去了斯林那加，在安德鲁斯宅内专门加盖了房间研究斯坦因此次收集品（壁画则另外收藏在拉吉尔）[1]。1919年12月，印度政府同意将文书部分送到伦敦进行研究。伦敦的印度事务部本应是合适的存放地，但那里缺少工作空间，所以它们可能又被转移到大英博物馆进行鉴定和编目[2]。

　　1924年，为给《亚洲腹地》图版卷准备图版，其他几组实物（包括纺织品）也从克什米尔运到了伦敦。安德鲁斯也因此回到了伦敦，并由琼·约书亚女士（Joan Joshua）协助进行此项工作。在大英博物馆提供的工作环境里，他带领和指导了上百件古代织物样品的正确处理以及插图绘制工作[3]。在《亚洲腹地》一书的绪论中斯坦因写道："从中亚最干燥地区沙漠和废墟中收集的许多极其脆弱的实物在以后完全不同的气候环境中保存，主要应归功于当时大英博物馆对它们尽力所做的专门处理"[4]。

　　该书出版前，这批织物临时又移出了大英博物馆。因此，在1925年5月斯坦因写道："在我的《亚洲腹地》中发表的这批古代织物现在还在班伯里（Banbury，靠近牛津）放在印刷制版者（亨利·斯通及其儿子，Henry Stone and his Son）的手里"[5]。

　　1932年6月，维多利亚与艾尔伯特博物馆收到了印度政府出借的斯坦因在阿斯塔那和楼兰的收集品中的部分纺织品[6]，这批藏品原先存于大英博物馆的斯坦因藏品室。此外的纺织品似乎都送到印度。1933年5月，另一批印度政府借给维多利亚与艾尔伯特博物馆的纺织品（来自阿斯塔那、哈剌和卓和高昌古城）是从印度送到伦敦的[7]。

4. 谁在整理、修复和研究第二次探险收集的敦煌织物？

　　安德鲁斯和罗里默是在斯坦因藏品室负责整理斯坦因第二次探险收集品的两个关键人物。整理斯坦因的藏品只是安德鲁斯的兼职，他的专职身份先是伦敦的巴特西理工大学（Battersea Polytechnic）艺术系主任，后来又任克什米尔工业美术教育学院主任，而罗里默则是全职的工作人员。他们经常和博物馆正式藏品部分的工作人员以及博物馆以外的其他专家交流。

　　对于纺织品，他们除登录"卡片"（以记录织物详细信息为《西域考古图记》[8]一书词条的编写做准备）外，还负责其保护工作，包括寻找合适的丝织物做衬底和用合适的染料进行染色[9]。在这些方面，他们也向博物馆工作人员请教，包括：温特小姐（Miss Winter，织品修复）、顾德查特先生（Mr Goodchild，丝绸修复）和小约翰先生（Mr Littlejohn，书画修复）[10]。在博物馆以外请教的专家中包括：维也纳研究波斯织物和中亚纸张的朱利叶斯·凡·威斯纳（Julius von Wiesner）教授及其学生T.F.哈那塞克（T. F. Hanausek）博士，他们对各遗址出土的典型织物样本进行了显微镜分析，其分析结果可见《西域考古图记》一书中的描述性列表[11]；此外，还有苏默维尔（Summerville）教授和J. 史特罗兹高夫斯基（J.Strzygowski）教授对

[1] WALKER A, 1995: p.234.

[2] STEIN M A, 1928: p. xv.

[3] STEIN M A, 1928: p. xv-xvi.

[4] STEIN M A, 1928: p. xvi.

[5] 维多利亚与艾尔伯特博物馆斯坦因档案，1925年5月18日斯坦因致A.J. B.韦斯的一封信。韦斯是维多利亚与艾尔伯特博物馆1924—1934年纺织品部副主任。参见Stein, 1928: p. xix.

[6] 维多利亚与艾尔伯特博物馆斯坦因档案，1932年6月14日为印度政府开具的纺织品文物借用收据。

[7] 维多利亚与艾尔伯特博物馆斯坦因档案，1933年4月20日印度高级事务办公室致教育董事会的信，以及1933年5月4日签订的租借协议。

[8] 例如：罗里默小姐(或佚名者)所写的贴在织物上的小卡片(包德利图书馆Stein MSS 62/154-160)。

[9] 牛津大学包德利图书馆斯坦因档案中有织物的样本(Stein MSS 39/17和39/23)并附评注，见1910年3月16斯坦因致罗里默的信(包德利图书馆，Stein MSS 38/18)。

[10] 关于温特小姐参见1910年3月16日斯坦因致罗里默的信(包德利图书馆：Stein MSS 38/18)；关于古德查特先生见1910年4月13日斯坦因致安德鲁斯的信(包德利图书馆：Stein MSS 39/26)；关于小约翰先生(Little john)见1913年2月18日安德鲁斯致斯坦因的信(包德利图书馆 Stein MSS 41/56)。

[11] 关于朱利叶斯·凡·威斯纳教授和哈那塞克，见 STEIN M A, 1907: pp. xiii, 135, 307, 571, 426; STEIN M A, 1921: pp. xix, 673. 关于苏默维尔教授见斯坦因1911年3月17日致安德鲁斯的信(包德利图书馆 Stein MSS 39/44)。

来自伊朗织物的影响提出了建议 ⑰，拉斐尔·贝特鲁其（Raphael Petrucci）在挑选实物作《西域考古图记》的插图方面也给予了帮助 ⑱。安德鲁斯、罗里默和斯坦因负责寻找和敦煌纺织品有关的出版资料。这些资料包括：尤吉尼·沙特拉丽（Eugène Chartraire）对维多利亚与艾尔伯特博物馆所藏一件团窠对狮纹锦和法国勃艮第尚思大教堂（Sens Cathedral）所藏的一片和敦煌丝织物有联系的丝织物残片的比较研究 ⑲，以及奥托·凡·发尔克（Otto von Falke）教授关于呼罗珊（Khorasan）或阿姆河地区（Oxus region）纹样对波斯提花织物产生的影响的研究 ⑳。

此时，安德鲁斯的主要职务是在理工大学，但他发现很难兼顾理工大学的工作和斯坦因藏品的研究。斯坦因便安排他从大英博物馆斯坦因藏品中选一批材料带回理工大学去整理 ㉑。尽管他的主要任务只是分析织物和编写详细的织物信息"卡片"，但斯坦因也同时鼓励他绘制织物图，坚信他是做此事的最佳人选 ㉒。从他和斯坦因的通信中明显看出他非常喜欢这项工作，因为由此可以发现织物的一些复杂的细节，同时也对图案和制造工艺有更深刻的理解：

关于织物绘图，我尽快尽力进行，从最难画的织物开始。根据我的经验，我知道绘制暗花织物的纹样需要很多时间 ㉓。

例如，有一个已经基本画好的图案约有 2 平方英尺大小。毫无疑问，它是一件以白色绫为材料的幡头部分，粗糙地画有常见的坐佛纹。由于绘画覆盖了织物的绝大部分，我甚至很难看清织物本身的提花纹样。另一件织物上有一只高约 10—12 英寸的精美的孔雀织花纹样也很难看清。昨天我才发现另一件白色幡头，上面有着很大的纹样，但和手绘图案交织在一起，我没法绘制它的线描图。当然我还是会试试。这些纹样是我以前没有接触到的（虽然我自认为对纹样已有相当广泛的了解），所以必须认真对待 ㉔。

为了准备《西域考古图记》一书的图版，安德鲁斯尽力从理工大学的工作中挤出时间来，最后还邀请了几位制图员来帮助他。我们不知道他们的名字，只知道其中有一位女士和一个德国男子 ㉕。毫无疑问，斯坦因清楚地知道仔细分析织物的重要性，因此催促安德鲁斯尽快完成此部分工作。

请抓紧时间整理研究织物纹样。你绘制的线描也是必不可少的，否则，整个工作将失去最为重要的部分。只要你能勇敢地面对这项新的工作就够了。《西域考古图记》不可能穷尽你的研究成果，此外依然需要一篇专论 ㉖。

当斯坦因在中亚进行第三次探险（1913—1916）的时候，安德鲁斯和罗里默则留在大英博物馆的斯坦因藏品室。斯坦因第三次探险回英后仍继续《西域考古图记》的出版工作。

5. 谁负责整理斯坦因第三次探险所获的纺织物？

为整理斯坦因第三次探险收集品，其中包括纺织品，安德鲁斯和罗里默远赴克什米尔。后来安德鲁斯回到了伦敦，在琼·约书亚的协助下继续研究纺织品。1928 年，《亚洲腹地》面世。除了提及大英博物馆中专门研究新疆阿斯塔那出土丝织物上题记的翟林奈（Lionel Giles）㉗，纺织品部分并没有提及其他人给予的进一步帮助。

⑰ STEIN M A, 1921: p.902, n.2.
⑱ 见 1912 年 6 月 21 日安德鲁斯致斯坦因的信(包德利图书馆Stein MSS 40/39)。
⑲ STEIN M A, 1921: p.908; CHARTRAIRE E, 1911.
⑳ STEIN M A, 1921: p.908; FALKE O VON, 1913.
㉑ 见 1909 年 9 月 26 日斯坦因致安德鲁斯的信(包德利图书馆 Stein MSS 37/196)。
㉒ 见 1910 年 4 月 9 日斯坦因致安德鲁斯的信(包德利图书馆Stein MSS 39), 1911 年 12 月 15 日斯坦因致安德鲁斯的信(包德利图书馆 Stein MSS 39/64) 以及 1912 年 11 月 18 日斯坦因致安德鲁斯的信(包德利图书馆Stein MSS 40/148)。
㉓ 见 1912 年 10 月 31 日安德鲁斯致斯坦因的信(包德利图书馆 Stein MSS 40/132)。
㉔ 同上。
㉕ 见 1912 年 11 月 25 日斯坦因致安德鲁斯的信(包德利图书馆 Stein MSS 40/165) 和 1921 年 12 月 6 日安德鲁斯致斯坦因的信(包德利图书馆 Stein MSS 40/172)。
㉖ 见 1913 年 2 月 17 日斯坦因致安德鲁斯的信(包德利图书馆 Stein MSS 41/24)。
㉗ STEIN M A, 1921: p. xvii, Appendix I 'Chinese Inscriptions and Records'.

6. 为何伦敦的敦煌织物分散在三个机构?

敦煌纺织品现在的存放情况在相当程度上和这三家机构的历史密不可分,特别是英国国家图书馆建立后,曾接收了大英博物馆和印度事务部图书馆的大量藏品。

然而,它们现在的存放情况和斯坦因三次探险收集品的分配情况也有着千丝万缕的联系。虽然分配的指导原则是收集品应该按每次探险资助比例进行分配,但是除此之外还有其他的标准。例如,第二次探险所得的敦煌绘画,主要是按其风格在印度政府和大英博物馆之间分配,其间也因文物脆弱程度、理想的保护方法及保存条件等产生争论,使得这一过程较为复杂 ⑱。印度政府基本上同意将"文书"留在伦敦,目的是对它们进行研究或保护。但对它们按语言和文字做如下分配:汉语文书分配给大英博物馆(现藏英国国家图书馆);非汉文文书则分配给印度事务部(现也收藏在英国国家图书馆)。

现藏维多利亚与艾尔伯特博物馆的斯坦因第二次探险所得的敦煌纺织品是根据 1923 年 12 月 19 日该馆与印度政府(由考古所长代表)签订的一项借用协议而来到博物馆的 ⑲。

三、伦敦三个研究机构所做的相关工作

1. 大英博物馆藏敦煌织物

大英博物馆所藏敦煌织物包括伞盖、帷幔、佛幡以及残幡(幡头和幡带)、帙和巾、百衲织物、多彩织物(经锦、中亚织锦、辽式织锦、妆花和双色织物)、单色织物(绮、绫、纱罗及其他)、染缬织物(夹缬)、彩绘丝绸和刺绣织物(劈针绣、平绣和钉绣)。它们最初发表在《西域考古图记》(1921)。后来,博物馆东方部的几位研究员又相继选择性地发表过一些藏品,如韦陀(《中亚艺术》,1983),韦陀和龙安妮(《千佛洞》,1990),马熙乐(《中国丝绸》,2004)。做保护工作的有阿尔夫·考利先生(Alf Crowley)和后来的邱锦仙女士,后者曾是上海博物馆的工作人员,他们都对保存在大英博物馆藏敦煌绢画(包括上百片绢画残片)的整理做出了贡献。

为了实现所有藏品建立数字记录和数字图像的目标,大英博物馆从 2000 年开始了斯坦因藏品的数字化工作,参与这些工作的人员有:麦嘉乐(Carol Michaelson,项目主持人)、丽兰·拉塞尔-史密斯(Lilla Russell-Smith,平面实物)、塞西莉亚·布拉金(Cecilia Braghin,立体实物,由梅隆基金会资助)以及赵丰、王乐和徐铮(纺织品部分,由英国学术院资助)⑳。

虽然其他研究者也关注过这些藏品,但总的来说,伦敦所藏敦煌织物这一概念更多的是指维多利亚与艾尔伯特博物馆的藏品(该馆的斯坦因藏品主要是纺织品)而不是大英博物馆的藏品(该馆所藏纺织品只是作为斯坦因以及中亚收集品中的一小部分)。我们深感欣慰的是大英博物馆、维多利亚与艾尔伯特博物馆和英国国家图书馆收藏的敦煌织物能一起编入本卷。

⑱ 有斯坦因等人讨论织物脆弱的凭证,例如:见1910年10月13日斯坦因致安德鲁斯的信,1913年6月6日安德鲁斯致斯坦因的信以及1913年7月12日斯坦因致印度事务部税收部长F. C.德雷克的一封信。现藏于牛津大学包德利图书馆。

⑲ 参见维多利亚与艾尔伯特博物馆档案部分,MA/1/S3242。

⑳ 见http://www.thebritishmuseum.net/thesilkroad.

2. 维多利亚与艾尔伯特博物馆藏敦煌织物

首先，维多利亚与艾尔伯特博物馆将其藏品按种类保管。该馆所有的纺织品（无论其来自何地）都由纺织品部保管。尽管在 1955 年以前印度博物馆的藏品一直是整体保管，但随着远东部分藏品于 1908 年并入维多利亚与艾尔伯特博物馆，印度政府出借的斯坦因纺织品也一起并入该馆纺织品部 ⑩。这便导致从一种非常专门的角度来研究这批亚洲的资料，如纺织品部只对织物生产技术抱着浓厚的兴趣 ⑪。直到 1970 年远东部设立之后，东亚织物才和斯坦因织物一起由远东部保管，这批材料的研究才开始有了更为全面的视角。

初看这些织物残片，大部分显得非常零碎，像是从大片织物上剪下的一些碎片或者是次品，但进一步分析会发现，其中大多数都曾是供养品（如佛幡和经帙）的组成部分。维多利亚与艾尔伯特博物馆的斯坦因藏品缺少大件织物和美丽的绢画（仅有若干佛幡为大件），这些织物却可在大英博物馆和新德里的印度国家博物馆看到。正是这些更为有名的织物吸引了研究者的注意，使得维多利亚与艾尔伯特博物馆的织物有些被忽视。然而，该馆所藏的这批织物对于研究公元 12 世纪早期之前在中国制作或是进口到中国的织物方面具有特别的研究价值。同时它们也是研究织物技法的绝妙资料。敦煌的织物几乎都是丝织物，品类繁多，有绢类织物、绮绫织物、彩色提花丝织物，包括纹罗、妆花和织锦等。其中又有很多用刺绣、夹缬和彩绘的方式再次装饰。这些织物的颜色也十分丰富，从淡黄到鲜红到藏青，应有尽有。

这些织物有力地证明，在藏经洞封闭以前的若干个世纪中，中国西北地区的丝绸贸易十分频繁。敦煌位于交通干线之上，沿着这条通道，中国的丝织品输出到中亚然后再到西方，而西方丝织产地如粟特生产的纺织品也被输入东方。

伞盖、帷幔以及大量完整的和不完整的幡可以说明敦煌作为中国大型佛教朝拜圣地之一所占有的重要地位。某些织物小残片明显是供养品，而其他某些织物则可能原来有着实际的用途 ⑬。

3. 维多利亚与艾尔伯特博物馆馆藏斯坦因织物的研究

敦煌织物能够成为公众注意的焦点，这主要归功于维多利亚与艾尔伯特博物馆工作人员中的一些专家对它们所起的推动作用。在过去的几十年里，文物研究观念的改变也影响了人们如何看待这些藏品。斯坦因纺织品的研究主要是从技术的角度出发，通常是从博物馆关注的某一焦点转向更为广泛的文物本身含义的宏观研究。

从 1898 年起，艾伯特·弗兰克·坎德里克（Albert Frank Kendrick，1872—1954）担任维多利亚与艾尔伯特博物馆纺织品部主任，20 世纪 20 年代至 30 年代为从印度政府租借斯坦因纺织品不遗余力，同时也是他首次通过出版物引起了人们对斯坦因藏品的关注。在他的《中世纪早期织物图录》（1925）中他探讨了团窠图案可能的源头，其中就提到了某些斯坦因从敦煌收集的织物，他的另一部《中国艺术》（1935）中也提到了斯坦因的织物 ⑭。

若干年后，印度藏品部副主任（担任此职位至 1982 年）约翰·劳瑞

⑩ 见SKELTON R, 1978: p.3.
⑪ FRY R E, et al. 1997: p.279.
⑫ WILSON V, 1995: p.38.
⑬ 见FRY R E, et al. 1935. Kendrick 写作的纺织品一章。

（John Lowry）在 CIBA Review（1963）中概括了汉唐织物的风格和图案演变脉络，其中选择了维多利亚与艾尔伯特博物馆的某些敦煌织物残片来阐明这一转变。20 世纪 60 年代后期，综版编织专家彼得·柯林伍德（Peter Collingwood）发现了斯坦因藏品正是他研究的绝妙材料[45]。还有亚洲纺织品资料研究中心（AEDTA）的克里希娜·里布夫人（Mme Krishnâ Riboud）也曾多次前来研究斯坦因的藏品。然而，两人关注更多的是其他遗址而不是敦煌的考古发现[46]。

研究维多利亚与艾尔伯特博物馆藏纺织品的专家中，还有一个杰出的人物是唐纳德·金（Donald King，1972—1993 年间任纺织品部主任），关于斯坦因藏品他仅有一篇文章（《CIETA 会刊》1968），在这篇文章里专门研究了经二重组织的织造技术。然而，他留下了一个记录许多织物残片技术分析的档案，或许他曾计划发表这些研究成果。可惜他的笔记记得非常简练，以致有一部分无法辨识。

20 世纪 90 年代，维多利亚与艾尔伯特博物馆的研究员和一些馆外的学者相继发表了许多关于该博物馆斯坦因织物残片的论文和出版物。博物馆方面最突出的有阿曼达·沃德（Amanda Ward，远东部资深助理）和卫怡真（Verity Wilson，远东部研究员）。卫怡真发表在《纺织品史》（1995）中的文章非常精彩地介绍了这批藏品，并为进一步的研究提出了一些建议。

20 世纪 80 年代晚期，著名的中国纺织品学者、中国社会科学院王㐨和王亚蓉先生都曾为研究斯坦因织物多次访问维多利亚与艾尔伯特博物馆。安娜·慕特修斯（Anna Muthesius）也对这些织物有所研究，但是更多的是从西方学者的角度，并主要讨论丝绸之路上发现的织物所表现的跨文化交流现象[47]。

1991 年，新的徐展堂展厅（T. T. Tsui Gallery，以展示中国的实物为主）开放了，展品之中就有来自敦煌的两件佛幡和一件伞盖，陈列在"寺庙和崇拜"这一展区里。这三件文物在本书图录里也有讨论[48]。1997 年起，展厅中陆续展出了斯坦因织物中挑选出来的一些精品。

20 世纪 90 年代，人们对纺织品文物的兴趣再度高涨并提出了新的研究方式，这主要应归功于卫怡真女士的努力。这继而导致梅隆斯坦因纺织品项目的展开。在安德鲁·W·梅隆基金会的资助下，所有织物残片都于 2003 年拍照并登录，所有藏品可以在 MIDA（ArtStor 的一部分）上检索。同时也可以在英国国家图书馆的国际敦煌项目网站上，以及维多利亚与艾尔伯特博物馆的藏品在线网页上看到。安德鲁·W·梅隆基金会的后续资金将用于改善纺织品的保存环境以及对纺织品进行保护这两个方面。

这一项目已经引起了相当程度的国际性研究兴趣，并吸引了若干知名的访问者。其中包括来自柏林印度艺术博物馆（Museum für Indische Kunst）的查娅帕特卡娅-黑斯纳（Chhaya Bhattacharya-Haesner）和 2004 年对若干敦煌的丝质系带有所研究的小川靖彦（Yasuhiko Ogawa）以及非汉学家如绣师协会的访问者。现在，纺织品研究的重心已经从单纯纺织品织造技术的角度转移到结合其他学科的多角度研究，很明显，斯坦因藏品可以为其他学科的研究（如经济、社会及人类学等的研究）提供宝贵的资料。

近年来，白海伦（Helen Persson）已开始主持对大部分斯坦因织物的整理工作，并正准备发表她对这批织物的研究成果。2006 年夏，适逢赵丰、

[45] 见 COLLINGWOOD P, 1982.
[46] 关于其对伯希和收藏敦煌纺织品的工作，参见 RIBOUD K, VIAL G, 1970.
[47] 见 MUTHESIUS A M, 1997.
[48] 见 KERR R, 1991.

王乐、徐铮在维多利亚与艾尔伯特博物馆共同研究敦煌织物，这是一个极好的机会，此次研究成果也将发表在本卷中。

4. 英国国家图书馆藏敦煌织物

人们并不期望在英国国家图书馆找到大量的中国织物藏品，而且其极少的藏品在一个世纪以来也几乎无人问津。自从卷在木轴上的纸张成为中国标准样式的"书"，织物就以带的形式系于外轴（俗称天杆）上，以防止手卷在不用时松散。斯坦因从敦煌附近的千佛洞收集的数千卷手卷中约有 150 根用麻织物和各色各样的丝织物制作的系带。

现藏英国国家图书馆的出自莫高窟第 17 窟的大部分文物是纸本手稿或是极为罕见的印刷品。长期以来，学者们研究的重点仅停留在其内容上，而其物质方面（如装帧形式和使用材料）直到近年才成为研究的热点 [☺]。

在文书物质方面的研究最早发表成果的是让·皮埃尔·戴仁（Jean-Pierre Drège），他是研究纸张类型和装帧形式的先驱，但他并未涉足织物部分的研究。中国国家图书馆善本部的李致忠也对装帧形式的历史有一定的兴趣，但他同样未曾涉足织物部分 [☺]。一直以来，人们知道手卷带有织物这一事实，但从未对此做过研究，直到 2004 年，小川靖彦博士带着分析某些敦煌卷轴上残存的丝质编织带和系带的目的初次访问英国国家图书馆 [☺]。从翟林奈 1957 出版的《敦煌文书目录》中记录的 35 卷仍然带有编织带或系带的卷轴出发，小川靖彦博士开始了他的研究 [☺]。

据小川靖彦博士的记录，翟林奈对附有纺织品的卷轴所做的列表并不完整，他大约只记录了 7000 件汉文文书，而实际的数量几乎是其两倍。我们虽然没有 1919 年翟林奈受聘为敦煌汉文文书编制目录时的工作情况记录，但从他编完的目录以及对那些没有编入目录的材料的安排来看，他应该清楚地知道全部遗存中含有大量的织物残片。翟林奈只将那些相对完整的卷轴编入目录，这些卷轴通常还带有有助于鉴定的题或跋。他无疑是先进行了初步分类，将那些难度较大的残破的文书放入蓝色的大箱子搁置了几十年。这些皱巴巴的纸曾被戏称为"斯坦因残骸"，直到 20 世纪 80 年代晚期，在英国文化协会（British Council）和中英学者基金会（Sino-British Fellowship Trust）的赞助下，同时采纳了中国文物修复专家杜伟生、周志元、戴立强、邵壮雯的意见，这批残片才被平整和保存起来，并有了一个新的名字"斯坦因残片" [☺]。翟林奈确实曾尝试将这些"残骸"再细分，因为在新编的 S.10853 和 S.11961 之间共有 112 块织物残片。整理中虽然也发现了一些可能曾是帛画或是佛幡的一部分的绢画小碎片（S.11428）以及若干麻质的卷轴套（S.11468），但其主要的残留还是外轴，它们已和卷轴的其他部分分开，不过上面还绕着丝质的系带或是编织带残片。

1998 年，在印度事务部图书馆准备迁到新的英国国家图书馆时，在斯坦因的材料中发现四个未登记的麻布佛幡（Add. Or. 5222-5），因此英国国家图书馆又增加了四件有记录的纺织品 [☺]。

2006 年，赵丰教授和他的助手详细分析了英国国家图书馆全部的织物残片，虽然他们关注的是织物本身，但我们希望他们的工作也能为中国书籍装帧形式演变的研究起到抛砖引玉的作用。

☺ 虽然文献中的大部分是汉文佛教文献，但那些非经典的文献对研究更具吸引力。见中国社会科学院历史研究所，中国敦煌吐鲁番协会敦煌古籍编辑委员会 1990—1995 年收集的大量非经典材料和第 17 窟发现的其他语言的材料以及国际敦煌计划网站http://idp.bl.uk。

☺ 见 DRÈGE J-R, 1979 和 1996。

☺ OGAWA Y, 2006。这仅是他所研究成果中一个极为初步的记录，我们期待整个成果能尽早正式出版。

☺ GILES L, 1957。

☺ WHITFIELD S, WOOD F, 1996。

☺ 它们有可能是一战期间劳伦斯·比尼恩挑选出来打算送往印度的，但实际并没有送走。见 WHITFIELD S, WOOD F, 1996: p. 4; WHITFIELD R, 1998。

敦煌丝绸的类型与分期

赵 丰 王 乐 徐 铮*

敦煌莫高窟在其香火绵延的千余年间，一直有丝织品材质的物品相伴。其中包括佛像类、幡旗伞盖类、经帙经袱类和其他类。这些织物的出土，基本与三次重大的发现相关。第一次是 1900 年，王圆箓道士发现藏经洞。洞中除大量纸质文书外，还有不少丝织品发现，其中包括经帙、经袱、佛像以及各种残片[1]。第二次是在 1965 年，当时的敦煌文物研究所在第 125 窟和第 126 窟前发掘，得到北魏时期刺绣品；在第 130 窟和第 122 窟、第 123 窟前发掘，得到了盛唐丝织品，两批织物均藏于敦煌研究院[2]。第三次是 1988—1995 年，对莫高窟北区的清理和发掘，出土了一批属于元代的丝织品和其他织物[3]。

出土于藏经洞的丝织品，无论从数量还是从质量上来说，都是历次发现中最为精彩的。藏经洞的封闭年代是在北宋初年，人们在研究藏经洞出土织物时，通常把所出织物定为唐代，这符合大多数丝织品的情况[4]。但事实上，藏经洞出土的织物也有时代上的前后之分，特别是在比较吐鲁番阿斯塔那纪年墓，或有纪年文书伴出的丝织品和敦煌莫高窟有明确年代壁画上的服饰图案之后，我们可以对藏经洞所出的敦煌织物作一年代学上的分析和总结。1988 年，赵丰曾发表过《敦煌所见隋唐丝绸中的花鸟图案》，是对其中较为重要的花鸟图案种类做出一个分期的思考[5]。现在，经过对大英博物馆和维多利亚与艾尔伯特博物馆所藏敦煌织物的研究，我们可以对敦煌丝绸的类型与年代问题进行较为深入的讨论和研究。

一、云气和联珠：北朝晚期至初唐（6世纪末—7世纪）

北朝晚期至初唐的总体情况是，丝织技术上多彩织物还是非常丰富的。种类上以平纹经锦、平纹纬锦、斜纹经锦及部分的斜纹纬锦为主。暗花织物上还是以平纹地显花为主，斜纹尚未作为地组织出现。刺绣中锁绣已不常见，取而代之的是与锁绣形似实异的劈针。染缬虽然已经出现，但其中主要的类别只有绞缬和蜡缬。

红地列堞龙凤虎纹锦（MAS.926）可能是藏经洞所出织物中最早的作品。其经向排列为涡状云纹样，此种纹样约在魏晋时期受希腊化艺术影响而大量流行于西北地区，纬向则排列着站立的动物纹样。由于云气骨架呈曲波形，曲波形卷云之间又有直线相连，形成层层叠叠的楼堞形状。托名唐人的《大业拾遗记》曾记载周成王时有"列堞锦"，这里的列堞很有可能就是这类涡云式云气动物纹锦的反映。涡状云的形式在希腊、罗马艺术中极为常见，也经常出现在中亚地区的希腊化时期的艺术中，而在中国西北地区的魏晋艺术，如栽绒毯、缂毛、蜡染棉布等也同样频繁出现。与此风格最为接近的织

* 赵丰，浙江大学艺术与考古学院求是特聘教授；
王乐，东华大学服装与艺术设计学院教授；
徐铮，中国丝绸博物馆研究馆员。

[1] STEIN M A, 1921: Vol.1.
[2] 敦煌文物研究所，1972b: 55-67。
[3] 彭金章，王建军，2000。
[4] 高汉玉，屠恒贤，1985: 10-13。
[5] 赵丰，1990: 858-871。

锦是出自吐鲁番阿斯塔那 TAM177（455）中的瑞兽纹锦（图6）。同时，列堞状的结构设计则也是受了西方柱式和圈拱建筑造型的影响，这从罗马斗兽场的造型和新疆出土的不少列堞纹锦之间的相似处就可以看出 ❻。

　　一般认为，丝绸之路上波斯艺术对东方丝绸图案的最大影响是联珠纹。联珠纹其实只是一种骨架的纹样，即由大小基本相同的圆形几何点连接排列，形成更大的几何形骨架，然后在这些骨架中填以动物、花卉等各种纹样，有时也穿插在具体的纹样中作装饰带。联珠纹用于丝绸图案，最早见于北齐徐显秀墓壁画中对服饰的描绘，其中有联珠对狮、对鹿和菩萨头像等不同纹样 ❼。敦煌莫高窟第420窟隋代彩塑中，反映的菩萨服饰中也有联珠狩猎纹锦和联珠飞马纹锦的图像（图7）。联珠纹锦的实物在吐鲁番最早见于北朝晚期到隋代，阿斯塔那 TAM48 所出联珠对孔雀贵字纹锦覆面，同墓伴出公元596—617年的衣物疏 ❽。藏经洞出土织物中也有少量的联珠纹锦，一件是小窠联珠对鸟纹经锦（MAS.864），采用的是簇四骨架联珠形式，这种骨架由四个联珠环四方连接而成，在初唐时期非常流行。另一件是纯联珠的纬锦（L:S.636），其联珠团窠之间并不相连，完全可以代表初唐时期联珠纹样在中国流行的情况。

图6 吐鲁番阿斯塔那出土北凉时期的瑞兽纹锦　　图7 莫高窟第420窟隋代彩塑上的联珠纹

二、团花与宝花：盛唐至中唐（8世纪）

　　盛唐是唐代的高峰时期，其纺织印染技术发展极快。在织锦中，斜纹纬锦占据了主导地位，对于织锦图案的把握更为成熟。在暗花织物中，随着斜纹绫的出现，绫成为唐代最为流行的暗花织物。染缬中又出现了夹缬和灰缬，印染新工艺的发明使得印染产品得到了更快的普及。刺绣针法则较多地采用劈针替代锁绣。

　　盛唐至中唐最为典型的丝绸图案是团窠宝花。《新唐书·地理志》载越州贡罗中有"宝花花纹"者，指的就是以宝花为图案的罗；日本正仓院也有"小宝花绫"墨书题记的织物传世 ❾，分析其图案可知，小宝花就是较小的宝花图案。

　　最简单的宝花图案其实只是四瓣小花，又称柿蒂花。这种小花在唐代的绫绮织物中十分流行，藏经洞所出六瓣小花纹的双层锦也属于这一类型

❻ ZHAO F, 2003: p.25-31.
❼ 山西省考古研究所，2003: 4-40。
❽ 新疆维吾尔自治区博物馆，1973: 图27。
❾ 松本包夫，1984。

（MAS.924、L:S.651），而宝花则是在这种四瓣小花上变化而来的图案形式。在宝花艺术发展的过程中，起初是把花瓣与叶、花蕾相结合，这些花蕾多取其侧面造型，初看与花瓣的效果相仿，根据史料可称其为十样宝花。如藏经洞出土的十样花纹锦（MAS.919、L:S.337）和大量夹缬作品中的宝花图案（L:S.294）。后来花蕾变成了花苞，所占比例也越来越大，装饰手法中采用多层次的晕裥，宝花更加显得华贵、庄重，令人为之赞叹，在藏经洞中最为典型的实例要数宝花纹彩绘麻布伞盖（L:S.620）。这种风格与唐代社会、文化融合在一起，在开元年间达到全盛，并一直流行到晚唐甚至是五代北宋。此后，宝花图案从天上回到人间，风格逐渐地走向写实，变得清秀起来。虽保留着以往的骨架，但看起来更像是一簇鲜花，甚至还有一些蝶飞鹊绕的形象进入宝花的领地，如棕白地花卉对鸳鸯纹锦（MAS.866），但其实它已失去宝花那种华贵富丽的气质了。

从宝花图案中演变出来的还有"陵阳公样"。张彦远《历代名画记》载："窦师纶，字希言，纳言，陈国公抗之子。初为太宗秦王府咨议，相国录事参军，封陵阳公。性巧绝，草创之际，乘舆皆阙，敕兼益州大行台检校修造，凡创瑞锦宫绫，章彩奇丽，蜀人至今谓之陵阳公样。……高祖、太宗时，内库瑞锦对雉、斗羊、翔凤、游麟之状，创自师纶，至今传之。"与唐代丝绸实物相比，花环团窠与动物纹样的联合很可能就是陵阳公样的模式[⑩]。这种图案出现在初唐，盛行于盛唐，中唐仍有流行。藏经洞出土的陵阳公样并不多，大英博物馆所藏缂丝幡头（MAS.905）上所用的虽然小，却可以确定为陵阳公样。另一件藏于法国吉美博物馆，是敦煌藏经洞发现的团窠葡萄立凤"吉"字锦（EO.1201），大概可算是同类产品中最早的一件（图8）。团窠环循环约在30.0 cm，属于中窠规格。葡萄缠绕，果实叶茂，立凤却已残，仅见足与尾，一足立地，已是初唐后期的造型风格了[⑪]。

三、团窠对兽：中亚风格织锦（8世纪下半叶—9世纪）

团窠图案在中唐时期的中亚织物上仍见使用，敦煌中唐时期的第158窟卧佛枕头图案采用的正是这一图案（图9）。另外，敦煌藏经洞发现的属晚唐时期的文书中多次提到"番锦"一名，应该正是指这样的锦。如《唐咸通十四年（873）正月四日沙州某寺交割常住物等点检历》载："大红番锦伞壹，新，长丈伍尺，阔壹丈，心内花两窠。又壹张内每窠各师子贰，四缘红番锦，伍色鸟玖拾陆。[⑫]"这一文书中所提到的五色鸟番锦可以在青海都兰热水吐蕃墓出土的丝织品中找到，也与第158窟中所用的枕头图案完全一致。而提到的"师子番锦"也可以和藏经洞发现的经帙上所用的尖瓣团窠对狮纹锦相对应（MAS.858）。这种以三角形叶为团窠环的对狮锦是目前世界各地收藏最广的具有粟特风格的织锦之一，由于在敦煌藏经洞中出土了带有相同图案的织物，因此可知它在当时曾流行于中国西北地区，但保存最为完好的应数收藏于法国尚斯主教堂中的一件。该件织物保存极为完整，一幅宽中有4个团窠，

⑩ 赵丰，1996：14-21。
⑪ RIBOUD K, VIAL G, 1970.
⑫ 唐耕耦，陆宏基，1990a：13。

图8 法国吉美博物馆藏团窠葡萄立凤锦图案　　　　图9 莫高窟第158窟彩绘瓣窠含绶鸟图案

在经向上则有 7 个团窠，上下左右各有较为简单的图案边框。以 20 片三角形的尖瓣组成一个团窠环，主题纹样是一对有翼的狮子站立于花盘之上，团窠之外则是一对动物与位于中间的花树。将藏经洞出土经帙上的织锦图案进行复原，我们可以看出，它们之间的图案是十分相似的。

　　藏经洞还出出土了几件明显带有中亚风格的织锦。一件是红地联珠对羊纹锦（MAS.862），此锦以联珠连成团窠环，窠中是对羊，这是一种头上带有角叉的野山羊，脚踩花盘，窠外是瓣窠中的对鸭纹。类似的对羊纹锦中最著名的是收藏于比利时辉伊（Huy）主教堂中、带有粟特文"赞坦尼奇"（Zandaniji）题记的织锦，它以多重的联珠作环，中间的对羊纹也非常相似[15]。另一件是淡红地团窠对鸭纹锦（MAS.863），团窠环内的对鸭与联珠对羊纹锦窠外的对鸭造型非常相似。

　　中亚织锦的团窠环除联珠纹之外，还有月桂环、三叶环、心形环、瓣形环、小花环等，这些环的纹样和造型在波斯及中亚地区的其他艺术品上也经常可以看到。在主题纹样的选择上，唐代中期与早期也有所不同，虽然都是大体形的动物，但基本不见猪头，较多见的是狮、虎、牛、羊及各种鹰、含绶鸟等，图案极少使用单个纹样，通常采用对称纹样。而且，一些中原较为流行的宝花图案等也被用于中亚织锦。这一方面，藏经洞所出的红地宝花纹锦（MAS.865、L:S.642）与黄地联珠花树卷草纹锦（MAS.917）是两个较好的例子，特别是前者，其宝花图案的设计与中原地区的宝花几乎没有区别。

四、鸟穿花间：晚唐至五代（9世纪下半叶—10世纪）

　　约在中唐与晚唐之间，中原的丝织技术出现了显著变化，最为重要的是织锦从唐式纬锦演变到辽式纬锦。这种变化虽然从织物外表看起来并不大，但从织造技术来看却有着极大的差别，这使得中唐和晚唐织物的年代判断变得较为容易。目前所知，这种新型的织锦最早出现在中唐，但主要流行在晚

[15] SHEPHERD D G, HENNING W B, 1959.

唐。同时，自晚唐起，暗花织物上开始大量使用妆花技术，使得织物图案的形成更为方便。从刺绣来看，中唐至晚唐大量出现平绣，这也是一个非常重要的技术特征。

丝绸的艺术风格到晚唐和五代更趋向自由和写实。据《新唐书·车服志》记载，唐文宗即位时（827）时，对官服图案做出明文变更："三品以上服绫，以鹘衔瑞草、雁衔绶带及双孔雀；四品、五品服绫，以地黄交枝；六品以下服绫，小窠、无文及隔织、独织"。雁衔绶带和双孔雀的图案已在辽代耶律羽之墓中有所发现，经考证应是唐代晚期同名织物图案的沿用。藏经洞所出孔雀衔绶纹二色绫（MAS.889）中的图案与前述雁衔绶带锦极为相似，正是同一种类的官服图案，说明了当时这一图案的流行。

在民间，这类图案也得到了极快的发展。唐代的史料也说明，这类折枝花鸟从盛唐时就开始引起人们重视，中唐更盛。如王建《织锦曲》："红缕葳蕤紫茸软，蝶飞参差花宛转"；《宫词》云："罗衫叶叶绣重重，金凤银鹅各一丛"，指的也应是以金凤、银鹅为主题纹样的花环团窠图案。敦煌壁画中所反映的服饰图案有很多这样的例子，特别是在表现当时女性供养人披帛和裙料的图案中，更多鸟踏花盘、飞鸟衔枝及鸟穿花间的纹样（图10）。在藏经洞所出丝绸实物中，这类图案的数量也非常大。其中包括几种主要类型：一是以宝花或是团花为基础，穿插鸟、雁、鹰、云等纹样形成的花鸟团窠纹样，其实例有红地飞雁纹锦（MAS.920.a-b）、红地雁衔卷草纹锦（MAS.920.c）、红地雁衔花枝纹锦（MAS.870）、红地花卉方胜联珠飞鸟纹锦（L:S.301）、蓝地团花对鸟纹锦（L:S.331:1）、红地团花妆花绫残片（MAS.871）等；二是完全自由的花鸟图案，在散点排列的花间穿插着各种飞翔的鸟及奔跑的鹿等动物，这种纹样主要应用在刺绣上，如淡红罗地花卉鹿纹绣（MAS.912）、墨绿罗地花鸟鹿纹绣（1919.0101.052）、蓝罗地彩绣花鸟（L:S.525）等。

值得注意的是，除这些团窠中的对称花鸟和自由花鸟造型之外，晚唐至五代时期，喜相逢式团窠结构开始大量流行，即以两只飞鸟按一个方向绕飞（如均为顺时针方向或均为逆时针方向），又称旋转循环。通常有两种情况，一是清地的喜相逢团窠，只有双凤、双狮等团窠，如红地团狮纹锦（L:S.326）、红色小团鹦鹉纹锦（L:S.334）等，另一种是在团窠外还配有其他花卉，最为典型的实例是团窠盘鹤夹缬绢幡（L:S.621），它的中心是一对盘鹤，外绕一圈花卉。另一件绿地蛱蝶团花飞鸟夹缬绢幡（L:S.552）的图案布局与此相似，在一团飞鸟（可能为鹦鹉）之外围绕一圈花卉，而花卉之间则穿插蝴蝶纹样。唐代织锦图案演变脉络如图11所示。

图10 莫高窟第98窟女供养人服饰

❶ 赵丰，2002：73-80。

MAS.926列蝶龙凤虎纹锦

L:S.602小朵花晕裥锦

MAS.864联珠对鸟纹锦

MAS.919米色地宝花纹锦

MAS.925蓝地花卉纹锦

MAS.905陵阳公样缂丝

L:S.620大宝花彩绘

MAS.921朵花鸟衔璎珞纹锦

L:S.621黄地盘鹤夹缬

L:S.331:1团花对鸟纹锦

1919.0101.052自由花鸟刺绣

图11 唐代织锦图案演变脉络示意

L:S.644红地团凤妆花绫

敦煌文书中记载的织物使用情况

包铭新　沈　雁*

　　敦煌文书是指敦煌藏经洞所出公元 5 至 11 世纪多种文字的古写本及少量印本。敦煌文书题款有纪年的近一千件，其中年代较早者为西凉建初二年（406）所抄《十诵比丘戒本》（S.797），较晚者为《大宋咸平五年（1002）敦煌王曹宗寿编造帙子入报恩寺记》（φ.32a）。

　　敦煌文书大多数为佛经写本，非佛经写本约占总数的百分之五强，被称之为"敦煌社会经济文书"。这些文书中多有反映唐宋时期敦煌的社会状况，涵盖氏族、仪礼、学校、科举、职官、良贱、社、祠祀、节令、城坊和村落等方面 ❶。其内容丰富、形式多样而且时间跨度大，是相关时期极好的研究资料，可补充正史记载之不足。例如社邑文书可反映民间结社情况，契约文书可以反映敦煌地区借贷和凭约。

　　对敦煌社会经济文书的整理，是相关研究工作的起点和基础。迄今比较重要的资料性著作有王永兴的《隋唐五代经济史料汇编校注》，唐耕耦、陆宏基的《敦煌社会经济文献真迹释录》，姜伯勤的《敦煌社会文书导论》，王永兴的《敦煌经济文书导论》，池田温的《中国古代籍帐研究》，宁可、郝春文的《敦煌社邑文书辑校》，沙知的《敦煌契约文书辑校》以及日本的《讲座敦煌》社会分卷等。

　　敦煌文书中也蕴含大量古代纺织品和服饰的信息。这些信息出现在各类敦煌社会经济文书中，如契约文书中的借贷契，社邑文书中的纳赠历、分产书、什物抄和私家帐历，寺院文书中的供养具、点检历、唱衣历、施舍疏、请僧疏、入破历和遗嘱等。迄今为止，这些信息已受到相当的关注和研究，各方面的学者从不同的角度研究与纺织品相关的敦煌文书，搜求解读，试图由此探讨织物的使用情况及其所反映的社会经济生活，包括敦煌地区的纺织业、婚丧礼仪、法律制度、货币制度、军队衣装制度、寺院经济和民间借贷等。

　　综合前人的研究成果，可以对敦煌文书中所记载的织物使用情况进行以下的归纳和讨论。

一、织物在婚俗礼仪中使用

1. 纺织品和服饰是婚俗财礼的重要内容

　　例如 S.4609《宋太平兴国九年（984）十月邓家财礼目》，所列名目有牲畜（羊、驼、马）、粮食（油酥、麦类）和织物，其中以织物最多。文书共存 21 行，其中 13 行半记录的都是织物，有"沙沙那锦壹张、青锦壹张、红锦两疋、绣锦壹疋、白罗壹疋、紫罗壹疋、绮正绫壹疋、楼机、绫壹疋、生绢两疋"；此外服饰名目可分为：裙、襦裆、被子 ❷、衫子、礼巾和三事六类。

* 包铭新，东华大学教授；
　沈雁，浙江理工大学副教授。
❶ 姜伯勤，2001：49。
❷ 谭蝉雪认为此"被子"应为"帔子"，见谭蝉雪，1993：22。

裙类有"碧绫裙壹腰""红罗裙壹腰""绿绫裙壹腰"和"紫绣裙壹腰"。从中可知裙的色彩有碧、红、绿、紫四种,所用面料有绫和罗,或饰以绣,裙的量词则用腰。

2. 礼仪执行过程中需使用丝绸

如 S.1725《大唐吉凶书仪》中"束帛"为六礼之一。丝织物的长度和系结方式等都有比较详细的规定,"束帛者,五匹绢也。各长四十尺,两向卷之,一头有二丈。是以《诗》云:婚礼纯帛不过(五)两,家为十匹,故云束帛。以放夫妇片合之义,展之则离,卷之则合。"又如奠雁是中国古代婚礼之成礼过程中之一环,过程中对雁需用织物装饰,才能起到吉祥的象征意义。如《新集吉凶书仪》节录(P.2646、P.3284)中有记录:"其雁以红罗裹,五色绵缚口,勿令作声"。

二、织物在丧葬民俗中的使用

社邑是敦煌地区普遍流行的一种带互助性质基层社会组织。丧葬民俗中的纺织品使用情况在社邑文书中有较多反映。社邑文书可分为社条、社司转帖、社历、社文和社状牒五大类❸,在这些文书中,出现织物内容则往往与社员身亡相关。

1. 社条,是社邑组织和活动规约

S.2041《大中年间(847—860)儒风坊西巷社社条》中有一条为"一或孝家营葬,临事主人须投状,众共助诚(成),各助布壹疋,不纳者罚油壹胜"。

2. 社司转帖是社司通知社人知会的文书

其中的身亡转帖,对社员需捐赠事主的物品常有具体的规定,赠送物包括粟、麦、面、布、柴等。P.5032《某年六月索押牙妻身亡转贴》中记载:"右缘索押牙妻身亡,合有赠送。人各粟壹㪷,饼廿,柴一束,绫绢色物二丈。幸请诸公等"。又 P.5003《某年九月四日社户王张六身亡转贴》中有"借布人各一疋,领巾三条"。据《敦煌社邑文书辑校》之收录,共31条社邑身亡转贴,其中14条的赠送物中都包括织物。这些织物种类有布、领巾和色物。以色物为主,共13条,其对色物的规定包括材质和数量,如"褐布色物二丈""鲜净绫绢色物壹丈""土褐布色物壹疋"等。

3. 社邑文书中的纳赠历

社邑文书中的纳赠历是社邑成员或其亲属亡故时,社人依据社条的规定或社司的临时决定向社司缴纳物品的记录。《敦煌社邑文书辑校》中列举之29条身故纳赠历中,只四件文书没有涉及织物,分别是 S.3987《丙子年(976)七月一日司空迁化纳赠历》、S.8667《李都头母亡纳赠历抄》、S.6981

❸ 宁可,郝春文,1999:9。

《纳赠历？》、P.3738《纳赠历》，这几件文书都有残缺，内容不全。其他的25件都涉及织物，且织物在物品总量中占较大比例。如吐蕃时期 P.5003 背之《社户王张六身亡纳赠历》，本件是 21 个社人助葬物品的记录[4]，主要有生布、领巾（有红白两色）、生细布及褐。可见布和褐是民间百姓吊孝的重要用品。

4. 除社邑文书外，写本书仪中也有相关唐代的丧服礼仪

如 S.1725《大唐吉凶书仪》中第 34~36 行至"斩衰服头九寸三分，要（腰）七寸二分，冠六升，衰三升。齐衰服至七寸二分，要（腰）至六寸二分，冠七升，衰四升。大功九月服，头五寸二分，冠十五升，衰十五升。"P.4024《唐前期书仪》与 S.1725《唐前期书仪》性质相同[5]。比较详细地记录了丧礼中不同身份的人应该穿着的服饰。

三、织物在寺院经济中的使用

敦煌寺院经济文书中涉及的织物种类最多，主要体现在佛寺供养具、杂物点检历和佛寺施入品中，另外还有入破历、唱衣历、借贷和遗嘱等文书中也有相关记载。

1. 佛寺供养具与点检历

如 P.3432 号《龙兴寺卿赵石老脚下依蕃籍所附佛像供养具并经目录等数点检历》，记录了敦煌官寺龙兴大寺的全部佛像和大部分供养具，所记载的织物主要是佛衣头冠以及纺织物类佛像。如第 12 行："布画千佛像壹，色布缘，长玫尺五，阔染尺。"第 13 行："绣像壹片，方圆伍尺。生绢阿弥陀佛像壹，长肆尺，阔叁尺壹寸。绣阿弥陀佛像壹，长叁箭，阔两箭，带色绢。"第60 行："又佛衣，绵绅里，锦缘金水庄严，周围六箭，故。故菩萨绯绫披，并有绣花色绢里锦缘及锦绢带，周围陆箭，真珠庄严，壹。"

又如 S.1774《后晋天福七年（942）某寺法律智定等交割常住什物点检历状》，此件文书记录了大乘寺的全部供养具和部分家具。如第 19~21 行："故破幡额壹条。铜楪子壹，在柜。千佛经巾壹。青绣盘龙伞壹副白绵绫里并裙柱带全。官施银泥幡柒口，在柜。"

学术界对敦煌寺院经济文书的调查、整理和研究已做了很多工作。郝春文在《唐后期五代宋初敦煌僧尼的社会生活》中将敦煌寺院常住什物历以年代先后作了排列，并将文书中出现的什物名目列表。其中的佛像、佛衣（袈裟、披、裙、衫）、幢、伞子、幡、经巾等什物，涉及多种织物品种。这类点检历文书往往对这些供养具的形制、保存状况、尺寸、织物用料等有比较详细的记录，是研究相关时期纺织品的重要材料。在保存下来的敦煌地区出土的织物中，大多与寺院佛教有关，可与敦煌文书中的一些记录相对应。如 1965 年在莫高窟第 130 窟窟内和第 122 窟、第 123 窟窟

[4] 宁可，郝春文，1999：405。
[5] 吴丽研，2000：293。

前两处，分别发现的六十余件盛唐时期丝织物，保存尚好、绝大部分是各种染缬绢、各色纹绮缀联制成的长条彩幡，被斯坦因携至英国，目前主要收藏在大英博物馆、维多利亚与艾尔伯特博物馆的大量出自敦煌的纺织品，种类繁多。大件织物主要包括各种形制的佛幡制品、幡残片、裹卷佛经用的经帙、围幕以及表现佛教故事的刺绣及绢画作品等。更多的大量织物残片，品种齐全，包括绢、绫、纱、罗、经锦、纬锦、缎等。在这些织物种类中，一些特征明显的织物也可与敦煌壁画中佛像所穿衣物相对照（图12），图中供养菩萨下身所穿的服装，画师以网格状来体现面料经纬线的稀疏，明显是纱罗类织物。

图12 莫高窟第14窟主室南壁供养菩萨

2. 寺院日常经济生活中的织物

寺院日常经济生活中大量用到织物的情况亦见于施舍疏、唱衣历和入破历，如寺院的两大收入接收布施和借贷得息，将布施物唱出，换成布、绢等流通等价物。记录寺院收入与支出的文书中都涉及大量织物种类。

据郝春文统计施舍疏共98件中，其中52件涉及纺织品。施舍疏是沙州各类官私僧俗施主向都司和寺院施舍物品时使用的文书[6]。如S.3565记载了曹元忠的一次布施，有"红锦壹疋、楼机绫壹疋、生绢壹疋"等；S.4470背面记载了张承奉、李弘愿的一次布施，有"细毡壹疋、绁壹疋"。P.2583载有"十综布袈裟覆膊头巾一对""八综布七条袈裟头巾覆膊一对"，另外，可见多种服饰名目，如紫绢衫子、白锦袜肚、红蓝披子、青绢裙和黄布偏衫。

唱衣历是指将某些布施品以及亡殁僧人的遗物分卖，分卖时要唱出所卖物品的名目，而所卖的物品主要是衣着之类，故名"唱衣"。北京图书馆藏敦煌文书成字96号《目连救母变文》背面记有："金刚唱扇，得布伍拾伍尺，……法律道英唱白绫袜，得布叁佰尺，又唱黄尽坡，得布伍佰尺……"。P.2638《清泰三年河西都僧统算会账》载："已年官施衣物，唱得布贰阡叁佰贰拾尺"，另外P.2689《僧人析唱账》、P.3410《各寺布施及僧人亡殁后唱衣历》、P.3850背面《唱衣历》，都属于同类的账目[7]。从这些唱衣历中可以看到，分卖的衣物，所得不是银两而是布匹，是布匹作为市场等价物流通的又一例证。

P.2638《后唐清泰三年（936）傔司教授福集等状》，是一件比较典型的寺院入破历。此件共88行，可分为四部分。第一部分为唱卖所得布的明细账及其总数。第二部分主要是迴残和官施、散施所得大小绫、生绢、绵绫、粗绁、细绁和布的明细账。第三部分为出破明细账，出破分类数和破除外见存分类数。第四部分为支付应管僧尼傔布数，支付傔布后余布数[8]。文书中提到的衣物名称有天公主花罗裙、黄小绫袄子、乌玉腰带和宰相锦袄子等，这些衣物主要为官私布施所得。

此外，一些僧尼通过私有经济，拥有自己的财物。P.3410《沙洲僧崇恩析产遗嘱》提供了比较丰富的资料。从这件现存54行的文书中可以看出，崇恩拥有巨大家资[9]，其中包含绫锦毡裘等大量衣物。

[6] 郝春文，1998：241。
[7] 张永言，1984：390。
[8] 唐耕耦，1997：58。
[9] 谢重光，1986：492。

四、织物的尺寸与价格

在相当长的时间内，敦煌地区以布和绢为主的织物曾作为等价物流通。这一点已经过多方论证，在学术圈内达成共识。

这一情况除在前文所提的"唱衣历"和"借贷契"中有所体现外，还可以求证于凭约类文书和买卖文书。P.4885《乙未年（935）押衙李应子欠驼价绢凭》记载："乙未年四月九日，押衙李应子先欠高残子骆驼价熟绢壹匹，长叁丈柒尺，福（幅）贰尺……"；S.6308《丙辰年（956?）某僧政付唐养子地价麦粟褐凭》记载："……二月十四日，又付昌褐半疋，见付麦叁石，粟叁石……五月六日，又付养子地价斜褐壹段一丈捌尺。准土布伍拾尺，又斜褐壹段壹丈玖尺折土布伍拾尺……"。

作为等价流通物的织物，其尺寸应该有统一的规格，具体反映在所使用之量词上。

敦煌文书中记录织物长度宽度所使用的量词有很多，如匹、疋、丈、尺、寸、段、端、託和箭等。对这些量词的具体长度，有一部分已经被考证出来。

据唐耕耦等考证，"託"当即托，在很多地方现在还通行这种量长短的方法[⑩]。向觉民先生曾引《东西洋考》卷九云："托是方言。谓长如两手分开者为一托。即约合旧尺五尺"。S.5692《辛酉年（961）陈宝山贷绢契》，文书背画有量绢尺图，据原件测量尺端距离约30.8 cm。类似的量绢尺图在敦煌文献中还有5件，分别是 P.3565《甲子年（964?）氾怀通兄弟贷生绢契》、P.4083《丁巳年（957?）唐清奴买牛契》、P.3124《甲午年（934）八月十八日邓善子贷绢契》、S.4884《辛未年（971）四月二日押衙梁保德买绢契》和 P.3453《辛丑年（941）十月廿五日贾彦昌贷绢契》。这些文书的尺图，是现存唐代用文字与图明确标记一尺长度的珍贵原始材料，由此可以确证，迄至唐末五代，即使偏远如敦煌地区，民间常用的一尺长度与唐朝《杂令》规定相符。吐鲁番出土庸调布实物，可以与此相印证。由此宋家玉先生推断出当地较常见的一疋绢面积约为74.1平方尺[⑪]。

五、制作衣物所需的用料及织物价格

从敦煌文书中能够考证制作不同类型衣物所需用料的情况。P.2607号是一件《算经》类著作，其中一道算题是：造袍1892领，每领用3丈5尺，求共用几何？答案是共用1655匹2丈帛。此处所记一件袍用帛3丈5尺，应该符合当时之实际情况。另据《流沙遗珍》所收"天宝六载给家人春衣历"，衫用料3丈，裤1丈2尺，鞾8尺[⑫]。

敦煌地区当时所用等价流通物有金银、织物和谷物。各类纺织品和衣物在当时的价格如何，这一点在几类文书中都有涉及，会计文书、施舍疏和借贷契中尤为集中。纺织品：P.3348背《唐天宝四载（745）河西豆卢军和籴会计牒（二）》17行："伍阡陆伯疋大生绢，疋估四百六十五文。计贰阡陆伯

⑩ 唐耕耦，陆宏基，1990a：6。
⑪ 宋家玉，刘忠，2000：168。
⑫ 黄正建，1998：94。

肆贯文。"19 行："伍伯伍拾疋河南府绝，疋估六百廿文。计叁伯肆拾壹拾贯文。"21 行："贰伯柒拾疋缦绯，疋估五百五十文。计壹伯肆拾捌贯伍伯文。"60~61 行："肆阡贰伯柒拾捌疋壹丈陆尺叁寸大练，疋估四百六十支。计壹阡玖伯陆拾捌陆拾捌文柒分。"P.2680《(丙申年？)汜恒安等纳绫绢历》载："楼绫小绫子一疋，共准绢肆疋。要带，准绢两疋。紫孔雀绫一疋，准绢七疋。白驰绫一疋，准绢一疋。犀牛绫一疋、绢两疋，亦准绢七疋。犀牛绫一疋、绢两疋，共（准）绢七疋。"衣物类之绢裙：P.2447《吐蕃亥年（813？）十月一日以后应诸家散施入经物历》："杜都督施红单绢裙壹并腰带，出唱得布壹伯叁拾尺。"P.1261《吐蕃占领时期斋僦历》："了因斋僦青绿绢裙一，（准麦）五石一斗。离源斋施碧绢裙一，（准麦）七石"⬤。这个时期的裙，在敦煌壁画中大量的女供养人形象上均有体现（图 13）。

图13 莫高窟第107窟 东壁北侧下部 女供养人（晚唐）

六、织物借贷

借贷主要涉及粮食和织物两类，织物比粮食略少。中外学者对敦煌文书中织物借贷的数量、借贷的原因以及借贷中织物的品种都有一些相关论述。

法国童丕《敦煌的借贷：中国中古时代的物质生活与社会》列出敦煌文书中织物借贷契约有 47 件。郝春文在《敦煌社会经济文献真迹释录》中将织物借贷列入契据部分，检出写明是贷织物契文书24件，分别是贷生绢契12件，贷绢或欠绢契8件，贷褐2件，贷斜褐1件和贷布1件。沙知《敦煌契约文书辑校》中收集文书名中注明织物名称的共 39 件。其中贷（欠、还）绢契最多，共 31 件，贷生绢契2件，贷布契2件，贷褐契2件，贷红缯契1件和贷毯1件。陈永胜在《敦煌文献中民间借贷契约法律制度初探》中共检得民间借贷契约文书计89件，占敦煌发现全部契约文书的四分之一强，其中贷绢契约 37 件，贷布褐契约3件。

借贷的织物品种可分为绢帛、麻布、毛纺织品和棉布。这些织物特别是绢类不仅可作借贷，也可用于支付。

七、其他

敦煌文书中的织物使用情况，并不囿于以上所列的六个方面。例如有两件文书记录军队衣装情况，即 S.964《唐天宝九载十载（750—751）兵士衣服支给簿》⬤和 P.3274 背《唐天宝年代豆卢军防人衣服点检历》⬤。此两件文书因为比较完整，记载详细，已引起多位学者关注并发表过相关论文，结论涉及军队衣装的种类、范围、质料、颜色、新旧和折抵⬤。

又如官布籍中有织物作为纳税物的记载。官布籍是民户缴纳布匹的籍簿，其中记录的织物品种较少，以麻布为主。晚唐五代时期，敦煌地方官府向民户按土地面积课征布匹。P.3236《壬申年三月十九日敦煌乡官布籍》可视作

⬤ 唐耕耦，1997: 423–425、431。
⬤ 孙继民，1997: 101。
⬤ 黄正建，1993: 11。
⬤ 唐耕耦，陆宏基，1990b: 447–466。

图14 莫高窟第159窟西壁龛内
南侧菩萨（中唐）

典型。发现于吐鲁番阿斯塔那的三块庸调麻布是唐朝的税物，从中可以看到上面的印文，以及州、县、乡、里名和从何处交来等字句[⑰]。

另外也有学者通过敦煌文书中丝、棉、麻、毛四大类织物的出现和使用情况，来推断出晚唐五代时期敦煌地区纺织业的发展状况[⑱]。

除此之外，敦煌文书中仍然存在尚未解读的相关信息。例如，P.3432《龙兴寺卿赵石老脚下依蕃籍所附佛像供养具并经目录等数点检历》中第60行有一句"故菩萨绯绫披，并有绣花色绢里锦缘及锦绢带"。此句或可进一步断为"故菩萨绯绫披，并有绣花，色绢里，锦缘及锦绢带"。此处披和带指中国古代神佛塑像上披挂之服饰，或称神衣，《元典章·刑部十一》有"偷盗神衣免刺"。唐代女服中有帔帛（或作披帛）一事，敦煌唐代以来诸窟中壁画彩塑多见菩萨用此（图14），可知唐代菩萨已有用披帛作神衣之例。披帛缠身时，里外皆需示人，故面用绫，里用色绢，并有绣花，且饰锦缘。

敦煌文书的数量巨大，内容庞杂，其中包含的古代纺织品和服饰的信息，散布于大量其他信息之中。对于染织服饰史的研究者来说，有用信息的浓度很低。以此作为对象的研究，其过程确实如沙里淘金，需要特别的耐心和技术。也由于这些文书存世地点的分散，造成一定程度上出版的困难。研究者需要花费较多的时间和精力，才能接触乃至阅读原件。另外还有语种等问题所造成的障碍。但是由于这些文献所储存信息的不可替代性，仍值得相关的学者作进一步的探索。

⑰ 丘古耶夫斯基，2000: 240。
⑱ 刘慧琴，1995: 39；
　　金滢坤，1998: 133。

图 录

敦煌丝绸艺术全集·英藏卷

第二部分

1 伞盖

伞 盖

王 乐*

一、伞盖的历史

　　伞盖又称盖、华盖、宝盖。在中国，伞盖并非佛教中的专用法器，早在战国秦汉时期，车上就布置了伞盖。2005 年，湖北襄樊市余岗墓地出土了战国时期的大伞，伞柄和伞骨保存完好。更为重要的实例是 1980 年秦始皇陵出土的一号铜马车，也被称为立车，单辕双轭，套驾四马，车舆呈长方形，车上置一圆形铜伞，伞下立一御马官俑，双手执辔（图 15）。这是伞盖在车上使用的完整实例 ❶。

　　不过，用伞盖的习俗并不仅见于中国，在古印度部族重要会议中就已见雏形，当时长老常背对树干而坐以取树荫避暑。这是一种将伞盖施于尊者头顶之上的习俗，因此，伞盖在佛教中常用于佛、菩萨等头顶，以示尊崇。

　　佛教仪式中继承了这种习俗，不仅在佛陀说法的庄严场合，外出时也有使用伞盖的，如《撰集百缘经》卷二中提到频婆娑罗王皈依佛陀时，"将诸群臣，各执伞盖，遮护佛及众僧，以入王舍城"。正因如此，在古印度的艺术中，它和菩提树一起成为佛陀的象征，地位与佛像相等。犍陀罗佛教艺术中有不少类似的造型，说明了伞盖在佛教艺术中的应用（图 16）。

　　佛教传入汉地，汉化寺院使用两种形式的伞盖，绘画于天花板之上的伞盖被一概称之为"藻井"，另一种则以丝绸布帛为之。《摩诃僧祇律》卷三十九中记载的有树皮盖、多利盖、竹盖、摩楼盖、树叶盖、甄伞盖等六种类型，其中甄伞盖则是以纺织品制成。

图15 秦始皇陵出土的一号铜马车

图16 白沙瓦博物馆藏雕塑"占梦"

＊ 王乐，东华大学服装与艺术设计学院教授。

❶ 吴永琪，郭宝发，1998。

二、伞盖的面料

英藏敦煌出土的织物中伞盖面料有平纹麻布（L:S.620）、绢（L:S.491:
2）、绮（L:S.491:1）等。敦煌文书中记载的伞盖的面料更多，有白绫
伞（P.3432）.高离锦伞（P.3432）、大白绣伞（P.3432）、黄夹缬大伞
（P.2613）等。《唐咸通十四年（873）正月四日沙州某寺交割常住物等点检
历》（P.2613）中对伞的结构及其面料有更进一步的描述："大红番锦伞壹，
新，长丈伍尺，阔壹丈，心内花两窠。又壹张内每窠各师子贰，四缘红番
锦，伍色鸟玖拾陆。❷"这种伞盖采用的是具有中亚风格的织锦材料，一定
相当华丽。

三、伞盖的形状

伞盖的形状主要分两种：方形伞盖和圆形伞盖。方形伞盖的顶面通常为
正方或长方形。上述的大红番锦伞即属长方形的伞盖。方形伞盖的四周围合
有伞裙，亦称帷幔，外缀三角形状的饰片，以及由绢、素罗、暗花罗、绮、
绫、锦、刺绣品等各种织物制成的鳞形、条形、结形等各种形制的垂带。藏
经洞出土的彩绘麻布伞盖（见图录001，L:S.620）属正方形的伞盖，其所例
示的伞盖四周的裙沿，即是对实际帷幔的描绘。在莫高窟的许多壁画（如第
217窟和第320窟）都可以看到方形伞盖的形象。圆形伞盖有时又称团伞子，
形制变化较多，较为复杂，往往还分为多层，四周悬挂有垂带、莲花、流苏
等。敦煌莫高窟第66窟以及第322窟壁画中伞盖即属于此种类型（图17）。

四、伞盖的尺寸

伞盖的尺寸并无特别的规定。敦煌壁画中描绘的伞盖大小、形状变化都
很不同。而敦煌文书中所记载的伞盖的尺寸也不一，表述方式也很不尽相同，
主要有：大白绣伞长壹丈叁尺，阔壹丈（P.2613）；大红番锦长丈伍尺，阔
壹丈（P.2613）；增锦伞每面长三尺（P.2613）；黄夹缬大伞周围壹丈肆尺
（P.2613）；小白绫伞周圆壹箭半（P.3432）等。

五、伞盖使用方式

伞盖使用方式有两种：一种是在盖的内部的中央或四周安装伞柄撑持或
立柱支撑，这种形式其实与帐基本一致；另一种则是在外部的中央或四周悬
吊。敦煌壁画中所描绘的以及敦煌出土的伞盖多为悬吊使用的类型。

图17 莫高窟第66窟盛唐时期
伞盖

❷ 唐耕耦，陆宏基，199a: 266。

彩绘麻布伞盖　001

L:S.620（Ch.00381）
长：105.0 cm
高：25.5 cm
宽：91.0 cm
唐代（7—9世纪）

图001-1 彩绘麻布伞盖结构示意图

图18 莫高窟第320窟壁画中盛唐
时期的伞盖

　　这件伞盖原本应在莫高窟每年一度的某个庆祝日挂于某尊佛像像顶，其保存之完整极为难得。目前所知同一时期的只有同藏于维多利亚与艾尔伯特博物馆的一组微型绢伞（见图录003、图录004、图录005和图录006）。此伞盖由比较粗的平纹麻织物制成，上用手绘制作，以红、蓝、黄色为主，黑色描边。伞盖之中绘有一朵正面宝花，周围及四角同样是宝花纹样，宝花之间还有云纹。中间部位应该是处于佛像的正上方，在莫高窟许多的壁画中，如第217窟和第320窟（图18），可以看到佛像头顶的正上方正对着伞盖中央的莲花纹样，四围垂下来的伞裙部分绘有帷幔和流苏图案❶，其中一侧由两片重叠而成。在伞裙和盖顶相接的四个角上挂着的可能是用以悬挂或支撑该伞盖的挂襻，这些挂襻至今还保存完好。据克尔（Rose Kerr）推测，它在使用时可能是挂在立在地上的柱子上❷，但也有可能是直接挂在顶上，绘画部分朝下。这是藏经洞所出极少的几件麻制品之一。与丝相比，麻布是比较便宜的材料，应由较为贫穷的供养人所捐。（HP）

❶ POLYSPRING CO., 2002: 100.
❷ KERR R, 1991: 92。

002 彩绘麻布伞顶

1919.0101.0.202
（Ch.lvi.0025）
长：49.5cm
宽：53.0cm
唐代（7—9世纪）

　　方形麻布，织物两侧均留有宽约0.7cm的幅边，故其门幅为53.0cm。织物之上绘有彩色圆形图案，应是对莲花或宝花图案的模仿，花盘之中为八朵小花，花瓣呈三角形，分为两层，里层为褐色，外层则为棕色。花外所绘的八根木棒状物呈米字状排列，可能是对伞骨的描绘，正如维多利亚与艾尔伯特博物馆所藏之微型绢伞（见图录003，L:S.491:1）中所用的弧形木棒。伞骨之间以红、黑两色绘以曲线装饰，是对伞盖悬垂织物的摹绘。因此，此件原来可能是伞顶的一部分。（HP）

微型绮伞　　003

L:S.491:1（Ch.00442）
长：11.5 cm
宽：11.9 cm
唐代（7—9世纪）

　　藏经洞发现的17件微型伞盖中有16件收藏在维多利亚与艾尔伯特博物馆。这些伞盖均以不同材料拼缝而成，四角上大多还残留着流苏，伞顶中间缝有用以悬挂的悬襻。伞盖的大小多在11.0 cm到20.0 cm，尽管尺寸不大，但原来还是很可能用于供奉。此件伞盖由黄色绢和蓝色龟背几何纹绮两种面料拼缝而成，四角缝有以黄色绢及本色绢制成的流苏，中心部位则缝以本色棉布制成的悬襻。这些伞盖原有两条弯曲的嫩枝对角相交形成伞骨，但现在伞盖和伞骨已完全分开。（HP）

图003-1 微型绮伞结构示意图

微型
百衲绢伞残件

004

L:S.491:2（Ch.00442）
长：31.4cm
宽：27.0cm
唐代（7—9世纪）

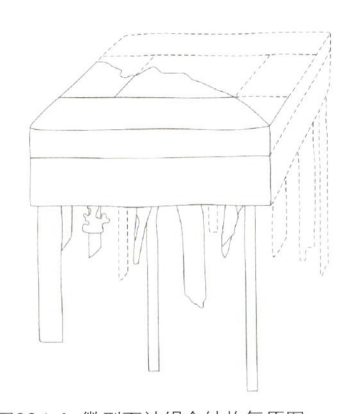

图004-1 微型百衲绢伞结构复原图

在维多利亚与艾尔伯特博物馆所藏一组16件微型伞盖中，此件特别与众不同。它虽然已残，现存约仅为原来的一半，但仍可知它由各种零料拼缝而成，因此可称为百衲伞盖。伞呈方形，但四角有意地修整为弧形，伞沿均饰有流苏。少量流苏还带有滚边和缝合，说明它们用的是旧面料。对照手绘布质伞盖，应该是挂在一个较大的或是与实物等大的佛像顶上的，所以我们推测这些微型伞盖的使用应和较小的佛像有关。它们也有可能只是一种象征性的伞盖或是实际大小的伞盖的替代品，供那些买不起大伞盖的供养人使用。（HP）

微型绮伞　005

L:S.491:12（Ch.00442）
长：18.0 cm
宽：17.0 cm
唐代（7—9世纪）

这件微型伞盖及其悬襻均由本色麻布制成，悬襻背面有一小丝团，可能是为了加固悬襻。伞的四角还保留着由深蓝、红和绿色绢片制成的流苏。（HP）

图19 现藏于大英博物馆的纸花（Ch.00149）

006 纸花布伞

L:S.483（Ch.0077）
长：17.5cm
宽：17.5cm
花（最大者）直径：8.5cm
唐代（7—9世纪）

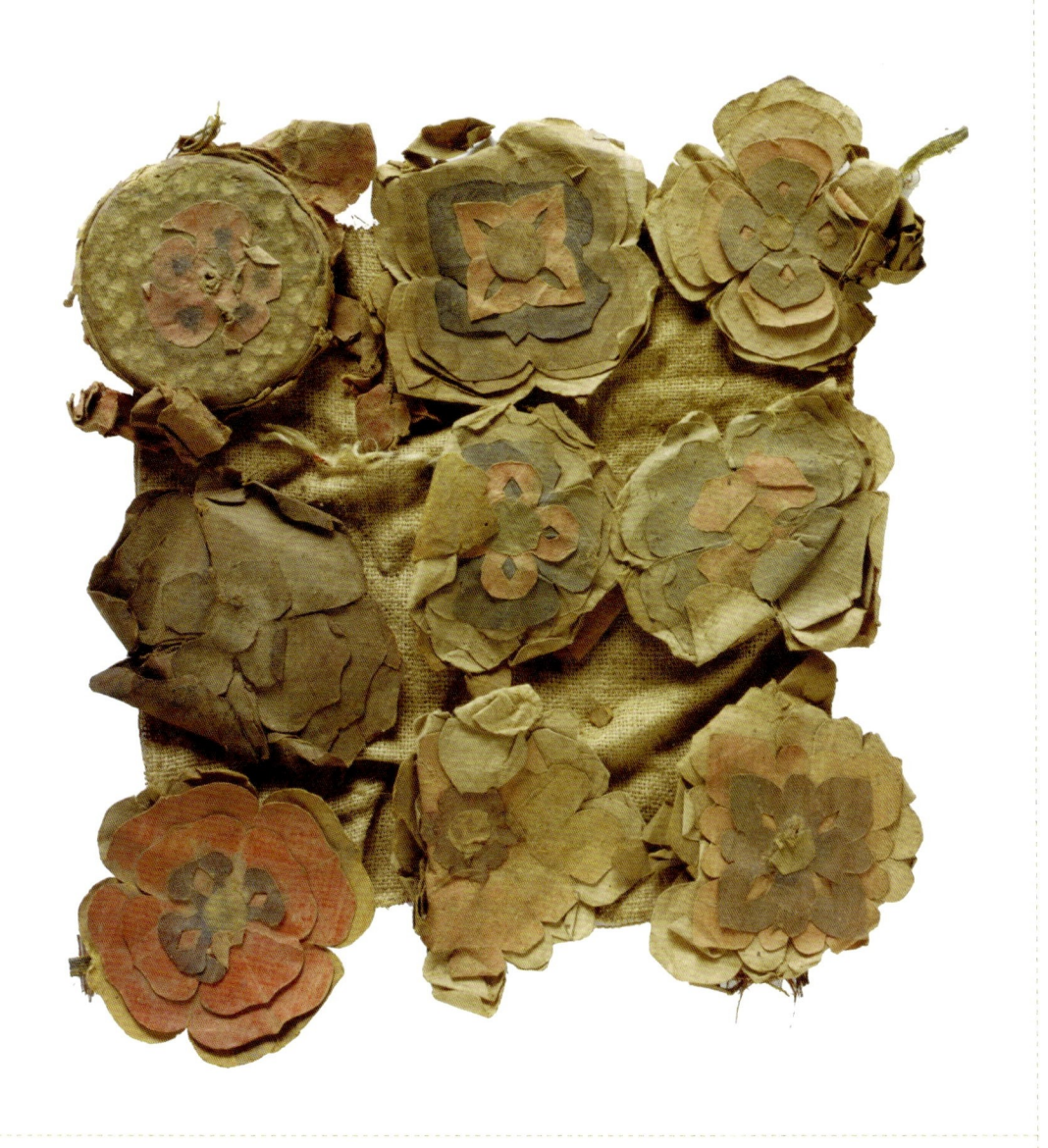

斯坦因在最早的记录中曾说到："这九朵人造花系在一块方形的亚麻上"[1]。事实上，这块正方形布应是一个用麻布制成的伞盖。中间缝有一个蓝色的悬襻，四个角上曾缝有纬锦条流苏，现仅有部分残留。这些纸花形状不同，由染色的纸或是墨水浸过的纸，经过裁剪和黏贴制作而成。有一些花背部中央黏有一方形木块，中心打有一洞，可能是为了插入木制花茎。伞盖上放置纸花的原因，尚不十分清楚。但此件置有纸花的伞盖，极有可能就是佛教的圣湖苏哈瓦提（Sukhavati）[2]的模型。

藏经洞发现的另外六朵纸花（Ch.00149）现藏于大英博物馆[3]（图19）。纸花可能是某个佛教节日的供奉品，供奉者可以把它贴在墙上、地上或是天花板上。纸花在一些墓葬中也有发现。（HP）

❶ STEIN M A, 1921b: 954.
❷ WHITFIELD S, URSULA S-W, 2004: p.270.
❸ WHITFIELD R, FARRER A, 1990: p.75.

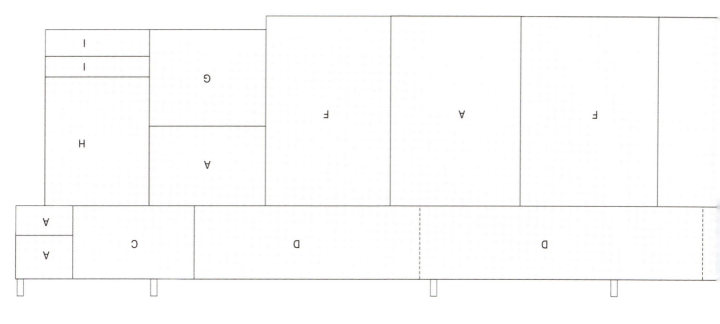

图007-1 织物分布图

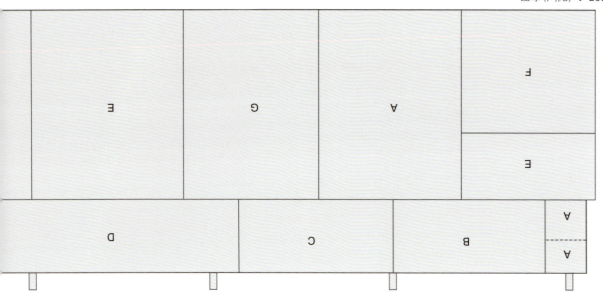

帷幔　　007

MAS.855（Ch.00279）
长：281.5cm
宽：46.2cm
晚唐—五代（9—10世纪）

　　长方形帷幔，在斯坦因发现的三件帷幔中这是最完整的一件，另两件收藏在印度新德里[1]。此件帷幔上方是一条由十块织物拼缝而成的宽边，钉有八个分别由绢或纬锦制成的挂襻；下方有两层，底层由各种织物拼缝而成作底；外层由各种织物制成三角形状的饰片，钉于宽片之下；中层是鳞形、条形、结形等各种形制的垂带，由绢、素罗、暗花罗、绮、绫、锦以及刺绣品等各种织物制成。扬之水认为这种垂带在不同的场合可以称为蒜条、额带、流苏或者舌，我们在此统一称为垂带。

　　《周礼·天官·幕人》载："幕人掌帷幕幄帟绶之事"，"幕是上覆，帷是下围，而围又未必是围绕，它的'在旁'也可只作间隔之用。"[2]因此我们暂称其为帷幔。类似于此种形制的帷幔在敦煌绘画中经常可以见到，但用处却时有不同。从这件帷幔的尺寸大小来看，它有可能用于多种场合。一是用于供案的周围，此时可以称为案裙或桌帷（桌围），敦煌壁画上有不少同类例示[3]（图20、图21）。二是用于佛像前的帐额，P.3432《龙兴寺卿赵石老脚下依蕃籍所附佛像供养具并经目录等数点检历》载："佛帐额上金渡铜花并白锡花，叁面画垂额壹。"[4]这里的三面所画的垂额在与佛帐同处对应为帐额。三是大型伞盖周围的伞裙，正如彩绘麻布伞盖（见图录001，L:S.620）所例示的伞盖四周的裙沿，均绘以流苏状物，正是对实际垂带的描绘。（ZF）

[1] STEIN M A, 1921b: vol.4, pl.CIX,CX.
[2] 扬之水, 2004: 282-283。
[3] 敦煌研究院, 1992: 132。
[4] 唐耕耦, 陆宏基, 1990a: 2-7。

图20 莫高窟第14窟弥勒说法图供桌桌帷

图007-3 帷幔细部图

图21 莫高窟第61窟甬道北披帷幔

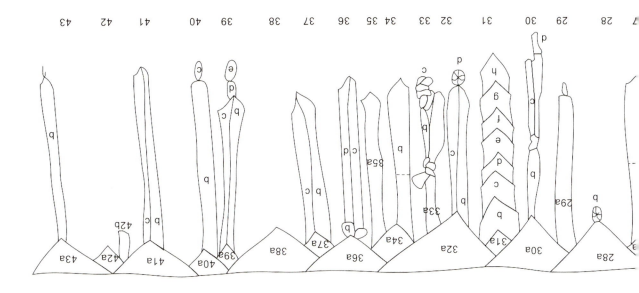

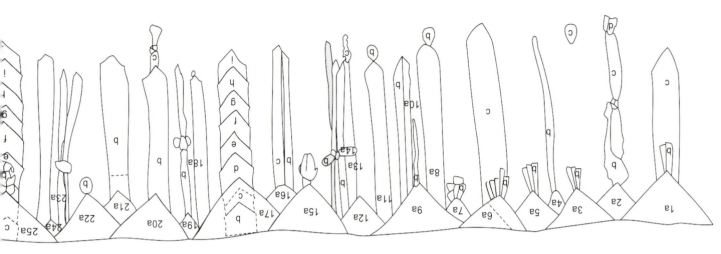

図007-2

帷幔残件　008

L:S.622:1-6（Ch.00280）
a.长：152.7cm；　宽：27.0cm
b.长：25.8cm；　宽：9.9cm
c.长：35.5cm；　宽：9.7cm
d.长：40.6cm；　宽：7.4cm
e.长：41.0cm；　宽：7.4cm
f.长：41.1cm；　宽：7.5cm
唐代（7—9世纪）

　　现存的早期帷幔为数实在不多，与大英博物馆所藏帷幔（见图录007，MAS.855）相比，维多利亚与艾尔伯特博物馆所藏的这件帷幔则较为残破且不完整，保存下来部分的共有6片，包括主体部分和5条垂带。帷幔的主体部分上方为一条蓝地花卉纹锦边，以紫色绢做衬里，该锦面料与图录090所示垂带的材料相同（Ch.00295）；锦边下方缝有一大块棕色绢。与锦边相连的还有六片三角形织物，四片为白色绢，另外两片是白地宝花纹锦。锦边上还挂有一丝质垂带，上有橘红绢片和提花绫片以及一条浅棕色罗打成的结。另外的五条垂带应当是从主体部分脱落的，以各种颜色的绢、绮、暗花罗等织物缝制而成。

　　这件帷幔所使用的各种织物在藏经洞所出其他实物上也有发现，如现藏于大英博物馆的百衲经巾（见图录079，MAS856）和艾尔米塔什博物馆藏宝相花纹经锦（Д×91,92）[1]。（HP）

● 俄藏敦煌艺术品,1998:图176。

米色地宝花纹锦　009

L:S.593（Ch.00181）
长：11.2cm；　宽：21.2cm
唐代（7—9世纪）

　　维多利亚与艾尔伯特博物馆所藏的此件三角形宝花纹锦很可能出自上图所示帷幔残件（见图录008，L.S.622），整块织物以橘红色绢（现已褪色）做衬里。其宝花纹锦明显带有唐代早期经锦的风格。

b：从上至下
17-20

c：从上至下
17-23

c：从上至下
8-16

e：从上至下
8-16

f：从上至下
8-16

鳞形垂带　010　　　鳞形垂带　011

L:S.601（Ch.00447.a）
长：44.2cm；宽：7.5cm
唐代（7—9世纪）

L:S.666（Ch.00517）
长：47.0cm；宽：12.3cm
唐代（7—9世纪）

　　这两件丝质垂带来自某一帷幔，斯坦因认为它们可能曾是现藏大英博物馆的帷幔（见图录007，Ch.00279）的一部分[1]。垂带呈鱼鳞状，由不同的织物一片压着一片地缝合，大小逐渐递减，最后形成一条彩色的长条。这是用丝绸零料组成大片引人注目的有效方法。整个垂带里衬橘红色绢类织物。

　　两件垂带的鳞片从上到下全部采用丝织品制作，其中一件（L:S.601）依次为带有不明花纹的深蓝色绮、绿色菱格纹绮、橘红色绮、绿色绢、黄色绢、深褐色素罗、橘红色绮、棕红色素罗和白色绢。另一件（L:S.666）从上到下依次为：咖啡色绢、黄色绢、红色绢、黄地花卉纹夹缬绢、红色绢和蓝绿色花卉纹绫。（HP）

❶ STEIN M A, 1921: 1001.

罗结饰品　012

MAS.914（Ch.00438）
长：13.5cm；宽：10.2cm
中唐—晚唐（8世纪下半叶—9世纪）

图012-1　罗结细部图

　　此件饰品通过打结的方式制成，主要包括两种面料的织物——黄色菱格纹罗和黄地菱格纹夹缬罗。为使结扣牢固，在打结处缝以丝线固定，此外，还在多处缝有以各色丝线制成的小流苏装饰。

　　这是迄今为止所知最为复杂的早期中国结实物，但其打结之复杂，已非中国结的初期形式。事实上，其使用早在汉魏时期就已见于史料，梁武帝萧衍（464—549）《有所思》诗："腰中双绮带，梦为同心结"，这种同心结可能就是中国结的一种。唐末宋初的中国结形式更为多见，内蒙古代钦塔拉辽代早期墓中出土的一件百衲饰物，就装饰有大量的中国结[1]。从技术上看，中国结的形式应该源自中国早期的双层斜编织物。（ZF）

[1] 赵丰，2002：130，图55。

L:S.482（Ch.0032）
高：11.0 cm；宽：5.0 cm
唐代（7—9世纪）

图22 敦煌第322窟南壁中央说法图伞盖

　　这一流苏由密集的黑色丝线制成，上面是一个金属小罩。罩外有一结，由棉线作芯、外绕红黄丝线的绳子制成，此绳穿过金属小罩以固定流苏丝线。

　　在现藏于大英博物馆的帷幔上可以看到有各种挂件饰品，所以这一丝线流苏有可能用来装饰帷幔。但在莫高窟的一些壁画中可以看到大量伞盖（图22）均带有流苏状的装饰物❶，所以这些流苏也很可能曾被挂在伞盖上。（HP）

❶ Polyspring Co., 2002：100.

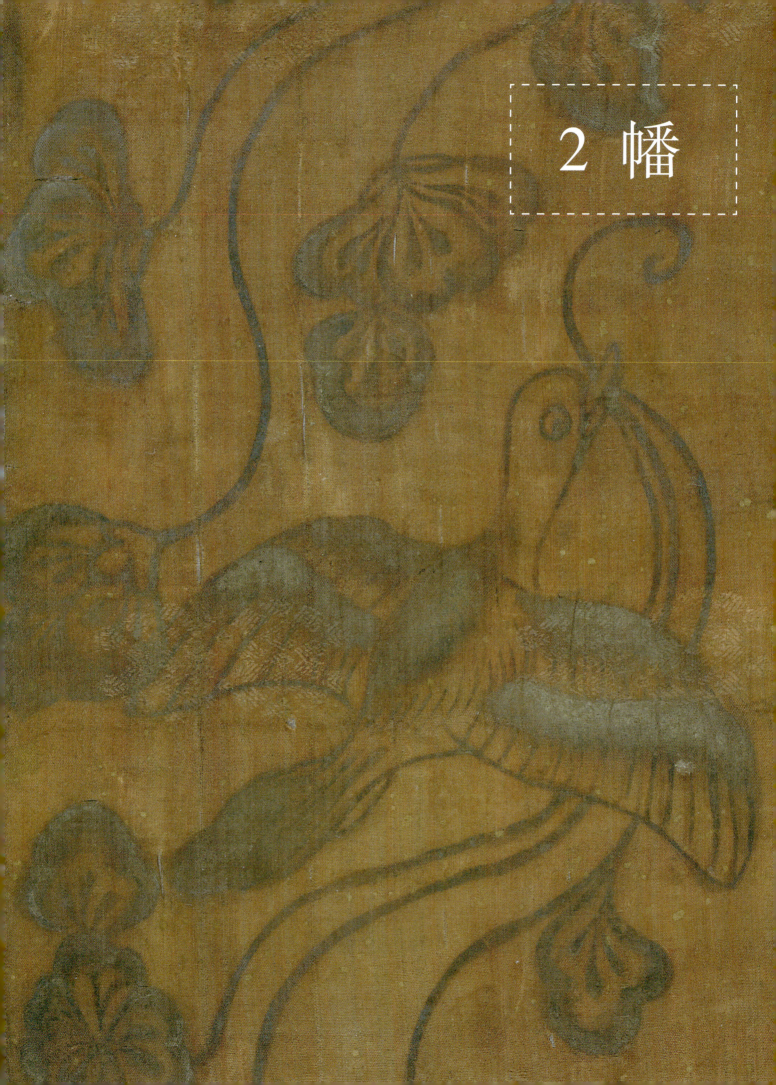

幡

王 乐*

一、幡的历史

幡，又作旛，梵语为 patākā，指佛、道教所用的旌旗，是供养菩萨、庄严道场的道具。《长阿含》卷四《游行经》中说："以佛舍利置于床上，使末罗童子举床四角，擎持幡盖，散华烧香，作众伎乐，供养舍利。"《华严经》亦常谓造立此幡，能得福德，避苦难，往生诸佛净土，又说供养幡可得菩提及其功德，故寺院、道场常加使用，因而成为庄严之法具。据各类记载，我国早在公元 6 世纪初，就已大量使用幡做佛事的供养具。北魏杨炫之所著《洛阳伽蓝记》记载了北魏神龟元年（518）宋云、惠生受北魏王朝指派，以"使者"的身份去印度取经求法，行经于阗国东的一个寺庙里，见"悬彩幡盖亦有万计，魏国之幡过半矣。"幡上有隶书书写的年号：太和十九年（495）、景明二年（501）、延昌二年（513）。只有一幡上书写有姚秦（384—417）的年号。可见幡作为佛教法器通常是长期保留以供使用的。

二、幡的尺寸

幡的尺寸没有特别的规定。常见有大幡、小幡的称呼，但实际并无一定的尺寸及大小标准，多视具体场合而定。敦煌文书中出现的幡的尺寸有：陆尺（P.3432、P.2613）、柒尺（P.3432）、玖尺（P.2613）、壹拾玖尺（P.2613）、肆拾叁尺（P.2613）、肆拾玖尺（P.2613）。由此可推，小幡的尺寸不超过 2 米，而大幡则为 15 米左右。

三、幡的形状和构造

英藏敦煌出土的幡形状很类似人形，一般是由三角形的幡头、长方形的幡身、置于幡身左右的幡手、幡身下方的幡足以及幡足下方的悬板构成（图 23）。其中幡头通常包括悬襻、幡头斜边和三角形幡面（个别的幡无幡头斜边，如 L:S.621）。幡身为一块面料或由多块不同面料拼接。幡足多为三条或四条，由整块面料制作，上下部分依旧相连，而中间裁开，边缘常用很细的针脚撬边。为了使幡在悬挂时保持好的形态，并防止幡扭转纠结，幡足的下方往往连有悬板。为一块梯形薄木板，上多绘有花卉图案作装饰。幡各部分的连接处都夹有一细竹竿，使幡平整，称为幡干。悬板的上方刻有一细槽，幡足底部的幡干直接嵌入其中将幡足和悬板连接。

有些幡的悬襻、幡头斜边和幡手末端缝缀有彩色小流苏，其功能不是很明确，可能仅为装饰，也可能是为悬挂其他物体。幡头与幡身连接处的幡干有时外露，上用彩色的丝线缠绕。从结构上看，敦煌出土的幡应为悬挂幡，没有确定的前面或后面，因为两面都要被人看见。其所悬挂的场所，可能是堂内柱上，或佛堂前庭，或附着于伞盖的四隅。

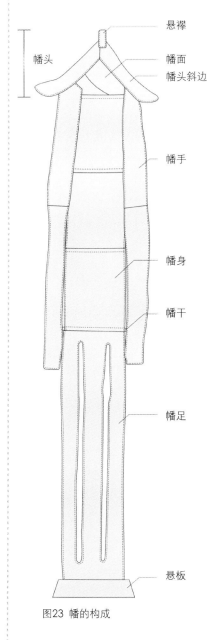

幡头

悬襻
幡面
幡头斜边

幡手

幡身

幡干

幡足

悬板

图23 幡的构成

* 王乐，东华大学服装与艺术设计学院教授。

敦煌出土的幡还有其他的形制。1965 年敦煌莫高窟内发现的缀花绢幡（K130：2），长 78.0cm、宽 9.5cm。幡手已缺失，仅存幡头、幡身和幡足，幡足下方呈燕尾状，无悬板。此类幡往往与幢一起出现，悬于幢端。《法华经》卷五《分别功德品》载："……诸佛前，宝幢悬胜幡"。类似的形象在敦煌绢画和壁画中也经常出现，如大英博物馆藏的斯坦因绢画所绘的引路菩萨就手握这类带有燕尾状幡足的幡（图 24）。

图24 大英博物馆藏斯坦因绘画第46引路菩萨（五代）

四、敦煌幡的材质和工艺

敦煌出土的幡的制作主要材料为纺织品。斯坦因从千佛洞所收集的 230 件幡（含残件）中，有 179 件丝质幡、42 件麻布幡及 9 件纸幡。编号为 1919.0101.0.125 的幡头残片上缝有一块麻织物。但从该幡头的残损程度上看，此麻织物很可能是后人修补幡头的时候添加的，原幡很可能还是丝质佛幡。敦煌出土的丝质佛幡所采用的织物品种很丰富，有绢（L:S.292、L:S.294）、绮（L:S.545、MAS.946）、绫（MAS.888、L:S.490）、罗（1919.0101.0.127、L:S.590）、锦（L:S.325、L:S.637）、缂丝等。缂丝用于佛幡较少见，目前仅在编号为 MAS.905 的画幡的幡头上发现使用。

由于几乎每件幡都使用了多种织物，因此敦煌出土的幡多为彩色幡。除了靠织物本身颜色和图案进行色彩表现外，往往还会采用手绘、夹缬、刺绣等手段。彩绘幡多是采用颜料直接在织物上进行手绘而成。在敦煌文书中常可见相关记载，P.3432《龙兴寺卿赵石老脚依蕃籍所附佛像供养具并经目录等数点检历》中就出现有"生绢画幡"和"画布幡"之名。敦煌画幡的题材多为佛（MAS.888、L:S.490）、菩萨等，或者是与佛教有关的花卉或植物图案（MAS.905）。还有一类画幡是用银粉作为颜料绘在织物上，如藏经洞出土的编号为 MAS.887 的墨绘鸟衔花枝纹幡，四条棕绿色菱纹罗幡足上各绘高约 4.0 cm 的银花六朵。藏经洞出土的另一件的蓝色暗花绮幡足（MAS.946）上以银粉绘有大型团窠花卉纹样。在敦煌文书中多次出现的"银泥旛"（S.1774、S.1624）应是指此类画幡。夹缬幡在敦煌出土的幡中占有很大的比重。夹缬通常用于制作幡身，有时也用于制作幡头或幡足。刺绣主要是用于幡面，其图案题材很类似于画幡。

五、敦煌幡的用途

从敦煌文献中的材料来看，敦煌出土的幡多为敦煌寺院的常住什物，除了作为佛教法器使用外，还有相当一部分是发愿或供养幡。《药师琉璃光如来消灾除难念诵仪轨》中记载在消灾除病的法事时，需造五色幡四十九尺。现藏于维多利亚与艾尔伯特博物馆的编号 L:S.621 的幡身上就有用于阗文书写的发愿文，祈求佛祖保佑远离麻烦，愿望和雄心得以实现。1965 年敦煌莫高窟内也出土了一完整的发愿幡（K130：3），幡身第一段有墨书发愿文 6 行 38 字，意为：开元十三年七月十四，康优婆姨造幡一口为己身患眼，若得损日，还造幡一口，保佛慈恩，故告。同时出土的还有"女阿阴"发愿文幡（K130：11），祈求腰病早日痊愈。此类幡由发愿文可以看出是佛教信徒为祈佛"消灾免病"而施舍的幡 ❶。

❶ 敦煌文物研究所，1972b: 55。

彩幡   014

MAS.860（Ch.i.0011）
长：131.0 cm；宽：29.5 cm
晚唐—五代（9—10世纪）

　　此幡保存完整，其上钉有悬
襻，幡面呈三角形，由两块不同的
辽式缎纹纬锦织物拼缝而成，一块
为深蓝地上显飞鹰纹样，黄体红
边，飞鹰可能为团窠中四只飞鹰，
另一块为粉红地上的团窠花卉纹
样，织物较残而无法复原纹样。幡
面两侧包缝有以不同面料制成的幡
头斜边，分别为绿色菱格纹绮及紫
色绢，幡面两侧各缝有一条幡带；
幡身部分由三块不同的绢织物拼缝
制成，从上到下分别为蓝色绢、白
色绢和红色绢；幡足共三条，以同
块蓝色绢切成，但其上下端仍相
连，其上端与幡身缝合，下端则缝
入梯形的木制悬板。

　　这是藏经洞所出最为完好的
彩幡之一，幡面上有织锦面料，显
示这是较为高档的彩幡。由于辽式
缎纹纬锦的组织结构流行于辽代早
期，织锦鹰纹的造型与辽代的花绕
双鹰纹锦中的鹰非常相似 ❶ ，而团
窠四飞鸟的排列在辽代也非常常
见，可知此幡的年代较晚，应该在
唐末至五代时期。（ZF）

❶ 赵丰，2004：150。

正面　　　　　　　　　　　　背面

015 锦缘彩绢幡

MAS.861（Ch.i.0020）
长：130.0 cm
宽：25.4 cm
晚唐—五代（9—10世纪）

正面

背面

幡形狭长，保存较为完整。
其幡头上方钉缝一蓝色绢制悬襻，
两条幡头斜边以不同的面料制成，
左边为蓝地花卉纹样的辽式斜纹纬
锦，右边则由绿色素绢制成；双层
幡面，正面由一块三角形蓝绿色地
卷草纹纬锦和一块呈梯形的方格纹
朵花纹锦拼缝而成，反面则由两块
褐色暗花绮拼缝而成，均为同心菱
格纹样；幡头两侧各缝有一条幡
手，以蓝色素绢制成，右侧幡手保
存较为完整，左侧基本不存；幡身
由三块长方形面料拼缝而成，从
上到下分别为蓝色绢、白色菱格
纹绮和红色素绫；共有三条宽约
3.6 cm 的幡足，其上下两端仍相
互连在一起，在制作时由一块蓝色
绢切割而成，上端拼缝一块蓝色绢
面料，下端置于一梯形悬板中，悬
板上绘有花卉纹装饰图案，幡足两
侧卷边，以同色丝线撬边。（ZF）

花卉纹夹缬绢幡 016

花卉纹夹缬绢幡 017

花卉纹夹缬绢幡 018

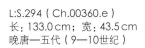

L:S.294（Ch.00360.e）
长：133.0 cm；宽：43.5 cm
晚唐—五代（9—10世纪）

MAS.886（Ch.00360.a）
长：131.5 cm；宽：43.6 cm
晚唐—五代（9—10世纪）

L:S.292（Ch.00360.c）
长：262.0 cm；宽：43.6 cm
晚唐—五代（9—10世纪）

花卉纹夹缬绢幡 019

花卉纹夹缬绢幡 020

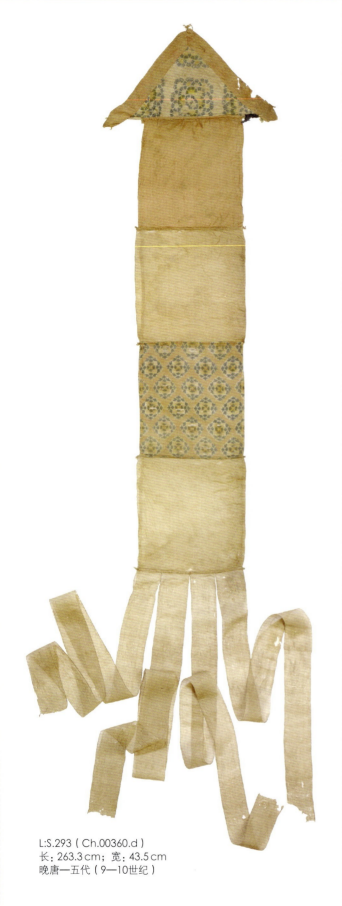

L:S.291 (Ch.00360.b)
长：127.0 cm；宽：41.5 cm
晚唐—五代（9—10世纪）

L:S.293 (Ch.00360.d)
长：263.3 cm；宽：43.5 cm
晚唐—五代（9—10世纪）

　　此类材质和形制相同，但保存状况不同的夹缬幡共有8件，其中7件收藏于维多利亚与艾尔伯特博物馆，一件收藏于大英博物馆。最完整的一件编号为 L:S.292，现存幡头、幡身及幡足三部分，幡手已缺失，悬板也可能曾经存在。其幡头高约17.4 cm，宽34.0 cm，用浅棕色绢制成幡头斜边；幡面双层，由一块正方形白地花卉纹夹缬绢沿对角线对折缝合而成；幡身部分则由四块长方形织物拼缝而成，从上到下分别为浅红色绢、浅黄色绢、淡红色地花卉纹夹缬绢和淡红色绢；幡足由一整块浅棕色绢分割成四条。其他几件幡的幡手有残留，以蓝色绢制成。用作幡面的花卉纹夹缬绢中的宝花呈方形，一大一小，交错排列。图案经向循环为26.0 cm，纬向为17.0 cm。夹板中只刻一种蓝色的叶子纹样，单色染色，但在染成后再用黄色笔染，使花芯部分呈现黄色，部分与花芯接近的叶子则呈绿色。这八件幡幡身的第三块上都有洞，洞的地方正好是夹缬形成的花卉纹的绿色中心，说明此处面料已被腐蚀。这正是夹缬加工时常有的现象，可能是因为使用了某些特殊物质所致，正如不少唐代的灰缬产品。（HP、ZF）

浅黄地簇六球路
朵花纹夹颂绢幡 021

1919.0101.0.127（Ch.0024）
长：135.0 cm；宽：25.5 cm
晚唐（9—10世纪）

图021-1 幡头斜边绮组织结构

　　此幡幡头高约 18.1 cm，宽约 23.0 cm，上钉一长约 4.5 cm 的红色四经绞素罗制悬襻；幡面以浅棕色绢片制成，原先应有彩绘图案；幡面两侧包缝一条棕色暗花绮作边，以簇六球路纹为骨架，其中填入小型花卉纹样，图案经向循环为 2.5 cm，纬向为 5.4 cm，幡头斜边两端呈三角形，钉有丝线制流苏；幡身长 64.0 cm，宽 14.3 cm，以浅黄色夹缬绢制成，图案为簇六球路中填以六瓣小花，图案经向循环为 11.5 cm，纬向为 6.5 cm；两侧幡手以浅棕色绢制成，保存较完整的一条一端呈三角形，缝有丝线制流苏；幡足使用一块与幡手相同的面料制成，切成三条，每条幡足宽约 4.7~6.2 cm，但上下端仍连接在一起。

　　对照北宋李诫的《营造法式》，我们可以将此幡上三圆相交的图案骨架称为簇六球路❶。簇六球路朵花纹绮在内蒙古阿鲁科尔沁旗小井子辽墓中也有出土❷，而此幡上还同时出现了夹缬染成的簇六球路朵花图案，说明了这种图案在当时的流行。(ZF)

❶ 李诫，1954：81。
❷ 赵丰，1999：182。

方胜朵花
022 夹缬绮残幡

晚唐—五代（9—10世纪）

方胜朵花
023 夹缬绮残幡

晚唐—五代（9—10世纪）

L:S.556：1-3（Ch.00371）
a 高：22.5cm；宽：28.8cm
b 长：14.5cm；宽：15.5cm
c 长：43.5cm；宽：16.3cm

MAS.880（Ch.00307）
a 高：20.0cm；宽：33.5cm
b 高：32.0cm；宽：18.0cm

　　维多利亚与艾尔伯特博物馆收藏的方胜朵花夹缬绢幡（L:S.556:1-3）和大英博物馆中所收藏的方胜朵花夹缬绢幡（MAS.880.a 为幡身，MAS.880.b 为幡头）原件应该基本相同，出自同一作坊或艺人，不仅其幡头斜边上的题记"团纬花"相同，而且两幡身上的织物与夹颂图案也完全一致。

　　幡头由两部分制成，一是由方点绮制成的斜边，其图案循环为经向 0.5cm 和纬向 0.7cm，另一是红绢制成的三角形幡面。幡身织物为极小的菱格纹绮，组织为平纹地上纬浮显花，循环为经向 0.8cm，纬向 0.3cm。幡身上的主要图案由夹缬制成，用卷草纹构成方胜骨架，再填十样花成为中心，蓝色染地，橙色染花，叶子的绿色由蓝底上染以黄色形成，其中一个十样花的中心部分有缺失，应为夹缬染色时折叠引起。如不考虑这部分的缺失，原来的夹缬图案的经纬向循环均约为 18.0cm。

　　方胜作为图案骨架可能源自四圆相交的簇四球路，这类图案自晚唐起开始流行，陕西扶风法门寺出土鎏金薰炉中就有以簇四球路纹进行装饰的实例，到辽代丝织品中则出现了大量以簇四球路或方胜为骨架的织物图案，因此，此幡的年代可能在晚唐到五代之际。

　　按照传统，佛幡一般挂在石窟里或悬挂于户外的各种场合，或是为仪仗列队使用。在室内使用的佛幡可能被认为是更圣洁的，所以装饰也更多一点，在室内环境下保留下来也让它们免遭风吹日晒。那些在户外使用的佛幡可能更主要的是仪式场合或是节日专门使用的❶。（HP、ZF）

❶ HICKMAN M L, 1973: p.11.

绿地蛱蝶团花
飞鸟夹缬绢幡 024

L:S.552（Ch.00358）
高：76.0 cm；宽：34.2 cm
晚唐—五代（9—10世纪）

这件保存不完整的幡由以下三部分组成：幡头、幡身和小部分残存的幡手。幡头部分保留有悬裸，红色绢制成幡面，两侧包棕色朵花纹绮斜边。幡身部分则由三块长方形织物拼缝而成，第一片为方胜朵花夹缬绢（同图录 022，L:S.556；图录 023，MAS.880）。第二片和第三片同样用带有夹缬形成图案的绢类织物制作，但是其图案和第一片不同，蓝绿地，团窠的外圈由花和枝茎构成，内有两只红色的长尾鸟、喜相逢排列，首尾相接❶。用于染缬的染料现在已经有些许褪色。维多利亚与艾尔伯特博物馆大部分的幡是用薄的甚至是如蝉翼般的丝织物制作的，因此保存状况不如那些用相对结实一些的织物制作的幡完好。也有人认为这些佛幡是在室内使用的，即在只有微弱的光线射入的阴暗的石窟里使用的❷。此幡用两种不同的夹缬织物制作，看来是在第二次修复时拼接上去的。（HP）

❶ STEIN M A, 1921: p.9912.
❷ KERR R, 1991: p.90.

图024-1 幡身夹缬图案复原

朵花团窠对
025 鹿纹夹缬绢残幡

MAS.875（Ch.00292）
a 长：16.9 cm；宽：47.8 cm
b 长：28.0 cm；宽：28.0 cm
晚唐（9 世纪）

图025-1 朵花团窠对鹿纹夹
缬绢幡的结构复原图

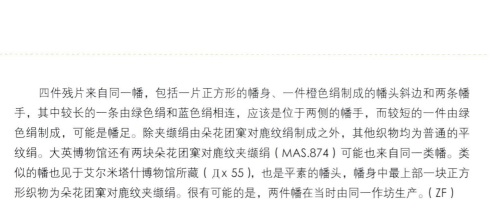

　　四件残片来自同一幡，包括一片正方形的幡身、一件橙色绢制成的幡头斜边和两条幡手，其中较长的一条由绿色绢和蓝色绢相连，应该是位于两侧的幡手，而较短的一件由绿色绢制成，可能是幡足。除夹缬绢由朵花团窠对鹿纹绢制成之外，其他织物均为普通的平纹绢。大英博物馆还有两块朵花团窠对鹿纹夹缬绢（MAS.874）可能也来自同一类幡。类似的幡也见于艾尔米塔什博物馆所藏（Дх 55），也是平素的幡头，幡身中最上部一块正方形织物为朵花团窠对鹿纹夹缬绢。很有可能的是，两件幡在当时由同一作坊生产。（ZF）

黄地团窠
盘鹤夹缬绢幡 026

L:S.621（Ch.i.0022）
长：132.7 cm；宽：27.0 cm
晚唐（9世纪）

这是维多利亚与艾尔伯特博物馆斯坦因藏品中为数不多的几件完整的佛幡中的一件。其形制有些特殊，三角形幡头部分由亮红色点状菱形纹绮制成，没有斜边，顶上存有一白色绮制作的悬襻。幡身为一整块夹缬绢，纹样为黄色和红色的团花、菱格花和仙鹤盘绕，这也是典型的喜相逢范式。幡手和幡足与幡头使用的材料一样。幡足下方的悬板依旧保留，上面本应绘有图案，但已无法识别。悬板可用来防止幡足扭结并保证幡处于适当的位置。该幡应为发愿幡（诸如这类佛幡一般作为供品由虔诚的供奉者供献给佛以示其敬意），但这件在幡身底部有用墨书写的三行横向于阗文字，可译为："在羊年 rarǔya 月的第 26 天。圣明的佛啊，请保佑他远离麻烦，请保佑他的愿望和雄心得以实现。"于阗是丝绸之路南段的一个古老的王国，于阗语是于阗本土的语言，这种古老的语言是东伊朗语言的一支萨卡人的语言[1]。于阗文文书（其中大部分是佛教著作和历史文献的译本）主要在于阗国境内发现，但是显然它们也向东流传，因为于阗文文书在敦煌也有发现。公元 10 世纪这种语言被回鹘语所替代[2]。（HP）

[1] MALLORY J P, 2000: p.112.
[2] MAIR V H, 2000: p.254.

（右图）

此幡幡头高约 10.0 cm，宽约 35.0 cm，上钉一长约 6.6 cm 的绢制悬襻。幡头中心为一三角形本色绢片，彩绘花卉纹样，两侧包缝一条蓝色绢边，各钉一红色丝线流苏；幡身长约 43.1 cm，宽约 14.3 cm，以暗红色绢制成，其上墨绘鸟衔花枝纹样，两侧幡手以棕绿色菱纹罗制成，已残损；幡足面料与幡手相同，切成四条，每条宽约 3.3 cm，其中一条已残断，各绘高约 4.0 cm 的银花、鸟、山石等六朵。

此幡上的墨绘鸟衔花枝是唐代中晚期之后的常见图案，在五代时期也十分流行。于阗国王和曹议金家族的女供养服饰上有不少类似的图案，风格极为接近[1]。（ZF）

[1] 见莫高窟第98窟壁画，临摹图可参见常沙娜，2001: 212-213。

027 墨绘
鸟衔花枝纹幡

MAS.887（Ch.00513）
长：133.5cm；宽：35.0cm
中唐—晚唐
（8世纪下半叶—9世纪）

028 卷草团花
夹缬绢幡残片

L:S.545（Ch.00511）
高：43.0cm；宽：26.5cm
晚唐—五代（9—10世纪）

　　幡残片。幡头较完整，保留有棕色绢制成的悬襻。三角形幡面由棕色柿蒂花纹绮制成，两面包棕色绢幡头斜边。长方形幡身为花卉纹夹缬绢，已破损。在棕色的地上有用夹缬形成卷草花叶纹样。这种不带有佛像的夹缬幡也用于供奉佛[1]。（HP）

[1] KERR R, 991: p.90.

棕色
绶带纹绫幡 `029`

L:S.649（Ch.00339）
长：92.5cm；宽：37.0cm
晚唐—五代（9—10世纪）

图029-1 幡身顶端墨印

　　在这件残损的幡的幡身顶端一角上有一墨印，但文字无法辨认。此印很可能是面料本身带有的，但也不排除幡做好后再印上去的可能。诸如此件的小幡可能是大量制作并在石窟的入口处售卖或由虔诚的供奉者委托制作的幡，幡头部包括一个白色绢制作的悬襻、红色绢制作的幡头斜边和褐色暗花绫制作的幡面。幡身为一整块棕色绶带纹绫制作，但是有趣的是面料有四分之一是素织的。这表示在当时这种丝织物是很珍贵的，所以连机头都没有浪费。幡身的绶带纹与编号为L:S.490（见图录037）的幡面暗花绫的纹样相似。幡身下方残有灰藏青色丝织物，可能是从幡足残留下来的。幡的一侧保留有一条完整的幡手，由两块灰藏青色绮拼接而成。所存残片太窄已无法有效复原其图案，然而，斯坦因确信其图案为树下两侧各立一只长翅鸟❶。（HP）

❶ STEIN M A, 1921: p.989.

图029-2 幡身暗花绫图案复原

030 绢幡

晚唐—五代（9—10世纪）

L:S.424.a（Ch.00516.a）
长：107.0 cm；宽：32.5 cm

L:S.424.b（Ch.00516.b）
长：110.0 cm；宽：24.5 cm

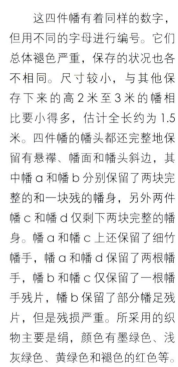

这四件幡有着同样的数字，但用不同的字母进行编号。它们总体褪色严重，保存的状况也各不相同。尺寸较小，与其他保存下来的高2米至3米的幡相比要小得多，估计全长约为1.5米。四件幡的幡头都还完整地保留有悬襻、幡面和幡头斜边，其中幡 a 和幡 b 分别保留了两块完整的和一块残的幡身，另外两件幡 c 和幡 d 仅剩下两块完整的幡身。幡 a 和幡 c 上还保留了细竹幡手，幡 a 和幡 d 保留了两根幡手，幡 b 和幡 c 仅保留了一根幡手残片，幡 b 保留了部分幡足残片，但是残损严重。所采用的织物主要是绢，颜色有墨绿色、浅灰绿色、黄绿色和褪色的红色等。

尽管敦煌在丝绸之路上属于战略要地且是佛教圣地，但不容忽视的是，它仍处于一个远离中国主流文化和政治中心的偏远位置。所以在这里会发现一些简单朴实的佛教用品和艺术品，这根本不足为奇❶。（HP）

❶ HICKMAN M L, 1973: p.11.

L:S.424.c（Ch.00516.c）
长：62.0 cm；宽：24.0 cm

L:S.424.d（Ch.00516.d）
长：78.0 cm；宽：31.0 cm

绢幡　031

L:S.426（Ch.00514）
长：145.0 cm；宽：34.5 cm
晚唐—五代（9—10世纪）

这件幡也是维多利亚与艾尔伯特博物馆所藏为数不多的完整幡之一，但保存状况不是很好，很可能本身就是由残损的幡重新拼接而成。幡头保留本色麻布悬襻，三角形幡面由宝花纹绫制成，两侧包裹深蓝色绢幡头斜边。幡身两块，分别由浅绿色绢和夹缬绢组成。夹缬绢下方还残留有一小片手绘绢残片。所绘图案为红绿相间的色块上面绘一朵黑色线描莲花，红绿色块之间用黑线和浅棕色色块构成的条纹隔开。下方的幡身衬有纸文书，透过织物隐约可见汉字。幡手由浅绿色绢制成，一根完整，一根由两截短带打结接成与另一幡手相近的长度。幡足由蓝色绢制成，仅三条，而维多利亚与艾尔伯特博物馆所藏的幡一般都有四条幡足。幡足下方保留有悬板，两面都是红地上绘有三朵黄色的花。（HP）

（右图）

这件残幡的幡头和幡手已缺失，仅留下幡身和四条幡足，悬板也已不见。幡身有四块，依次为一块浅褐色绢、一块黄色绢和两块橙色绢，幡身间的竹制幡干依旧存在，四条幡足是用褐色绢制作的。这明显是一件用多彩色绢制作而成的幡。敦煌文书 P.2613《唐咸通十四年癸末岁（873）正月四日沙州某寺交割常住物等点检历》中记载有"错彩绢幡柒口"❶，指的很有可能就是类似此件的幡。（HP）

❶ 唐耕耦，陆宏基，1990a：9–13。

绢幡残片 `032`

L:S.484（Ch.00515）
长：11.5cm；宽：25.5cm
晚唐（9世纪）

十样花纹 `033` 夹缬绢残幡

L:S.297（Ch.00455）
长：49.0cm；宽：41.5cm
唐一五代（7—10世纪）

这件残幡的三角形幡面由浅棕色绢制成，两侧
包蓝色暗花绫的幡头斜边。幡面顶角上写有一汉字
"图"。幡身用花卉纹夹缬绢制作，上有菱形花卉纹
样。这件幡并没有明确的前面或后面，因为它可能
被挂在某个两面都能被人看见的地方 ❶。（HP）

❶ HICKMAN M L, 1973: p.14.

绢地彩绘幡头   034

MAS.905（Ch.0058）
a 长：22.8 cm；宽：22.8 cm
b 长：17.5 cm；宽：20.0 cm
c 长：64.7 cm；宽：1.8 cm
盛唐—中唐（8世纪）

b

c

正面

背面

a

图034-1 幡头斜边缂丝图案复原

幡残片，共3片，其中一块为幡正面（MAS.905.a），另两块褐色绢织物（MAS.905.b、MAS.905.c）则均作衬里之用。该幡的幡面及幡身部分由同一片本色绢制成，三角形幡面高10.2 cm，宽16.1 cm，以蓝色作地，中心绘一大朵花卉纹样，三角则各装饰有一朵小花；残留的幡身高约4.2 cm，以红、橙两种颜色为主色绘出直条形的帷幔图案，幡面与幡身间绘一条墨线以示区别；幡头两侧以宽2.7 cm的红地团窠立鸟纹缂丝织物包边，团窠高4.3 cm，宽2.7 cm，图案中心为一立鸟纹样，四周装饰有四片绿色花瓣及四朵花蕾，花瓣中心及花蕾边缘以片金线缂织而成，团窠采用二二错排，上下两团窠中的立鸟朝向不同，不同团窠中立鸟及其背景颜色常有变化。在幡头上端钉有一长约4.5 cm的橙红色绢制悬襻。

这件缂丝团窠立鸟图案应该属于唐代的陵阳公样。窦师纶，"性巧绝，草创之际，乘舆皆阙，敕兼益州大行台检校修造，凡创瑞锦宫绫，章彩奇丽，蜀人至今谓之陵阳公样。……高祖、太宗时，内库瑞锦对雉、斗羊、翔凤、游麟之状，创自师纶，至今传之。"这段文字告诉我们：窦师纶在唐初曾为蜀地设计上贡锦绫图案，并形成一定的风格，被称为"陵阳公样"，这种图案一直到张彦远写作《历代名画记》时（大中元年，847）仍能见到。（WL）

035 白色暗花绫地彩绣花卉纹幡头残片

L:S.590（Ch.xxvi.002）
长：79.0 cm；宽：46.0 cm
晚唐—五代（9—10世纪）

这件残幡幡面的刺绣非常精美，且色彩至今依然很鲜艳。白色暗花绫地上几乎布满了用褐色、绿色、米色、蓝色和橙红色等颜色的丝线刺绣的莲花纹样。刺绣配色和大英博物馆藏的百衲经巾（MAS.856）上面的绣片相类似。在幡面刺绣的下面绣有汉字两个及墨书汉字一个，连起来可能是"圣护华"，但其意义尚不明确。幡头斜边为深紫红色素罗，边缘残有绿色小流苏。悬襻用橘红色锦制作。一条残幡手由灰绿色素罗制成，另一条较完整的则是用蓝色绢制作的并衬有和前一幡手相同的绿色罗，很可能是罗幡手残损后用绢替代的。（HP）

暗花绫地彩绘
莲座佛像幡头 **036**

MAS.888（Ch.xxi.003）
高：51.5cm；宽：52.5cm
五代（10世纪）

图036-1 幡头绫图案复原

　　这块正方形的织物原为幡面，沿对角线对折后在两个三角形区域内各绘一身坐于莲座上的佛像。绘画的底材是白色暗花绫，所织图案为狮子，但仅见狮头和狮尾。狮子为侧视，可能作蹲状或行走状，张口露齿，双目圆睁，颈部鬃毛垂顺，尾鬃上扬后卷曲。狮头至狮尾横向长达40.0cm以上，狮尾后方靠近织物边缘还残存部分纹样，可能为山石之类。狮头以上沿经线方向还有一对称的狮纹，仅见头部。狮头以下的狮身部分图案缺失，且仅是素织的斜纹，或许为机头。

　　类似的狮子纹样还可见于青海都兰哇沿水库M16墓葬出土的一块暗黄色暗花绫绫残片，上面的图案为一只立于花树下的狮子。该狮子的头、尾与敦煌幡面上的狮子几乎如出一辙，只是保留了部分微微隆起的背部。两块织物不仅图案极为相似，且均为2/1S斜纹地上以1/5S斜纹显花的同向绫，也反映出敦煌与都兰之间的紧密联系。哇沿水库M16墓葬的年代约为盛唐至中唐，敦煌的这块暗花绫的年代应与其相仿。（ZF）

暗花绫地彩绘
037 莲座佛像幡头

L:S.490（Ch.0086）
高：42.5 cm；宽：86.5 cm
五代（10世纪）

　　伦敦皇家美术学院（Royl Academy）在1935年10月举办了空前的"中国艺术国际展"，此件幡头作为一件中国西北部新发现的展品参展。这个折叠成三角形的本色暗花绫幡头，两面都绘有坐在莲座上、背后有佛光的佛像。佛像的两边，各有伸展的花朵。佛身上披了一件袈裟，袈裟下面是一件黄色的长袍。佛的一只手示意消除害怕，另一只手示意给予。白色和略显桃色的颜料已经发黑。一般而言，含有铅白的材料变黑是因为铅白和其他的物质发生了反应（或者是含有硫磺的颜料，或者是环境中的氧或硫磺），产生了硫化铅，而硫化铅是发黑的[1]。绘画的风格，让人想起大英博物馆编号为MAS.888的幡面（见图录036）。维多利亚与艾尔伯特博物馆的斯坦因藏品中，还有两块残片的编号与此件幡面编号相同（L:S.485、L:S.584）。斯坦因指出，这三片是同时发现的，而且当时还相互连接着[2]。一片是用浅蓝绿色绢类织物制作的幡头斜边，上有一麻制挂环；另一片是用红棕色绢制作的幡身，它们都已褪色。斜边上明显残有拆线痕迹，有可能当时为迎合皇家美术学院展览的需要，把原已残损的幡拆开了。那时人们主要的兴趣在于装饰，所以对于实物的完整性不如现在这般重视。（HP）

❶ Personal communication Dr Lucia Burgio, Object Analysis Scientist, V&A, 25/10/2006.
❷ STEIN M A, 1921: p.955.

绿地树叶纹
双面锦幡头残片 038

L:S.325（Ch.00365）
高：19.5 cm；宽：30.5 cm
晚唐—五代（9—10世纪）

　　这应该是属于一件相当小的幡的头部。绿地树叶纹双面锦幡面。黄绿色绢幡头斜边，悬襻是用深紫色暗花绮制作的。幡头底部有部分紫色暗花绮幡身残片，两边还可见绿色绮幡手残片。（HP）

大花卉纹
双面锦幡头残片 039

L:S.637（Ch.00165.a）
高：35.0 cm；宽：36.0 cm
晚唐—五代（9—10世纪）

　　此件幡头的幡面是一种双面锦，图案为米色和红色的大花卉。两侧包浅橙红色绢幡头斜边。幡头底边插入一细竹幡干（现已裂成四片）用彩色的丝线绑着。两侧还保留有深褐色绢幡手残片。（HP）

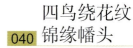

四鸟绕花纹
040 锦缘幡头

L:S.299（Ch.0076）
高：44.0 cm；宽：47.0 cm
晚唐—五代（9—10世纪）

图040-1　四鸟绕花纹锦图案复原

　　幡头残片。红色绢幡面，上绘一个坐佛，坐佛的轮廓是淡黄色的，而眼睛是黑色的。伯齐奥博士（Dr.Burgio）已用拉曼光谱法对这块织物做了分析，目的是为了鉴定织物残留的颜料和染料。据分析，淡黄色的轮廓线是用一种含有砷的硫磺作颜料印上去的。幡头斜边织物是辽式纬锦，图案为蓝地上红色花卉，周围环绕四只飞翔的鸟。（HP）

十样宝花纹
夹缬绢幡头　041

L:S.683（Ch.00309.b）
高：47.0 cm；宽：52.0 cm
唐一五代（7—10世纪）

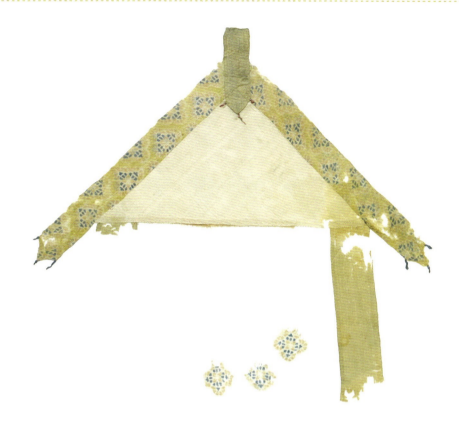

　　幡头残片，包括三部分：一为浅棕色绢三角形幡面；二为夹缬绢幡头斜边，图案为排列紧密的四朵橙色的花及蓝色的叶子；三为灰绿色绢悬襻，其三角形底端缝缀有三个彩色丝线制成的小流苏。幡面的夹缬与 L:S.544（167）和 MAS.931（167）很相似。独立出来的那三块残片很可能原属于幡身。（HP）

菱格卍字纹
绮幡头残片　042

1919.0101.0.125（Ch.i.005）
长：22.0 cm；宽：30.0 cm
晚唐一五代（9—10世纪）

　　幡头，上方钉缝有一红色悬襻，其幡首斜边由四块不同的面料拼缝而成，分别为红色菱格卍字纹绮、红色绢及米色绢、本色麻布；残留的幡面部分高4.0 cm，以本色绢制成。幡首一侧残留有蓝色绢制成的幡手。另有一细竹棍钉缝有同样的幡带残片。卍字纹出现在丝织品上的年代较晚，不会早于晚唐，目前所知最早是陕西扶风法门寺所出的红罗地蹙金绣袈裟和拜垫模型❶。（WL）

❶ 陕西省文物局，法门寺博物馆，1999: 153-154。

043 **圆点纹夹缬幡头**

1919.0101.0.092（Ch.xx.008）
长：29.4 cm；宽：29.5 cm
晚唐—五代（9—10世纪）

图25 内蒙古巴林右旗辽庆州白塔出土

　　幡头，幡面部分高约18.8 cm，宽约19.5 cm，以深褐色绢制成衬里，还有部分表面的彩绘绢残留；幡面外装饰有两层斜边，里层为棕色夹缬绢，圆点纹样，图案经向循环约为1.9 cm，纬向约为1.4 cm。这种圆点纹样的夹缬图案简单，可能也是对绞缬和点蜡缬风格的模仿，在辽代十分常见，特别是内蒙古巴林右旗辽庆州白塔天宫和山西应县佛宫寺木塔曾出土有大量同类作品❶（图25）。其正反两面均有墨书，可能是"界福质"三字，外层斜边以褐色绢制成；幡头上方钉——长约6.2 cm的红色绫制悬襻。（WL）

❶ 赵丰，2000：70-81。

蓝地小花纹
锦幡头斜边   044

L:S.659（Ch.00432）
高：36.9 cm；宽：49.4 cm
中唐—晚唐（8世纪下半叶—9世纪）

图044-1　幡头斜边锦图案局细部

幡头残片，辽式纬锦制成，深蓝地上显红色小花，上方还保留红色素绫制成的悬襻。幡身原有一部分红色素绢，红绢很长。早期的幡有一个特点，它的幡头是空的，没有幡面，某些经帙也有这个特点。完整的幡头成为定制最早也是从公元8世纪中期开始[1]。此幡头曾于1962年经过保护加固。（HP）

[1] HICKMAN M L, 1973: p.8.

菱格花卉纹
锦幡头斜边   045

L:S.633（Ch.00169）
高：19.0 cm；宽：33.2 cm
盛唐—中唐（8世纪）

图045-1　幡头斜边锦图案细部

斜纹纬锦幡头斜边。图案为深褐色地上浅棕色菱格，菱格中分布着浅棕色四瓣花。亮绿、亮蓝、亮橙色的横条间隔穿过花芯中央。斜边外缘保留着彩色丝线制作的小流苏。斜边内侧残存有本色绢残片，应本属于幡面。（HP）

046 深黄绿色绮幡头斜边

L:S.414：1-9（Ch.00486）
a 长：20.0 cm； 宽：6.3 cm
b 长：24.5 cm； 宽：5.2 cm
c 长：17.5 cm； 宽：3.0 cm
d 长：26.0 cm； 宽：6.5 cm
e 长：36.5 cm； 宽：3.3~5.8 cm
 f 长：25.0 cm； 宽：5.5 cm
g 长：16.0 cm； 宽：2.6 cm
h 长：11.0 cm； 宽：2.7 cm
 i 长：22.5 cm； 宽：2.7 cm
唐—五代（7—10世纪）

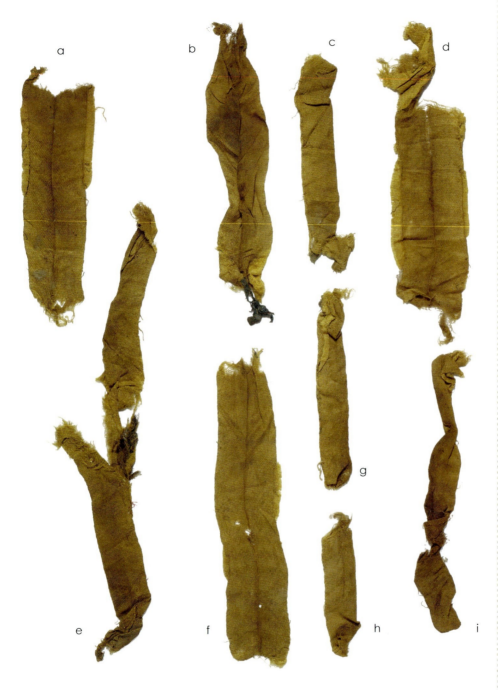

这九片块条状的深黄绿色绮残片太小，其图案很难识别，但斯坦因认为可能是对鸟纹样。斯坦因还提及这些残片曾属于编号为 Ch.00512（现藏于印度国家博物馆）的一件幡的幡头斜边❶。某些残片的缝合线已经脱开了，但某些残片还保留了原来的样子，折叠缝合并保留着三角形的尖端。其中有两块织物上还可见蓝色丝织物的残片。（HP）

❶ STEIN M A, 1921: p.1005.

银绘团窠花卉纹
绮幡足残片　047

MAS.946（Ch.00497）
长：140.5cm
宽：31.0cm
晚唐（9世纪）

图047-1　幡足银绘团窠花卉图案复原

　　幡足残片，四条幡足各宽约5.8～6.5cm，由一整块蓝色暗花绮切成，织物纹样为六瓣花卉，周围装饰以蔓草，其经向循环为4.5cm，纬向为13.5cm，再以银粉绘成由侧式朵花组成的大型团窠花卉纹样，此类纹样在晚唐时期的敦煌服饰图案中较为常见，如第9窟和第401窟中的垫褥图案。幡足的上下端仍连接在一起，下端置于一梯形悬板中，悬板上绘有花卉纹装饰。幡足两侧卷边，以同色丝线撬边，其中一条幡足破损处补以深蓝色暗花绫。幡足上方有部分幡身残留，以本色菱格纹暗花绮制成，上有彩绘图案，并有一块长方形蓝色绢补丁。（WL）

浅蓝色绢银绘幡带残片 048

1919.0101.0.123
（Ch.xxvi.a.005）
长：76.0cm；宽：3.5cm
五代（10世纪）

图048-1 幡带银绘图案局部

　　幡带残片，以浅蓝色绢制成。其上用银粉绘出图案，从上到下完整的图案分别为花卉、山和树林、蜜蜂、花卉、朵云和花卉等，每个图案高约3.0~6.3cm不等。其中山林和蜜蜂纹样在辽代较为常见，因此，此件的年代可能在五代之际。（WL）

蓝绿色菱
格纹绮幡足残片 049

灰绿色
菱纹绮幡足

MAS.947（Ch.00499）
长：85.0 cm；宽：17.4 cm
中唐—晚唐（8世纪下半叶—9世纪）

1919.0101.0.132
（Ch.xxiv.002）
长：131.5 cm；宽：26.0 cm
中唐—晚唐
（8世纪下半叶—9世纪）

菱格纹绮局部

　　幡足残片，共3条，每条幡足宽约5.2～5.6 cm，长77.4 cm，其上端连接在一起，并缝有黄色平纹绢织物残片，应为幡身部分。幡足为蓝绿色暗花绮，菱格纹样，经向循环为1.6 cm，纬向为0.8 cm。这一图案在唐代十分流行，甘肃省博物馆藏有一中晚唐时期的类似织物，色彩为黄色，但图案基本一致[1]。幡足一侧残留有幅边，宽约0.8 cm。（XZ）

[1] 林健，等，2005：60~68。

　　幡足残片，共4条，每条幡足宽约6.4 cm，两侧以蓝色丝线撬边，其中一条幡足稍短，制作时由一块面料裁成。织物为灰绿色暗花绮，菱格图案，经向循环0.7 cm，纬向循环0.3 cm。四条幡足的上端连接在一起，通过一竹签与部分彩绘绢残留缝合，可知其原来的幡身为彩绘绢。（XZ）

L:S.432（Ch.0070.n）
长：32.0 cm；宽：20.0 cm
唐—五代（7—10世纪）

斯坦因从藏经洞共取走了 17 块悬板，其中一块还残留有幡足，即这块绘有花卉图案的悬板。幡足由深绿色绢制成，边缘用红色丝线撬边。幡足已缺失一条，剩下的三条底端缠绕在一根细竹棍上并嵌入悬板上方的狭长的槽里 ❶，悬板上绘有红色和蓝色的花。在幡底部挂这样的木板是为防止幡足扭结在一起，并可以固定幡的位置。然而，相对大多数制幡的轻薄丝织物而言，悬板要重得多，挂在幡的底部会因为地心的引力，而对丝织物产生较大的拉伸作用，久而久之会使织物断裂。所以带有悬板的完整的幡在敦煌很少发现，也就不足为奇了。(HP)

❶ STEIN M A, 1921: p.953.

3 帙、巾

帙、巾

王 乐*

　　帙，也作袠，古代书籍的套子，多以布帛制成。《说文·巾部》："帙，书衣也"。唐代慧琳和尚在《一切经音义》第十一《大宝积经序》中就有提及"湘帙"。英藏敦煌经书多为纸制卷轴，卷首的中间穿一根宽约 1.0 cm、长约 40.0~50.0 cm 的丝质编织或缝制而成的带可以缠裹经卷。帙则为包裹经卷的套子。英藏敦煌出土的经帙可分为两类：织物制成的经帙和竹编经帙。

一、织物制经帙

　　英藏敦煌织物中较完整的织物制成的经帙有三件（MAS.858、L:S.337、L:S.342）。MAS.858 和 L:S.337 的形制很类似，都是由一块长方形的主体部分和一个三角形的经帙卷首组成。其四周及经帙卷首由联珠对狮纹锦制成，卷绕带则由麻布制成，经帙中部以纸制成，上复以绢，再用两条花卉纹的缂丝带装饰。用同一织锦制成的经帙在法国吉美博物馆伯希和敦煌品中也有收集（EO.1199）[1]。此类经帙的使用方法应该是将其包裹经卷，三角形缂帔卷首留在外，麻布带缠绕系紧。卷首的部分有时也会书写所包裹的经卷名称，以便查找。编号为 1919.0101.0.228 和 Hir. 14Oct04/22 的两件写有经卷名称的织物残片从外形判断本应作为经帙卷首的一部分。另一种织物经帙（L:S.342）形制比较简单，长方形的主体部分为三层，绮为表，绢为里，内夹纸。一条短边的两端缝合一条带状织物，方便翻阅经卷。

* 王乐,东华大学服装与艺术设计学院教授。

❶ WHITFIELD R, 1983: p.287.

a 正面　　　　　　　　　　　　b 背面

图26 竹编经帙组织结构

二、竹编经帙

竹编的帙在中国古代多有记载。梁昭明太子的《赋书帙》中就有对竹编的帙的描述。陆游《渭南文集》卷四十六《入蜀记》第四载："白公尝以文集留草堂，后屡亡逸，真宗皇帝尝令崇文院写校，包以斑竹帙送寺。"此类经帙的主体部分以竹篾为纬，丝线为经，采用经绞编组织编成（见图录052，MAS.859）。在编织时以两根不同颜色的丝线为一组，互相绞转，以显花纹（图26）。其形制和使用方式应该也类似于织物制经帙，四周及经帙卷首多采用丝织物或麻织物（L:S.486）。目前所见最完整的竹编经帙是收藏于日本正仓院的"金光明最胜王经"经帙 ❷（图27）。

三、经巾

经巾是一块方形或长方形的用以包裹经卷的包袱布。经巾没有固定的尺寸，敦煌文书中的记载有四方各长壹箭半的方形经巾（P.3432），也有长壹箭半，阔叁尺伍（P.3432）的长方形经巾。其材质不一，文书中记载的经巾有"高离锦经巾"（P.3432）、"细画布经巾"（P.3432）、"黄绫铜经巾"（P.2613）、"绯绢夹经巾"（P.2613）以及"花罗表，红绢里"经巾（P.3432）。敦煌文书 S.1776《后周显德五年（958）某寺法律尼戒性等交割常住什物点检历状》中还出现过"百纳经巾"一词。现收藏于大英博物馆的一件百衲织物（079，MAS.856），长150.5cm，宽111.0cm，由各种面料拼缝而成，包括绢、暗花绫、暗花绮、锦、夹缬绢、绢地刺绣等，在制作时按一定的对称规律拼贴。斯坦因曾认为这件织物是还愿用的奉献品，也有人认为它是袈裟，但根据它的尺寸及形制看，更应为"百衲经巾"。

图27 日本正仓院藏"金光明最胜王经"经帙

❷ 松本包夫，1984：160。

花卉纹绞编经帙 052

MAS.859（Ch.xx.006）
长：43.5cm；宽：27.0cm
盛唐—中唐（8世纪）

经帙是包裹并收藏佛经经卷的工具，一般由织物制成或竹篾编制。此经帙长方形，以竹篾为纬，丝线为经，采用经绞编组织编成，在编织时以两根不同颜色的丝线为一组，互相绞转，以显花纹。这种编织方法早在商代已见应用于内地的编织，特别是编履，目前所知最早的实例是山东临淄郎家庄东周墓出土的编织[1]。经帙的编法和用法与今天的笔簾十分相似。

编织图案呈带状在经帙表面分布，共有9条，宽窄相间排列，宽度在 0.9~2.4cm 不等，每条图案区之间间隔约 1.0cm。图案为装饰风格较浓的花卉纹样，事实上与敦煌莫高窟第130窟所出各色绮残幡上的紫色葡萄纹绮（K130:14）[2]和青海都兰热水吐蕃墓中的晕裥葡萄纹绫[3]相一致，这两件织物的年代分别在盛唐和中唐之际。在经帙一角编有一褐色方块，内以米色丝线编出一"阴"字，可能是此经帙的编号。在法国巴黎吉美博物馆伯希和收藏品中也有三件相似的绞编经帙，另外在日本奈良正仓院也有类似的收藏品[4]。（ZF）

[1] 山东省博物馆，1977：83-85。
[2] 敦煌文物研究所，1972b：55-67。
[3] 赵丰，2002：105。
[4] 松本包夫，1984：160。

053 绞编经帙

L:S.100（Ch.iii.0012.a-b）
a 长：28.0 cm；宽：10.3 cm
b 长：28.8 cm；宽：2.4 cm
唐一五代（7世纪—10世纪）

　　这两片残片分属于两件不同的经帙，均以竹篾为纬，红、绿、黄等彩色丝线为经，采用经绞编组织编成。残片 a 编织有菱格图案，残片 b 可见花卉编织纹。斯坦因认为，在残片 a 的底边有只回首的奔兽[1]。这两片残片上都附有纸片，上面有原始编号，可能是斯坦因本人或是他的助手罗里默小姐或是安德鲁斯先生手写上去的。（HP）

[1] STEIN M A, 1921: p.954.

054 麻布经帙边框

L:S.486（Ch.0078）
长：56.5 cm；宽：30.3 cm
唐一五代（7—10世纪）

　　长方形绞编经帙缘，由本色麻布制成。四角还残存有红色丝织物[1]，经分析为纬锦残片。麻布边框的两个短边中都残存有绞编经帙使用的竹篾。除幡以外，经帙往往也是虔诚的信徒和僧侣供献给佛合适的贡品。在佛教鼎盛时期，敦煌至少拥有十七座佛教寺庙和尼姑庵，它们中的大多数拥有数目可观的幡和经帙[2]。（HP）

[1] WHITFIELD S, URSULA S-W, 2004: p.259.
[2] STEIN M A, 1921b: p.954.

联珠对狮纹
锦缘经帙　055

MAS.858（Ch.xlviii.001）
长：99.7cm；宽：31.8cm
中唐—晚唐（8世纪下半叶—9世纪）

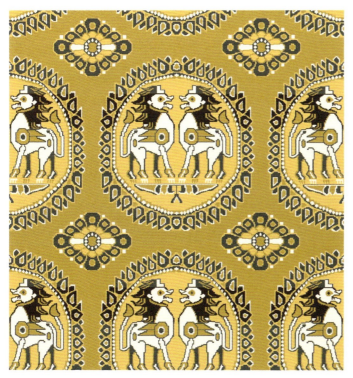

对狮纹锦图案复原

　　经帙四周及卷首由团窠尖瓣对狮纹锦作缘，经帙中部以纸制成，上覆以绢，角下写一"开"字，再用两条花卉纹的绦丝带装饰，而经帙细带则由麻布制成。同类织锦制成的经帙在法国吉美博物馆所藏伯希和敦煌品中也有一件（EO.1199），根据两件经帙可以复原这一团窠尖瓣对狮纹锦的图案，其经向循环约为 32.0cm，纬向循环约为 22.0~23.0cm。

　　P.2613《唐咸通十四年（873）正月四日沙州某寺交割常住物等点检历》载："大红番锦伞壹，新，长丈伍尺，阔壹丈，心内花两窠。又壹张内每窠各师子贰，四缘红番锦，伍色鸟玖拾陆"[1]。这里讲到的每窠各狮子贰的番锦应该就是这类团窠尖瓣狮子纹锦。此类织锦在欧洲各地中世纪教堂中均有大量遗存，被认为是典型的粟特锦实例[2]。中国学者称其为赞丹尼奇或是撒搭剌欺[3]。敦煌的遗存正说明了这类织锦在东方的传播情况。（ZF）

[1] 唐耕耦，陆宏基，1990a：9–13。
[2] SHEPHERD D G, HENNING W B, 1959: pp.15–40.
　　SIGRID M-C, 1981: pp.105–122.
[3] 姜伯勤，1994：211–217；尚刚，1998：41–45。

锦缘
056 深红色绮经帙

盛唐—晚唐
（7世纪下半叶—9世纪）

a

b

MAS.950（Ch.liv.005）
长：15.5 cm；宽：8.8 cm

L:S.337（Ch.liv.005）
a 长：30.5 cm；宽：33.5 cm
b 长：50.0 cm；宽：28.0 cm

　　此件经帙虽已残损，但形制基本清楚。现断为两部分：蓝地宝花纹锦经帙卷首（b）和经帙主体（a）。主体部分为深红色菱格纹绮背衬深红色绢，其中一块从这一经帙上分离的绮残片收藏在大英博物馆里（编号为 MAS.950）。锦缘的两个短边已缺失，两个长边的材质与经帙卷首相同，其图案与编号为 MAS.919（见 085）和 L:S.329（见 085）的织物相同，只是底色不同而已。此锦的年代应该可以早到盛唐时期，但这一绮片的年代则相对较晚。（HP）

浅棕色绫经帙　057

L:S.342（Ch.00382）
长：68.0 cm；宽：27.6 cm
唐—五代（7—10世纪）

正面

反面

　　此经帙形制比较简单。长方形的主体部分为三层，表层为浅棕色暗花绫，米色的绢为里，中间夹一层纸。在织物中间夹一层纸来加固经皮在当时是一种常用的做法，常采用旧的手稿[1]。边缘处镶有四条缝合在一起的绢缘。长边用黄色的绢缘，短边采用绿色的绢缘。中间部分也用白色细丝线缝稀疏的针脚加固。经帙卷首为一根红、黄、蓝三色绢拼缝的绢带钉缝在短边的两端。绢带两头为三角形，缀有彩色丝线制成的小流苏。（HP）

❶ WHITFIELD S, URSULA S-W, 2004: p.297.

058 菱纹罗带

L:S.668（Ch.00443.b）
长：50.0 cm；宽：1.4 cm
唐—五代（7—10世纪）

图058-1 罗带织物结构

这一细长条织物是一件经帙带残片，由红色、黄色和绿色菱纹罗缝合而成，一端留有粉红色丝线制成的小流苏。与此件经帙带编入同一编号的还有另外两片织物残片，分别为本色棉布和绿色绢。但根据斯坦因本人记录，仅有这条经卷系带编入系列号（Ch.00443.b）[1]。（HP）

[1] STEIN M A, 1921b: p.1000.

浅橙地花卉纹
缔丝带　059

MAS.906.a-b（Ch.00166）
a 长：16.6 cm；宽：1.4 cm
b 长：9.4 cm；宽：1.3 cm
盛唐（7世纪下半叶—8世纪上半叶）

060　红地小花缔丝带

MAS.908.a-b（Ch.00301）
a 长：7.5 cm；宽：1.7 cm
b 长：8.0 cm；宽：1.8 cm
盛唐（7世纪下半叶—8世纪
上半叶）

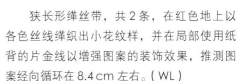

　　狭长形缔丝带，共2条，花卉纹样，可能为宝花图案的局部，使用了绕缔等缔丝技法，其组织结构及图案等均与编号为 MAS.858 的经帙上所用的缔丝带相同。

　　缔丝的技术是从早期缔毛中借鉴过来的，采用了丝线之后变得更为精细和华美。不过，早期发现的缔丝基本都是窄条状的，目前所知最早的有纪年的缔丝作品出自吐鲁番阿斯塔那 206 号墓（685），也是一条绿色地的小花缔丝带❶，与敦煌发现的缔丝带相比无论是技术还是风格上都十分相似，可以看作是同一时期的作品。

❶ 新疆维吾尔自治区博物馆，西北大学历史系考古专业，1975: 8-26。

　　狭长形缔丝带，共2条，在红色地上以各色丝线缔织出小花纹样，并在局部使用纸背的片金线以增强图案的装饰效果，推测图案经向循环在 8.4 cm 左右。（WL）

蓝地十样花缂丝带

MAS.907（Ch.00300）
长：18.5 cm；宽：1.5 cm
盛唐（7世纪下半叶—8世纪上半叶）

局部片金照片

　　狭长形缂丝带，在蓝色地上以各色丝线缂织出十样花卉纹样，图案经向循环为 5.7 cm，其风格与浅橙地花卉纹缂丝（MAS.906）十分接近，做工极为精致。为了增强图案的装饰效果，此件缂丝在局部使用了片金线，从放大照片来看，这种片金线的背后采用了纸质背衬。这是目前所知最早的纸质背衬的片金实物。斯坦因认为其曾用作悬襻。（WL）

菱格纹斜编绦带 062

MAS.909（Ch.00298）
长：19.0 cm；宽：2.5 cm
盛唐（7世纪下半叶—8世纪上半叶）

063 彩色斜编绦带

MAS.910（Ch.00299）
长：7.7 cm；宽：1.5 cm
盛唐（7世纪下半叶—8世纪
上半叶）

条形编织绦带，编织时以十根
橙、四根白、十根绿、四根白色丝
线的规律排列，以1/1斜编的方法
编出菱格纹样。（WL）

绦带织物结构

条形编织绦带，编织时以三根蓝、三根白、
四根红、三根白色丝线的顺序排列，以斜编的方
法编出几何纹样。（WL）

L:S.527：1-2
a 长: 7.3 cm；宽: 3.7 cm
b 长: 10.0 cm；宽: 2.4 cm
晚唐（9世纪）

a

b

　　两块织物应来自同一经帙带。绣地两层，绿色菱纹罗背衬以绿色绢，史料上称为"罗表绢衬"，我们称其为衬绢绣，现在无刺绣部分的罗织物大都已不见，只留下绢衬。罗带以米、黄、红、蓝、浅蓝绿等色丝线绣出蝴蝶和花卉图案，其中一块织物的一端呈三角形。这两块残片虽无特定的斯坦因编号，但它们与藏经洞发现的其他织物相类似，并且长期和它们保存在一起，无疑应是藏经洞所出。（HP）

白色暗花绫带 065

L:S.383（Ch.00484）
a 长：11.6 cm；宽：7.0 cm
b 长：9.7 cm；宽：4.7 cm
晚唐—五代（9—10世纪）

066 浅红色暗花绮带

L:S.384（Ch.00489）
长：19.0 cm；宽：4.3 cm
晚唐—五代（7—10世纪）

　　据斯坦因的记录，这两片织物残片原本是一片，属于某个幡的悬襻❶。但现在看来它更应是一经帐带。这两片残片的折痕清晰可见，其上还残存有红色丝线制成的小流苏。白色暗花绫上的图案可能是一个循环较大的孔雀纹样的一部分。在残片的一端墨书一个汉字，可能是"恩"。（HP）

❶ STEIN M A, 1921b: p.1005.

　　这片长条状的丝织物可能曾是经轶系带，但也可能是幡或是帷幔上之物。该织物为浅红色菱格纹绮，已经有所褪色，但原来沿着长边方向的折痕仍清晰可见，织物的边缘依旧折叠着，残留有鲜艳的明黄色缝线。有趣的是，敦煌许多织物残片都采用色彩鲜艳的丝线作为缝纫线从而使线迹明显。这些线缝可增加织物的装饰效果，使之更为美丽。（HP）

067 蓝绿色
菱纹罗经卷系带

S.2194
长：26.3 cm；宽：0.8 cm
唐—五代（7—10世纪）

068 暗红色
菱纹罗经卷系带

S.10924
长：37.2 cm；宽：0.6 cm
唐—五代（7—10世纪）

经卷《摩诃般若经卷》的系带，狭长形。蓝绿色暗花罗织物，菱形纹样，对折以红色丝线缝合而成。（XZ）

经卷《金刚般若波罗蜜经》的系带，经卷已残。系带呈狭长形，暗红色，多处破损，以暗花罗织物对折缝合而成，菱形纹样，其图案经向循环 1.0 cm，纬向循环 0.3 cm。（XZ）

深绿色
菱纹罗经卷系带 069

S.2134
长：18.5cm；宽：0.8cm
唐一五代（7—10世纪）

　　经卷《光赞般若经卷第八》的系带。狭长形，深绿色暗花罗织物，菱形纹样，对折以粉红色丝线缝合而成，一端磨损严重，可能已残断。(XZ)

黄绿色
暗花绫经卷系带 070

S.3755
长：41.7cm；宽：1.3cm
唐一五代（7—10世纪）

　　经卷《大般若波罗蜜多经卷第一》的系带。狭长形，黄绿色，由暗花绫织物对折缝合而成，局部有破损，纹样不可知。(XZ)

白色
071 菱纹绫经卷系带

S.11652
长：56.9cm；宽：1.5cm
唐—五代（7—10世纪）

经卷系带，经卷已残。系带呈
狭长形，白色，以暗花绫织物对折缝
合而成，菱形纹样，图案经向循环
3.0cm，纬向循环2.5cm。（XZ）

绿色菱格花卉纹
072 绮经卷系带

S.5296
长：50.1cm；宽：1.1cm
唐—五代（7—10世纪）

经卷《大般涅槃经卷第十六》
的系带。狭长形，绿色，由暗花
绮织物对折缝合而成，菱格纹样，
图案经向循环不可测，纬向循环
3.0cm。织物一侧留有宽约0.5cm
的幅边，以平纹织成。（XZ）

棕色
073 暗花绮经卷系带

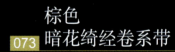

S.10933
长：14.2cm；宽：1.2cm
长：1.7cm；宽：1.5cm
唐—五代（7—10世纪）

经卷系带，经卷已残。系带呈狭
长形，棕色，残成两段，以暗花绮织
物对折缝合而成，纹样不可知。（XZ）

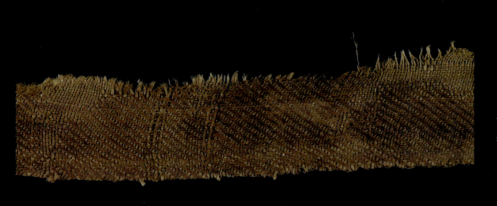

彩条晕裥
经卷系带　　074

S.11647
长：35.2 cm；宽：0.7 cm
唐一五代（7—10世纪）

狭长形系带。以 1/1 平纹组织织成，在织造时经线按绿、黄、白、粉红、深红、黑、深红、粉红、白、蓝、黑色的规律排列，具有织物彩条的晕裥效果。（XZ）

彩条晕裥
经卷系带　　075

S.4861
长：30.2 cm；宽：0.6 cm
唐一五代（7—10世纪）

经卷《大般涅槃经卷第十六》的系带。狭长形，以 1/1 平纹组织织成，经线四色，为绿、红、白、褐色，分区排列，使织物表面呈现出彩条效果。（XZ）

彩条晕裥
经卷系带　　076

S.4868
长：41.5 cm；宽：0.7 cm
唐一五代（7—10世纪）

经卷《大般涅槃经卷第三》的系带。狭长形，以 1/1 平纹组织织成，经线四色，绿、橘黄、白、咖啡，分区排列，使织物表面呈现出彩条效果。（XZ）

077 夹缬绢经卷系带

S.490
长：49.8 cm；宽：1.1 cm
唐—五代（7—10世纪）

　　经卷《以毗尼心卷一》的系带。狭长形，以平纹夹缬绢对折缝合
而成，其中红、白两色以夹缬的方式染色，黄色部分图案则以手绘的
方式染色，由于保留的面积较小，织物的图案不清楚。（XZ）

078 夹缬绢经卷系带

S.2116
长：16.4 cm；宽：1.3 cm
唐—五代（7—10世纪）

　　经卷《佛说后出阿弥佛偈》的系带。狭长形，以平纹夹缬绢对折
缝合而成，白地，红色为夹缬染色而成，黄色为笔染而成。由于保留
的面积较小，织物的图案不清楚。（XZ）

079 百衲经巾

MAS.856（Ch.lv.0028）
长：150.5 cm
宽：111.0 cm
中唐—晚唐（8世纪下半叶—9世纪）

　　长方形百衲织物，由各种面料拼缝而成。位于中间的是红绢地的刺绣花卉，大约 51.0 cm × 49.0 cm，目前仅有少量残存，大部分看到的是刺绣后面的衬里。四周缘边是蓝地对鸟衔枝纹夹缬绢，宽约 15.0~16.0 cm。其余包括绢、暗花绫、暗花绮、锦、夹缬绢、绢地刺绣品等，在制作时按一定的对称规律拼贴。在这些织物中，有些可以早到初唐至盛唐时期，如其中的晕裥小花绫和晕裥小花锦，以及小窠宝花锦等，但其中的刺绣和夹缬的年代则可以到中唐至晚唐时期。因此，这件织物的最后年代应该在中唐至晚唐。

　　用多块碎旧织物拼缝成大的织物可以称为百衲。唐代僧人通常穿百衲袈裟，陕西扶风法门寺地宫出土物帐中有供奉蹙金绣百衲袈裟的记载以及百衲袈裟的模型[1]。此件也有人称其为袈裟，但从尺寸及百衲织物拼合的对称规律来看，它不一定用作袈裟。敦煌文书 S.1776《后周显德五年（958）某寺法律尼戒性等交割常住什物点检历状》载："百纳（衲）经巾壹"[2]，应该是用各种织物拼缝起来的经巾，经巾应该是用于包裹经卷的巾，其尺寸与此相仿。但此件也有可能作褥，如案褥或脚下的垫褥。据斯坦因推测，它很有可能由供养人还愿时奉献给敦煌的佛或菩萨。（ZF）

[1] 陕西省文物局，法门寺博物馆，1999: 153。
[2] 唐耕耦，陆宏基，1990a: 22。

缘边夹缬图案复原

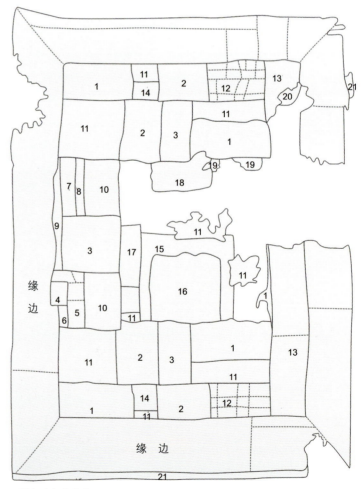

百衲经巾织物分布图

1局部

2、3局部

4、5、6局部

7、8、10局部

11局部

12局部

13局部

缘边局部

红菱纹罗地刺绣
花卉纹经巾 `080`

L:S.343（Ch.0075）
长：97.0 cm；宽：59.0 cm
晚唐（9世纪）

图080-1 刺绣图案局部

这块由小块平纹绢和刺绣罗拼缝而成的织物一定曾经非常美丽，而其尺寸之大也会让人惊讶。在红色菱纹罗织物上，有红、粉红、蓝、白、绿和紫色的丝线用平针绣出叶子、花卉和云彩的纹样，其风格明显是写实主义的，可知其年代也不会很早。表层的罗已几乎完全破损，露出红色绢做的衬里。中间的刺绣被一圈宽阔的边缘环绕，边缘是用淡绿色绢制作的，但现在已明显褪色了。

事实上，这件刺绣和大英博物馆所藏的百衲经巾（MAS.856）正中的红罗地刺绣品最为相近。它们的年代应该也非常接近。（HP）

081 百衲残片

L:S.523（Ch.00443.a）
长：14.0cm；宽：11.5cm
唐代（7—9世纪）

正面 背面

　　此件织物残片是由四片单色的丝织物叠加缝合组成的。表面一层由两片织物拼缝而成，
一片是紫色罗，另一片是黄色绢。通过紫色罗的透空可以看到里层为淡蓝色绢。织物表面有
一处破损，已被当时人们沿镂空纹样的外轮廓用平针缝了一圈，这样做一方面可以保证上面
一层不起翘，另一方面防止毛边。但斯坦因认为这是一个飞鸟纹样❶。（HP）

❶ STEIN M A, 1921b: p.1000.

多彩织物

徐 铮*

多彩色织是指先将丝线染色，再进行织造而成的工艺过程，其织成的织物通常采用较为复杂的组织，具有两种以上的色彩。在这一类织物中，包括锦、妆花织物和色织绫等不同的品种。

一、平纹重锦

根据唐人颜师古注《急就篇》的解释，"织彩为文曰锦"。锦是一种多彩丝织物，较为厚重，图案变化较丰富，一般采用重组织提花，其生产工艺较为复杂，"作之用功重，其价如金"，因此在古时"唯尊者得服之"。敦煌藏经洞发现的锦类织物包括了如平纹经锦、平纹纬锦、斜纹经锦、斜纹纬锦、辽式纬锦、双层锦、双面锦等绝锦中的大部分种类。

平纹经锦是最早出现的锦，采用1/1平纹经重组织织造，因以经线显花而得名，其兴盛期自战国一直延续至唐初。此类织物的实物有北朝红地列堞龙凤纹锦幡头（MAS.926），经线为红、白两色，互为花地（图28）；魏晋之际，在毛织物上首先出现了以平纹纬重组织显花的结构，而后被引入丝织品的生产，绿地纬锦残片（L:S.324:1-2）即采用1/1平纹纬重组织织造，以绿、纯红两色纬线显花，使织物呈现出正反异色的表现效果，从技术上看此件平纹纬锦具有北朝的特点，但从图案上看或许稍晚（图29）。

二、斜纹重锦

约在隋代前后，斜纹经锦开始出现，多采用三枚斜纹经重组织，如蓝地花卉纹锦（MAS.925）、蓝绿地朵花纹锦垂带（L:S.330）等织物均是以2/1Z斜纹经重组织生产（图30）。一般来说，由于经锦显花的丝线在显花处覆盖不严，呈现棱状，因而其色彩并不十分纯正。此外，如棕白色地花卉对鸳鸯纹锦（MAS.866），其地部以棕和白两色形成间道，上面再以蓝、绿、深绿三种颜色显花，这种斜纹经锦的组织结构在初唐和盛唐十分流行。而与平纹经锦相比，斜纹经锦在技术上的区别只是把地组织的单元加大了一枚。

* 徐铮，中国丝绸博物馆研究馆员。

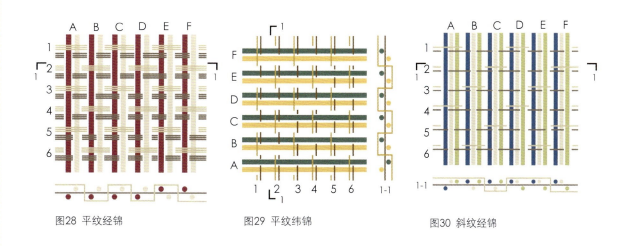

图28 平纹经锦　　　　图29 平纹纬锦　　　　图30 斜纹经锦

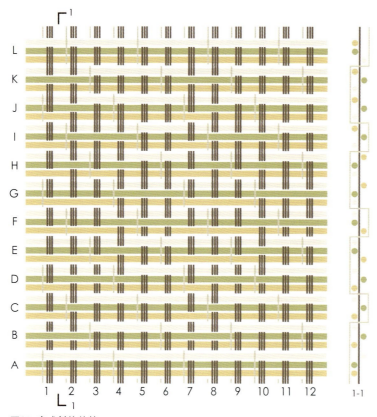

图31 唐式斜纹纬锦

斜纹纬锦出现于唐代初期，到中晚唐时已基本取代了经锦而成为占主导地位的锦类织物。斜纹纬锦的基本组织是斜纹纬二重，即由一组明经和一组夹经与纬线进行交织，夹经是决定织物花纹的关键所在。唐代纬锦中的明经只在纬线的表面按斜纹交织规律进行固接，组织以1/2斜纹纬重组织为主。此类纬锦在唐代十分流行，可分为两个主要类型：一类如红地联珠对羊对鸟纹锦（MAS.862）、淡红地团窠对鸭纹锦（MAS.863），其图案多具有明显的西域风格，即是产于中亚地区的粟特锦；另一类如红地宝花纹锦（MAS.865、L:S.642），其图案多以内地喜闻乐见的宝花或花鸟题材为主，主要产地在中原地区（图31）。

三、辽式重锦

从晚唐起，斜纹纬锦的基本组织结构和织造技术有了极大的变化，如红地团狮纹锦（L:S.326）、红地飞雁纹锦（MAS.920.a-b）等，均采用1/2 Z斜纹纬重组织，其明经只在织物表面和反面各出现一次，形成对纹纬的固结。而在这一斜纹循环中的另一组织点处只插在表纬之下、底纬之上，即处于夹经的位置，我们称其为半明经型斜纹纬锦，又因此类织物大量出自辽代，也被称为辽式组织，而这种织物的织造必须采用具有伏综装置的提花机方能生产（图32）。

从这种半明经型斜纹纬上发展而来，有蓝地小花纹锦幡头斜边（L:S.659）等半明经型缎纹纬锦。这种织锦的明经与半明经型斜纹纬锦相同，在五枚循环之中一次在织物表面，一次在反面，还有三次与夹经同在纬线中间，通常使用五枚缎纹为基本固接组织。

四、双层锦及其他

双层锦是一种较为特别的锦类织物，它在织造时使用两组经线和纬线，形成正反图案相同但色彩相异的双层组织。如彩条朵花纹锦（MAS.924、L:S.651），经线两组（白色的甲经和浅棕色的乙经）、纬线两组（白色的甲纬和浅棕、黄、蓝、绿分区换色的乙纬）。在织造时，甲经与甲纬、乙经与乙纬分别以1/1平纹组织交织，在局部形成空心袋状结构，而乙纬的分区换色处理则使织物表面的色彩变化更为丰富（图33）。这类织物在新疆山普拉墓中就有出土，到唐代墓葬出土更多，但均出自西北。

与双层锦不同，双面锦仅使用一组经线和两组不同颜色的纬线以双面组织交织，最后亦形成正反面色彩相反的表观效果，并且可以生产出正反的图案不一的织物。实物有绿地花卉纹双面锦幡头残片（L:S.325），使用一组浅红色经线分别与橙、绿两组纬线，以1/5 S斜纹双面纬重组织交织，形成一面橙地绿花、一面绿地橙花的双面效果（图34）。

此外，团花纹锦（MAS.930）是一件组织结构极为罕见的织物，它使用一组经线，两组纬线（一组白色，一组米色和蓝色分区排列），在地部由经线和两组纬线以各以4枚斜纹进行交织，但组合后却形成了8枚组合经面缎纹，在花部则一组纬以浮长显花，另一组纬与经线背衬，其中米、蓝色纬织出团花图案，以白色纬勾边，这种组织结构在此是最早发现的（图35）。

五、妆花织物

妆花是挖梭工艺的别称，即在提花织物的花部采用通经断纬的方法进行显花，其起源尚未有定论。根据织物地组织的不同，妆花织物可以分为妆花

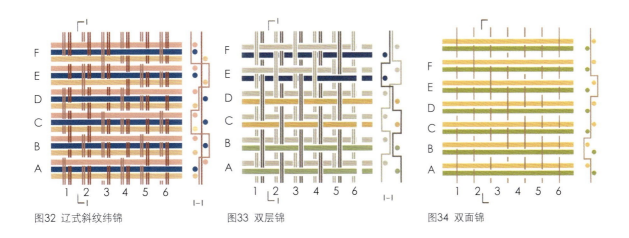

图32 辽式斜纹纬锦　　　　图33 双层锦　　　　图34 双面锦

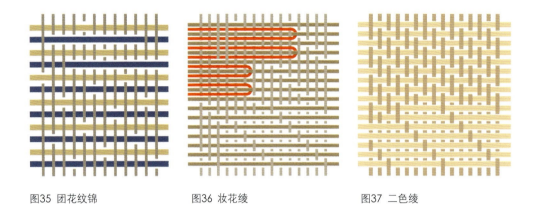

图35 团花纹锦　　　　　　图36 妆花绫　　　　　　图37 二色绫

绢、妆花绫、妆花缎、妆花纱、妆花罗等几个大类，敦煌藏经洞所出妆花织物中以妆花绫为大宗，主要有两类，均可看作是晚唐至五代时期的作品。

一类是在素织物地上采用妆花工艺，如黑地小团窠妆花绫（L:S.419），其经线与地纬以5/1 S斜纹织出地组织，在花部纹纬以挖梭的形式织入，与经线交织成1/5 S斜纹组织。红地团凤纹妆花绫（L:S.644）亦是属于此类；而红地团花妆花绫（MAS.871）也是在5/1 Z斜纹地上采用妆花工艺，但与前两者不同的是，其妆花组织为纬浮长，并且其纹纬由多组色纬构成；另一类妆花绫则是在暗花织物上如白色花卉妆花葡萄纹绫（L:S.332），其地部由经线和地纬交织成5/1 S地上起1/5 S斜纹暗花组织，在花部经线和地纬以1/5 S斜纹组织交织，妆花组织为纬浮长（图36）。

六、二色绫

二色绫在唐代文献中常有提及。姚汝能《安禄山事迹》中载，玄宗赏赐给安禄山的物品中，有"二色绫褥八领"[1]，"二色绫袍"则被作为赏赐南诏官员的物品刻入《南诏德化碑》。其实，二色绫是一种采用不同色彩的经纬线交织后得到的单层色织物。由于花地异色，因此图案的表现效果较佳，在当时被列入"珠玉锦绣"之类。玄宗时曾颁布禁令：凡私用二色绫"作龙凤禽兽等异文字者，决杖一百，受雇工匠降一等科之。"

英藏敦煌织物也有相当一批二色绫织物。其经线多加捻，较多地采用了在经面斜纹地上以纬面显花的方式。如孔雀衔绶纹二色绫（MAS.889）采用2/1 S斜纹组织作地，1/5 S斜纹组织显花（图37）；黄地花卉纹二色绫（L:S.646）则以5/1 S斜纹组织作地，1/5 S斜纹组织显花；黄地卷草纹绫（MAS.933）则在5/1 Z斜纹地上以1/5 S斜纹组织显花，其织造工艺与暗花绫织物极为相似。

● 王仁裕，姚汝能，2006：78。

红地列堞
龙凤虎纹锦幡头 082

MAS.926（Ch.00118）
a 长：20.3cm；宽：14.0cm
b 长：17.0cm；宽：9.5cm
北朝（5—6世纪）

背面　　　　　　　　　　　　　　　　　　　　正面

　　两片三角形的平纹经锦残片，正面白花红地，背面红花白地，原件经裁剪并制为幡面。龙纹及龙身形成列堞状的骨架饰有涡状卷云纹，凤纹（或朱雀纹）和虎纹交替换行横立在列堞骨架之中。图案纬向不循环，经向循环各单元变化很大，从10.0cm到13.0cm不等。

　　此类织锦应该就是隋唐文献中所称的"列堞锦"。从考古实物来看，吐鲁番阿斯塔那TAM177出土北凉十三年（455）瑞兽纹锦的构图风格与此相似，但动物更为繁多。同一地区出土过一些暗花绮织物上也有类似的卷云形成的列堞纹❶。新疆尉犁营盘墓地也曾出土大量类似织物，斯坦因本人亦曾在甘肃敦煌烽燧遗址中发掘过一件类似风格的织锦残片（T.XV.a.iii.0010.a）❷。因此，从此锦的组织结构及图案风格来看，其年代可能会早到北朝时期，同时也可以看到来自东西双方的影响，如涡状卷云纹样有着典型的希腊风格，而平纹经锦的技术则来自中原。（ZF）

❶ 新疆文物考古研究所，2000：84-167。
❷ STEIN M A, 1921b: vol.4, pl.LV.

红地列堞龙凤虎纹锦图案复原

083 蓝地花卉纹锦

MAS.925（Ch.00227）
长：18.4 cm
宽：18.2 cm
盛唐（7世纪下半叶—8世纪
上半叶）

　　斜纹经锦残片，呈三角形，以蓝色经线作
地，橙、白、黄、浅绿四色经线显花，六瓣团
花作主题纹样，花卉对角线位置各装饰有一枝
带叶，另一辅花可能是四瓣花。其经向循环为
11.6 cm，纬向循环应大于18.2 cm。这种具
有一定写生风格的图案出现相对较晚，很有可
能是在盛唐晚期。（XZ）

084 蓝地朵花 鸟衔璎珞纹锦

MAS.921（Ch.00165.b）
长：6.0 cm
宽：21.2 cm
盛唐（7世纪下半叶—8世纪
上半叶）

　　斜纹经锦残片，曾用作幡头悬襻。以深蓝色经线作地，白、橙、绿、黄、浅绿色经线分区
显花，织物两侧各有一排六瓣花卉纹样，这种六瓣团花的造型与斯坦因在阿斯塔那找到的盛唐
时期的团花经锦残片极为相似（Ast.x.1.06）[1]，但此件每朵花旁各有两只相向而飞的鸟，口衔
叶蔓，胸部垂挂着璎珞状的装饰品，图案经向循环为7.3~7.7 cm，纬向不知。这种较为写实
的鸟衔花枝图案年代也不会很早，但斜纹经锦的技术又未能延续很久，因此，此锦的年代仍有
可能是在盛唐晚期。（XZ）

❶ STEIN M A, 1928: vol.3, pL.Lxxxlll.

米色地宝花纹锦 085

盛唐（7世纪下半叶—8世纪上半叶）

这两件斜纹经锦残片原织物相同，在
米色经线地上以黄、白、蓝、绿色经线织
出宝花图案，其中蓝、绿两色分区显花，
宝花四周有八片花瓣，是典型的盛唐时期
的宝花经锦，与吐鲁番阿斯塔那开元三年
（715）墓出土的蓝地宝花纹锦（原名海蓝
地宝相花纹锦）基本一致❶，也和吐鲁番
阿斯塔那187号墓（唐天宝年间）出土的
绿地宝花纹锦半臂十分相似❷。事实上，
同样的织锦在敦煌藏经洞发现还不止此
例，如藏于大英博物馆的百衲经巾（见图
录079，MAS.856）、维多利亚与艾尔伯特
博物馆的帷幔残件（见图录008，L:S.622）
以及经帙（见图录056，L:S.337）。艾尔
米塔什博物馆也藏有同样的织锦，可能是
某件褥子的边缘（Дх91，92a.b.c.）。图
案经向循环约为5.5cm。（HP、ZF）

❶ 武敏，1984：76。
❷ 新疆文物考古研究所，2000：图版7。

MAS.919（Ch.00171）　　　　　L:S.329（Ch.00171）
长：28.5cm；宽：3.8cm　　　　长：43.1cm；宽：3.8cm

棕白色地
花卉对鸳鸯纹锦

086

MAS.866（Ch.00168）
长：21.5 cm；宽：4.0 cm
盛唐（7世纪下半叶—8世纪
上半叶）

　　长方形的斜纹经锦残片。其地部以棕（可能是由红色褪色而成）和白两色形成间道，上面再以蓝、绿、深绿三种颜色显花，图案为较大的花簇、站在花叶上衔花对鸟等，斯坦因已复原其图案。此织物虽然图案布局如同团窠，但团窠外的花鸟纹样已较具写实风格，因此，这件织物的年代可能也在盛唐偏晚，即 8 世纪初。其经向循环为 6.6 cm，纬向循环应该与此相近。（XZ）

图086-1　棕白色地花卉对鸳鸯纹锦图案复原

簇四小窠
联珠对鸟纹锦　087

红地
088　花卉对鸳鸯纹锦

MAS.864（Ch.00182）
长：28.0 cm，宽：3.0 cm
初唐（7世纪）

L:S.421（Ch.00168）
a 长：43.0 cm；宽：1.2 cm
b 长：41.5 cm；宽：1.2 cm
初唐—盛唐（7世纪—8世纪
上半叶）

这些经锦残片图案为团花纹样，其间点缀对鸳鸯纹样。在少数织物上依然保留有明显的针迹，表示它们可能曾是经帙或是佛幡的构成部分，但其确切用途目前还不清楚。斯坦因将这些与大英博物馆所藏的类似残片编了相同的号（见图录086，MAS.866），但大英博物馆藏品上的鸳鸯纹样比这件要清晰得多，而其色彩却与此件有所区别。在唐代丝绸中，鸳鸯是十分常见的题材，因为鸳鸯象征着夫妻美满幸福[1]。（HP）

[1] LOWRY J, 1963: p.15.

　　此件斜纹经锦明显带有早期织锦的特点，在米色和黄色交替的色条地上显示褐、绿、白三种色彩的图案。图案是联珠小团窠纹，每窠只有八珠。团窠之内是对鸟，鸟体很小。团窠之间用小朵花相连，呈簇四骨架排列。这是极为典型的早期簇四团窠形式，与吐鲁番阿斯塔那出土簇四联珠饮水马锦的骨架基本一致，与阿斯塔那及青海都兰热水等地出土的小窠联珠对凤锦中的对凤纹样十分相似[1]。（XZ）

[1] シルクロード学研究センター，2000。

红地花卉对鸳鸯纹锦图案局部

089 小花晕裥纹锦

L:S.602（Ch.00170）
长：25.0 cm，宽：5.5 cm
初唐—盛唐（7世纪—8世纪
上半叶）

图084-1　小花晕裥纹锦图案局部

　　此件织物可能曾是一个悬襻，图案由黄、红、棕、草绿和墨绿等各色彩条构成，颜色各异。每条条纹上装饰一排四瓣和六瓣小花交替排列的花卉纹样，红色（略带黄）条纹上装饰的是亮蓝色花，而绿色条纹上的是粉色花。该织物的一半折叠缝合，并将顶端缝合成一个三角，缝有丝线制小流苏，另半边展开。

　　这件织物的表观效果虽然与初唐时期的晕裥小花绫相似，但其组织结构却较为罕见，应该属于锦的范畴。在大英博物馆所藏的百衲经巾（见图录079，MAS.856）中有一织物的纹样与此件类似。（HP）

绿地花卉纹锦　090

L:S.632（Ch.00295）
a 长：36.9cm；宽：5.8cm
b 长：18.5cm；宽：3.8cm
盛唐（7世纪下半叶—8世纪上半叶）

a　　b

这两块绿地花卉纹锦呈条状，花卉为红色（现已褪色）和茶褐色。其图案与盛唐时期的团窠宝花类型有较大的区别，但其经锦技术依然显示其年代较早。此件织物与维多利亚与艾尔伯特博物馆所藏帷幔（见图录008，L:S.622）上的锦边以及大英博物馆所藏百衲经巾（见图录079，MAS.856）上的某些织物相似。斯坦因认为其中一件曾是一个挂襻，另一件曾是某件帷幔（可能是编号为L:S.622，Ch.00280的帷幔）的一部分①。

① STEIN M A, 1921b: p.986.

图090-1　绿地花卉纹锦图案局部

091 深绿地朵花纹锦

L:S.330.a-b（Ch.00366.a-b）
a 长：39.0 cm
　宽：6.3~7.3 cm
b 长：44.0 cm
　宽：6.5 cm
盛唐（7世纪下半叶—
　　　8世纪上半叶）

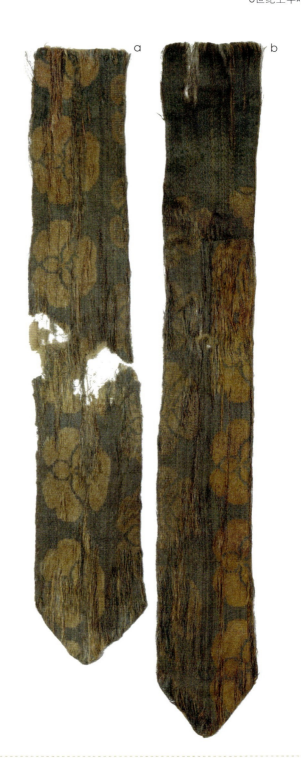

这两条垂带可能原属于某件帷幔，一端是尖的，以经锦制成，在蓝绿色地上以棕色经线显花，朵花纹样，图案经向循环6.3 cm，纬向循环4.8 cm，以棕色绢做背衬。（HP）

图091-1 深绿地朵花纹锦图案局部

红地联珠
对羊对鸟纹锦　092

MAS.862.a（Ch.009）
MAS.862.b（Ch.00359.a）
a 长：27.0 cm；宽：26.5 cm
b 长：21.9 cm；宽：8.0 cm
盛唐—中唐（8世纪）

　　斜纹纬锦残片，来自两块不同的幡头。图案为红地上显绿、白、棕三色花，主花是高约 21.0 cm、宽约 17.5 cm 的联珠团窠纹样，团窠中心棕榈叶底盘上站立有一对立野山羊，身上点缀四瓣花卉纹样。在辅花位置则是一个椭圆形的瓣窠，窠中为对鸟图案。从技术上分析，这是一件十分典型的唐代中亚粟特风格的织锦，其野山羊纹样造型与收藏于比利时辉伊大教堂中带有粟特文题记的织锦完全一致 ●，但构成团窠的联珠圈却多少带有较为早期的特点。这件织锦有可能是公元 7 世纪下半叶至 8 世纪上半叶的作品。（ZF）

● SHEPHERD D G, HENNING W B, 1959: pp.15-40.

图092-1 红地联珠对羊对鸟纹锦图案复原

淡红地
093 团窠对鸭纹锦

MAS.863（Ch.00359.b）
长：15.7 cm；宽：11.4 cm
中唐（8—9世纪）

　　斜纹纬锦残片。以淡红色纬线作地，其上以黄、白、绿、蓝四色纬线起花，其中蓝、绿两色纬线分区显花，织物面积较小，现仅存一团窠纹样的局部，高约 11.4 cm，推测宽约 10.8 cm，团窠环以朵花纹样装饰，中心为一对鸭，并无平台可立，圈外辅花为几何形花卉状，但已不清晰。从技术看，此锦无疑属于典型的粟特织锦，但其团窠环上的朵花尚属首次看到，与同出于敦煌藏经洞的团窠朵花对鹿夹缬绢（MAS.874、MAS.875）以及团窠花卉对雁夹缬绢（MAS.876、MAS.877）十分相似。位于俄罗斯北高加索地区莫谢瓦亚巴尔卡曾出土过来自中国的团窠夹缬 ❶，中亚丝织艺术因此而受到影响也是可能的。如此来看，此锦的年代很有可能在公元 8 世纪下半叶之后，即相当于中唐时期。(ZF)

❶ IERUSALIMSKAJA A A, BORKOPP-RESTLE B, 1996: pp.96-97.

图093-1 淡红地团窠对鸭纹锦图案复原

红地宝花纹锦　094

L:S.642（Ch.00230）
a　长：27.5cm；宽：12.0cm
b　长：4.5cm；宽：13.5cm
c　长：14.0cm；宽：4.0cm
d　长：3.0cm；宽：28.3cm
e　长：20.5cm；宽：2.2cm
f　长：13.7cm；宽：1.9cm
g　长：31.0cm；宽：4.0cm
h　长：27.6cm；宽：2.3cm
中唐—晚唐（8世纪下半叶—9世纪）

MAS.865（Ch.00230）
a 长：4.0cm；宽：16.3cm
b 长：4.0cm；宽：16.5cm
中唐—晚唐（8世纪下半叶—9世纪）

图094-1 红地宝花纹锦图案复原

　　此类织物共有 57 片，其中 2 片藏于大英博物馆，55 片形状大小各异，其中有 4 片是缝合的，还有些上面残留有线迹。它们原来的用途不甚清楚，可能是从织物上剪下的，也可能曾是系带的一部分，抑或用于供奉。通过图案复原，可以得知其为红地上以黄、绿、白、淡蓝和深蓝等色纬线织出宝花纹样。从技术上分析，这些红地宝花纹锦已属典型的中亚粟特织锦系统，应该是唐代中亚织工生产的。但由于这是极为典型的唐代宝花图案，这可能是中亚织工对中国纹样的一种不同阐述❶。根据众多的残片，其图案可以得以复原。（HP、XZ）

❶ STEIN M A, 1921: p.982.

黄地联珠花树
卷草纹锦　　095

MAS.917.a-c（Ch.0026）
a 长：4.2 cm；宽：6.8 cm
b 长：7.0 cm；宽：3.8 cm
c 长：3.0 cm；宽：4.2 cm
盛唐—中唐（8世纪）

图38　斯坦因在阿斯塔那所获团窠联珠花树纹锦

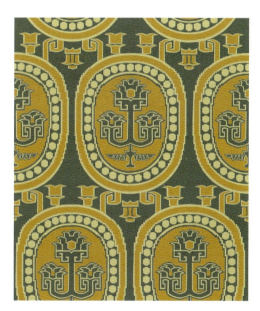

图095-1　黄地联珠花树卷草纹锦图案复原

　　斜纹纬锦残片。三片出自同一织物，以黄色纬线作地，其上以浅蓝、白两色纬线显花。根据残留的织物可拼出一高约为8.2 cm，宽约为6.5 cm的联珠形团窠纹样，窠内是一枝三叉的花树图案。这种花树纹样在中亚粟特织锦中并不多见，但与斯坦因在吐鲁番阿斯塔那挖到的一件团窠联珠花树纹锦（图38）多少有些相似（Ast.i.1.01）❶。团窠采用二二错排的方式排列，团窠之间则装饰以卷云式的花卉。（XZ）

❶ STEIN M A, 1928: Vol.3, PL. LXXX.

096 黄地心形纹锦

中唐
（8世纪下半叶—9世纪下半叶）

MAS.922（Ch.00178）
长：12.5cm；宽：4.5cm

L:S.338:1（Ch.00178）
a 长：18.5cm；宽：0.6cm
b 长：9.0cm；宽：24.0cm
c 长：4.2cm；宽：9.8cm

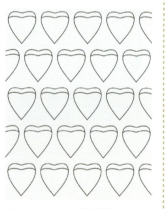

图39 Balalitepe壁画上的心形图案

　　同样的纬锦残片共有4片。黄色地上织出红色心形图案，心上点缀有四个白色的圆点，心尖位置则由亮蓝、淡粉红色、深蓝三色纬线分区织成，二二错排，图案经向循环为4.6cm，纬向循环为3.3cm。这类图案在吐火罗斯坦（Toharistan）的巴拉利特佩（Balalitepe）壁画上的人物服饰（图39）中也有出现[1]，在中亚粟特织锦的实物中，还经常可以看到用心形作团窠装饰环或是装饰带的情况。这样的图案，一直到辽代的丝织物上还可以见到[2]。（HP、ZF）

[1] LUBO-LESNITCHENKO E.L, 1961.
[2] ZHAO F, 2004: p.30.

红地联珠纹锦　097

L:S.636（Ch.0063）
长：6.4 cm；宽：9.5 cm
初唐—盛唐（7世纪初—8世纪上半叶）

　　这件织物残片的组织结构是斜纹纬二重组织，颜色为绿、红和白三色。虽然已严重残破，但残留的部分联珠纹样依然十分重要，因其源自波斯艺术中的一种常见纹样。约公元 5 至 6 世纪，联珠纹样传入中亚。最晚在公元 7 世纪，粟特发展成为丝织业中心，同时向东方和西方输出丝织物，粟特也处于伊朗、拜占庭和中国之间贸易之路的战略要冲。从联珠纹造型来看，此联珠纹带有较早的风格，与新疆吐鲁番出土的大量联珠纹相接近，因此其年代相应较早，可能在初唐至盛唐之际。（HP）

098 红地 方胜几何纹锦

MAS.872（Ch.00174.a）
长：4.0 cm；宽：4.1 cm
中唐—晚唐（8世纪下半叶—
9世纪）

正面 背面

图098-1 红地方胜几何纹锦图案复原

　　这两件纬锦残片原属同一织物。藏于大英博物馆的为三角形，而藏于维多利亚与艾尔伯特博物馆的为细长条形。均以红色纬线作地，白色纬线常织显花，蓝、绿、黄三色纬线分区显花。其图案很可能是一种锯齿形和方胜形相结合的几何纹样，但由于残存织物太少，图案无法完整复原。（XZ）

099 纬锦残片

MAS.873（Ch.00369）
长：19.3 cm；宽：0.8 cm
中唐（8世纪下半叶—9世纪
上半叶）

　　狭长形纬锦残片，色彩丰富，经线红色，纬线有红、深蓝、白、亮黄、深绿等色，因残留面积较小，具体纹样不清楚，有可能是一种团花图案。从织造技术来看，它可以较明确地归入粟特锦的范畴。（XZ）

菱格小花锦　100

MAS.923（Ch.00297）
长：3.9 cm；宽：18.0 cm
晚唐—五代（9—10世纪）

　　长方形的菱形斜纹纬锦残片。用棕色、米色、绿色和白色织成有彩条格的菱形图案，经向循环为 1.7 cm，纬向循环为 1.9 cm。其组织是将唐代最为流行的三枚斜纹纬锦变为四枚菱形斜纹，这种以四枚菱形斜纹为基本组织的辽式纬锦在辽墓中也有出现[1]。因此，这一织物的年代可能在晚唐到五代之际。（XZ）

❶ 赵丰, 2004: 145。

锦机头残片　101

L:S.340:1（Ch.00370.a）
a 长：1.3 cm；宽：10.3 cm
b 长：1.3 cm；宽：3.0 cm
中唐—晚唐（8世纪下半叶—9世纪）

锦机头残片　102

L:S.340:2（Ch.00370.b）
长：0.9 cm；宽：11.5 cm
中唐—晚唐（8世纪下半叶—9世纪）

　　L:S.340 共有 3 条纬锦残片（见图录 101、图录 102），组织一样，但色彩不同。一种为浅橙色和乳白色（L:S.340:1，Ch.00370.a），经线极细，大的那条有完整的幅边；另一种为蓝色纬线和红色经线（L:S.340:2，Ch.00370.b）。两件残片的组织均源出唐代斜纹纬锦，但又有变化，可能因为这是在机头的原因，织造时出现了一些变化。（HP）

103 红地团狮纹锦

L:S.326（Ch.00179）
a 长：1.6cm；宽：23.5cm
b 长：2.9cm；宽：2.9cm
c 长：4.5cm；宽：2.8cm
d 长：16.0cm；宽：2.1cm
晚唐—五代（9—10世纪）

图103-1 图案复原

这种图案的纬锦残片共有 39 片，红地，其上可见部分小团花纹样，排成一条直线。白色团花以蓝色描轮廓，图案运用绿色和黄色，表现两只呈中心对称（俗称"喜相逢"）的狮子形象：它们张大口，伸长爪，追逐着彼此的尾巴。在相同的母题中也有若干片，存在着色彩上细微的区别，同样是红地，但大部分狮身色彩主要为白色，蓝作勾边，黄、绿点缀，而少数狮身以黄为主。这很有可能是图案在换区时纬线色彩变化所致。这种喜相逢式的团狮纹样出现较晚，不会早于晚唐，与早期的轴对称大不相同。（HP）

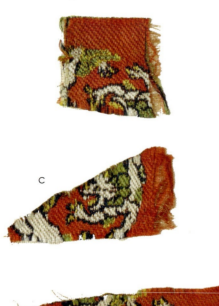

蓝地
团花对鸟纹锦　104

L:S.331:1（Ch.0062.a）
长：11.9 cm；宽：5.5 cm
晚唐—五代（9—10世纪）

　　斯坦因认为这片织物与编号 Ch.0062.b 的织物原来是缝合在一起的，构成垂带上面的一个尖角 ❶，但它们应该属于不同的织物类型。此件织物的图案为团花纹样，其中点缀着四只飞鸟和花卉，颜色为红、绿和白三色，是辽宋时期极为流行的图案。（HP）

❶ STEIN M A, 1921b: p.952.

图104-1 蓝地团花对鸟纹锦图案复原

L:S.331:2（Ch.0062.b）
长：6.0cm；宽：11.8cm
晚唐—五代（9—10世纪）

图105-1 蓝地团窠鹰纹锦图案复原

据推测，这片织物可能是某个垂带的组成部分，以深蓝色纬线作地，其上以红、浅蓝、白、黄绿等色纬线显花，织物较为残破，现仅可见两个鹰头的纹样，呈喜相逢的形式排列，其间点缀有朵云纹样。这一图案与大英博物馆藏锦幡上的织物图案基本相同（见图录014，MAS.860），也与新疆吐鲁番伯孜克里克千佛洞发现的回鹘供养人的服饰图案完全一致，是当时十分流行的图案。（HP）

红地飞雁纹锦　106

MAS.920.a–b（Ch.00172）
a 长：11.2cm；宽：8.3cm
b 长：15.5cm；宽：6.0cm
晚唐—五代（9—10世纪）

a

b

辽式斜纹纬锦残片，共2块（MAS.920.a–b），其图案为四只大雁围绕一蓝色环形图案飞翔，各组飞雁之间以十字辅花装饰，图案经向循环为7.4cm，纬向为9.0cm。此类四雁相对而飞的图案在辽代十分流行。（XZ）

红地
雁衔卷草纹锦　107

MAS.920.c（Ch.00172）
长：4.3cm；宽：4.2cm
晚唐—五代（9—10世纪）

三角形纬锦残片，以红色纬线作地，其上用黄、白、蓝等色纬线显花，以用辽式斜纹纬重组织织成一只口衔卷草的大雁形象。（XZ）

蓝地
108 团窠十字花纹锦

MAS.918（Ch.0061.a）
长：23.0cm；宽：5.3cm
晚唐—五代（9—10世纪）

辽式斜纹纬锦残片。以深蓝色纬线作地，其上以白、粉红、黄、绿四色纬线显花，由于织物保留下来的面积不大，现仅可见团窠外圈，但团窠之间的十字辅花装饰较为完整，图案纬向循环为14.3cm。（XZ）

109 天蓝地动物纹锦

MAS.928（Ch.00180）
长：7.0cm；宽：12.2cm
晚唐—五代（9—10世纪）

辽式斜纹纬锦残片。以天蓝色纬线作地，黄、白、红、绿四色纬线显花，在残留的织物上可见一白色动物的身体和三条腿，背上安有蓝色和绿色的鞍。从体色、四腿直立及背上有鞍等情况来看，这个动物图案很有可能是大象。（XZ）

红地花卉方胜
联珠飞鸟纹锦　110

L:S.301:1-2（Ch.00176.a-b）
a 长：21.0cm；宽：1.0cm
b 长：24.0cm；宽：1.0cm
晚唐—五代（9—10世纪）

a

b

　　长条形纬锦残片，共有2条，红色地上以绿、白、黄和深蓝等色织出图案。其中一件可见联珠纹的方胜形环，环内为四飞鸟，环外为花卉；另一件仅见花卉，但无法断定其排列。原来可能用作经卷系带。（HP）

红地
雁衔花枝纹锦　111

MAS.870（Ch.00177.a）
长：10.0cm；宽：2.4cm
晚唐—五代（9—10世纪）

　　长方形纬锦残片，残留面积较小。织物以蓝色勾边织出白色飞雁展翅，口衔花枝，相背而飞，此外则是黄、绿、白相间在红地上织出花卉纹样。（XZ）

112 白地大花卉纹锦

MAS.927.a-e（Ch.00175）
a 长：32.5 cm；宽：3.2 cm
b 长：23.0 cm；宽：0.7 cm
c 长：21.0 cm；宽：1.5 cm
d 长：21.0 cm；宽：0.7 cm
e 长：3.5 cm；宽：8.0 cm
晚唐—五代（9世纪—10世纪）

d

b

c

e

a

辽式纬锦残片，共有5片，以白色纬线作地，深蓝、绿、红、土黄等各色纬线显花形成大型花卉纹样。其MAS.927.e的一侧留有宽约0.6 cm的幅边，以1/2 Z斜纹织成，边经由三根浅红色经线和九根白色经线构成。（XZ）

紫地团凤纹锦　113

MAS.869（Ch.00363）
长：8.0 cm；宽：3.2 cm
晚唐—五代（9—10世纪）

图40 辽代刺绣团凤

正面　　　　　　　背面

辽式斜纹纬锦残片。其地部以紫色
纬线作地，绿色纬线背衬；花部则在紫色
纬线地上以黄、白、红三色纬线显花。织
物残留面积较小，图案明显是一小团窠飞
鸟，最有可能是一只凤凰的一翅一尾，类
似辽代的团凤图案（图40）[1]。凤身黄色，
但以白色勾边，推测其直径在 6.3 cm 左
右。（WL）

① ZHAO F, 2004: p.22.

红色
小团鹦鹉纹锦　114

L:S.334（Ch.00367）
长：7.6 cm；宽：11.3 cm
晚唐—五代（9—10世纪）

这件纬锦织物残片上的纹样几乎无法辨认，只能隐约看清是两只中心对称首
尾相接的鹦鹉组成一个圆形图案。沿着残片的中线有一条线缝，将两片织物缝合
在一起，可以清楚地看到织物的一端原来是折成一个尖角的，可能是一个悬襻的
组成部分。（HP）

红地
115 **团凤纹妆花绫**

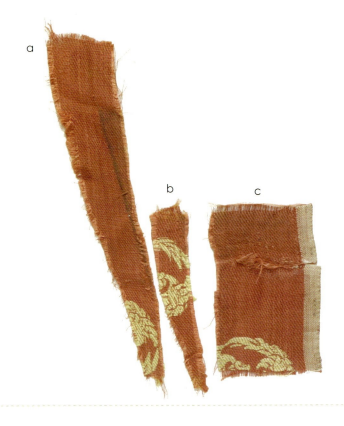

L:S.644（Ch.00228）
a 长：15.5 cm；宽：4.0 cm
b 长：8.5 cm；宽：1.5 cm
c 长：7.5 cm；宽：5.0 cm
晚唐—五代（9—10世纪）

图115-1 红地团凤纹妆
花绫图像复原

　　红地斜纹，用黄色丝线妆花显花。同一编号的
共有 29 片，但它们事实上分别属于两种不同的织
物。其中 25 片均为红地上以黄色丝线用妆花技
法织出的双凤纹样，头在中间，呈喜相逢形式排列，
有冠，尾似枝叶[1]。而凤凰是中国丝绸装饰纹样源
远流长的主题，象征吉祥和如意[2]。另四块残片则
在红地上用妆花技法织出黄色散点纹样。（HP）

[1] STEIN M A, 1921b: p.981.
[2] LOWRY J, 1963: p.19.

红地
116 **团花妆花绫残片**

MAS.871（Ch.00229）
长：2.7 cm；宽：7.3 cm
五代（10世纪）

　　妆花绫残片。其地部用红色的地经地纬以斜
纹组织织成，花部则采用局部通经断纬的方法，以
黄、绿、白、紫、蓝等色，运用妆花的技法织出团
花中的花叶纹样，团花直径在 6.0 cm 左右。这种
团花以侧式朵花形成团窠环，在敦煌壁画中可见于
晚唐时期的装饰图案。但从妆花的技法来推测，出
现时间或许更晚一些。（WL）

黑地小团窠
妆花绫残片

晚唐—五代（9—10世纪）

L:S.419（Ch.00364）
a 长：20.0 cm；宽：4.7 cm
b 长：1.0 cm；宽：23.0 cm

MAS.929（Ch.00364）
长：13.5 cm；宽：7.0 cm

　　妆花绫残片，共有3块，其中一片收藏于大英博物馆，另两片收藏于维多利亚
与艾尔伯特博物馆，在织物的一侧残留有金黄色小型团窠纹样，采用局部通经断纬
的妆花技法织成。斯坦因认为可能这是鸟的一部分❶，但由于留存部分太小，图案
无法复原。（HP）

　❶ STEIN M A, 1921b: p.992.

黑地小团窠
妆花绫残片

118 白色花卉妆花葡萄纹绫

L:S.332（Ch.0065）
长：43.5 cm；宽：1.8 cm
晚唐—五代（9—10世纪）

　　这是一块妆花绫织物残片，狭长形，以白色花卉纹暗花绫为地部，其上用橘红色丝线以妆花的技法织出葡萄纹样，这片残片可能曾是经帙的一部分。（HP）

119 团花纹锦

MAS.930.a-b（Ch.00481）
a 长：19.5 cm；宽：1.8 cm
b 长：9.5 cm；宽：7.5 cm
晚唐—五代（9—10世纪）

b

a

　　两件残片来自同一织物，一件长方形，另一件基本为正方形。织物上有两种团花，一种可以被复原，是带有较强装饰味的如意形花瓣，另一种是较为简单的莲花形花瓣，两种团花错排。边上有极小的六瓣花绕成对称的 S 形花带。其组织结构极为罕见，它由八枚经面缎纹构成地部组织，其纬线分成两组，一组白色，另一组是米色和蓝色分色区排列，而其花部组织由纬浮构成，白色作团花勾边，而团花分别由米色和蓝色为主。复原后的图案循环大约是经向 5.6 cm，纬向 9.5 cm。（ZF）

孔雀
衔绶纹二色绫 `120`

MAS.889（Ch.00293.a）
长：27.0 cm；宽：25.4 cm
中唐—晚唐（8世纪下半叶—9世纪）

　　二色绫残片，外观方形，有按对角线对折过的明显痕迹，可能曾被用作幡头。该织物采用黄色经线和红色纬线异色的方法织成，现褪色情况严重。其图案尺寸较大，保留下来的部分为一只口衔绶带的孔雀图案，长有华丽的尾羽，推测原来的纹样可能设计成两只相对而立的孔雀双喙共衔一绶带的形式。

　　这种双孔雀衔绶带的图案应该是唐代的正式官服图案之一。唐文宗即位时（827）规定了官服图案："袍袄之制：三品以上服绫，以鹘衔瑞草，雁衔绶带及双孔雀"。这一双孔雀图案的循环应为独窠图案，与辽代的独窠牡丹孔雀纹绫和雁衔绶带锦的情况极为相似❶。（WL）

❶ 赵丰，2002a：73-80。

图120-1　孔雀衔绶纹二色绫图案复原

121 蓝黄二色绫

L:S.418（Ch.00293.b）
长：78.0cm；宽：9.3cm
唐代（7—9世纪）

此件织物残损严重，沿纵向有一明显折痕，据斯坦因记载它是现藏于新德里印度国家博物馆的一件幡（Ch.00293.a）的幡头边 [1]。以经纬异色的方法织成，完整的纹样循环应较大，保存下来的部分类似孔雀的纹样，有着头冠和尾翼，这种纹样在中亚曾特别流行，可能是萨珊式纹样的一个变体。（HP）

[1] STEIN M A, 1921b: p.986.

图121-1 蓝黄二色绫组织结构正面

图121-2 蓝黄二色绫组织结构背面

黄地
花卉纹二色绫 122

MAS.934（Ch.00232）
a 长：9.0cm；宽：9.0cm
b 长：10.0cm；宽：9.5cm
c 长：8.0cm；宽：9.5cm
d 长：8.0cm；宽：9.5cm
晚唐—五代（9—10世纪）

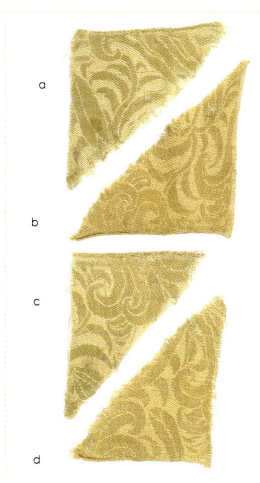

当年斯坦因共发现了 22 片同样的织物残片，其中 5 片收藏于大英博物馆，17 片收藏于维多利亚与艾尔伯特博物馆。除少量呈窄条带形外，大多数为三角形。该织物采用经纬线异色的方法织成，除 MAS.934.a 上纬线的红色保存情况较好，余者纬线多已褪成近白色。MAS.939.d 的一侧留有宽约 0.8cm 的幅边。原图案循环极大，是一大型的花卉卷草，经向循环为 34.0cm。目前可以复原出局部的图案是宜男花卉，一行左斜，另一行右斜，造型写实生动，已带有极为明显的辽宋写生花卉的风格。（HP、WL）

图122-1　黄地花卉纹二色绫图案复原

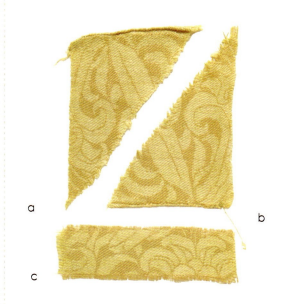

L:S.646（Ch.00232）
a 长：6.8cm；宽：9.0cm
b 长：7.0cm；宽：9.0cm
c 长：9.5cm；宽：2.5cm

黄地
123 卷草纹二色绫

MAS.933（Ch.00231.a）
长：5.3 cm；宽：5.4 cm
晚唐—五代（9—10世纪）

正面　　　　　背面

图123-1　黄地卷草纹二色绫图案复原

L:S.638（Ch.00231.b）
长：5.6 cm；宽：6.0 cm

　　方形绫残片，共有 2 块，分别收藏在大英博物馆和维多利亚与艾尔伯特博物馆，是利用经纬线异色交织后形成的单层色织物，表现为黄色地上显现白色卷草纹样的效果。这类卷草纹也是在辽宋时开始流行的，金元时达到极盛。（HP、WL）

彩条朵花纹锦 　124

MAS.924（Ch.00173）
长：22.5 cm；宽：5.5 cm
盛唐（7世纪下半叶—8世纪上半叶）

　　长方形双层锦残片，共有 2 块，分别收藏在大英博物馆和维多利亚与艾尔伯特博物馆，斯坦因推测其曾用作经帙的边缘。这一双层锦由两层平纹组织表里换层而成，一层是白色纬线和白色经线织成的平纹，另一层是蓝、黄、绿和浅棕四色纬线与白色经线进行交织，然后表里换层。其效果是正面以彩色纬线条纹样作地，其上点缀有两列不同类型的白色朵花图案，一种是花芯四瓣、外层六瓣；另一种则花芯和花瓣俱为六瓣，图案经向循环为 2.9 cm，纬向循环为 5.6 cm。

　　双层锦组织在我国西北地区早有发现，在中原地区也早就有使用双层组织进行斜编的丝织物出现，但双层丝织品的正式出现则在唐代。目前所知最早的实例是在吐鲁番阿斯塔那墓地 206 号墓出土的菱形网格填花双面锦，墓中出土永昌元年（689）和延寿十年（633）两块墓志。另一件实例是吐鲁番阿斯塔那 187 号墓，墓中出土天宝三年（744）文书，此件织物为白地朵花双面锦，其组织风格、团花造型等与敦煌出者十分相似，只是色彩有较大区别而已 ❶。因此，此件双层锦也很有可能是盛唐的产品。（HP、XZ）

❶ シルクロード 學研究センター，2000。

图41 吐鲁番出土白地朵花双面锦

正面

背面

L:S.651（Ch.00173）

长：41.0 cm；宽：6.0 cm

单色织物

徐 铮*

单色织物的经纬线色彩相同，其组织结构较色织物简单，有素织物和暗花织物两大类，前者包括绢、素绫、素纱和素罗，后者则有绮、暗花绫、暗花纱和暗花罗等不同的品种。

一、绢、絁：平纹织物

绢是自魏唐以来，对平纹类素织物的通称。英藏敦煌绢类织物除大量残片外，主要发现在佛幡、垂额及刺绣的绣地等处。根据整理分析，其中除织物较紧密、纤维较适中的平纹织物外，还有一类绢，每厘米经线在 50 根、纬线在 40 根左右，每两根经线为一组，每组经线间有明显的空筘现象，而此类绢多做画绢之用，其上均绘有彩色图案（图 42）。

平纹织物中"经纬粗细经纬不同者"被称为絁，其织物表面具有纬丝粗细不一的横条畦纹效果，《僧智弁吊啽孟阇梨母亡状》（S.5804Ⅳ）中提到的"紫絁"即是此物❶。絁之名在唐代出现较多，唐代织染署下有絁作，租庸调中也征絁，说明其生产在唐代已十分盛行。一般有两种生产进行方法，一是使用两把梭子，在织造时通过两梭细纬与一梭粗纬交替投梭织成；另一种方法则是用两把纬线粗细基本一致的梭子交替进行织造，其中一把梭子每纬织入，另一把梭子每隔几纬后织入一梭，形成变化纬重平。实物如红色絁（MAS.951），但由于其幅边不存，无法判断它是使用何种方法织成的（图 43）。

二、绮：平纹地暗花织物

绮的名称出现较早，《楚辞·招魂》中有"纂组绮缟"之句。在汉代时平纹地暗花织物即被称为绮，但到唐代，绮字基本不用，而称之为绫，与斜纹绫区分亦可特称为平纹绫。为便于理解，我们在此还是将此类织物称为绮。

敦煌绮织物均采用并丝织法织造，即将两根或两根以上相邻的经线穿过同一提花综眼并具有相同的运动规律，且在投梭时将同一组提花综提升两次或两次以上，通常能形成两种不同的花部效果，一种是以规则斜纹显花，一种是以不规则斜纹显花。

早期的绮经常采用 2-2 并丝法，与平纹地结合得到 3/1 斜纹。此类织物如红色菱格纹绮（MAS.950）、深蓝色菱格纹绮（MAS.940），即在平纹地上以 2-2 并丝法织出 3/1 Z 斜纹组织显花；浅红色暗花绮（L:S.384）则是在平纹地上以 3/1 S 斜纹组织显花（图 44）。而大部分平纹地上以 1/5 斜纹显花的织物可以看作是由 2-2 并丝组织，按 2/1 规律与平纹地配合显花的结果，如深黄绿色绮幡带残片（L:S.414：1-9）都是此类织物的实例。

* 徐铮，中国丝绸博物馆研究馆员。
❶ 唐耕耦，陆宏基，1990c：8。

敦煌绮织物中平纹地上以浮长显花而呈不规则斜纹的也有不少，并丝法可以有 4-4、2-4、4-2、3-3 等，而其中的大部分为菱格、龟背等几何纹的图案，以 4-4 并丝法显花的有棕色菱格纹绮幡带残片（MAS.898）等（图45）；以 2-4 并丝法显花的有蓝色折枝花卉纹绮幡足残片（MAS.899）、黄色龟背小花纹绮（MAS.942）等；以 4-2 并丝法显花的则有黄色描红团花绮（MAS.892）、蓝色菱格纹绮（L:S.432）等，其组织都非常有特色。

此外，如蓝色菱格纹绮（L:S.423）等织物，在平纹地上以 1/5 山形斜纹组织显花，也可以看作是 4-2 的并丝法所织成，只不过是并丝在图案对称轴处重复了奇数纬而已，因此所得到的斜纹斜向在图案轴线两边刚好相反。

三、绫：斜纹地暗花织物

绫之名出现得比绮迟，约在魏晋时期开始流行，当时见于文献资料的有白绫、青绫、仙人纹绫等各种名目。到唐代，绫织物进入全盛时期，《唐六典》中记载官府织染署中设有专门的绫作，河北定州、河南蔡州及中唐以后的江浙一带都是绫的主要产区。其品种变化十分丰富，用途也很广泛，敦煌文书中提到的就有"赤黄绫三衣襆子""赤黄绫夹袴""绯绫被""紫绫履""紫绫庐山帽子""白绫袜"等多种。

敦煌绫织物中以暗花绫为大宗，暗花绫则是通过经纬组织枚数、斜向、浮面其中的一个或多个要素的不同来显花，不同的因素越多，花地间的区别越大。

四枚异向绫是出现最早的一种斜纹暗花织物，敦煌所见如蓝色龟背纹绫（MAS.895）、蓝绿色菱格纹绫（L:S.400）等均是采用 3/1 Z 斜纹作地，以 1/3 S 斜纹组织显花的绫织物，花地斜纹的斜向刚好相反，由于其都为四枚斜纹，地为经面斜纹、花为纬面斜纹，故准确地说应该归类于同单位异面异向绫（图46）。六枚异向绫出现较四枚异向绫略迟，如黄色花叶纹绫（MAS.890）以 2/1 S 斜纹作地，以 1/5 Z 斜纹显花，这种组织的特点是地部和花部的单位及浮面均不同，因此不仅图案轮廓清晰、效果明显，也加强了织物牢度。

同向绫最初出现在唐代，其中以 2/1 斜纹作地，以 1/5 斜纹起花的异单位异面同向绫最为常见，如白色卷草纹绫（MAS.894）、黄色花卉纹绫（MAS.935.a-b）、黄色暗花绫残片（L:S.653）、黄色暗花绫残片（L:S.639:1）等都是此类织物（图47）。同向绫中还有一类是同单位异面同向绫，其花地组织的主要区别在于浮面的不同。实例如深蓝色散点小花纹绫（MAS.945），则以 5/1 S 向斜纹为地，1/5 S 向斜纹组织起花（图48）；黄色几何纹绫（MAS.936），在 1/3 S 斜纹地上以 3/1 S 斜纹组织显花。有时地纹的斜向是可以改变的，如经纬线均采用绵线的黄色菱纹绫（MAS.938），以 2/2 采用菱形斜纹作基础组织，使织物的纹理呈现出一种回纹效果（图49）。

敦煌暗花绫织物中还有一类浮花绫，其花组织为浮长显花，这种以用并丝织法织成的不规则组织与斜纹地的组合出现在唐代，常见的有在 3/1 地上以 3-3

和 4-4 并丝组织显花，或是在 2/1 地上以 3-3 或 4-3 并丝组织显花的，如深紫色几何纹绫（MAS891），就是在 3/1 Z 斜纹地上以 4-4 并丝组织织出几何纹样（图 50）。

相比之下，斜纹的素织物则不多，所见有黑色素绫（L:S.464），组织为 5/1 S 斜纹，其经线加有 S 强捻；白色素绫（L:S.394:1-2），组织为 4/2 S 斜纹；及经纬线均采用绵线，以 2/2 Z 斜纹组织织成的白色素绫（L:S.402）等。

四、纱罗：绞经织物

纱罗织物的纬线相互平行排列，由经线相互扭绞与纬线交织而成。我们把全部或局部使用两根经线相互绞转并每一纬绞转一次这种组织的织物称为纱，而其余的则均归入罗织物。

自商至唐，纱罗织物的主要组织类型是链式罗，又称无固定绞组罗，其中又以四经绞罗最为常见。敦煌罗织物如绿色菱点纹罗幡脚残片（MAS.953）、灰绿色提花罗（L:S.655）、红色菱纹罗（MAS.904）、蓝色菱纹罗经卷系带（S.2194）等都毫无例外地采用了这种传统的链式罗组织，以四经绞组织作地，其上以二经绞组织显花，纹样也都比较简单，主要为菱格、菱点等的各种几何图案，除大量被用作刺绣的底部外，也见于额带、幡带、幡身经卷系带等处（图 51）。

使用 1:1 绞纱组织的织物出现于唐末宋初，此次所见敦煌纱织物则以暗花纱为主，以绞纱组织和平纹或浮长等组织互为花地，如紫色联珠方格卍字纹纱（L:S.224、MAS.901）、紫色如意团花卍字纹纱（MAS.902）等，其地组织为对称绞纱组织，纹组织为绞经浮于纬线之上；紫色几何纹纱（L:S.390、MAS.900）则在 1:1 对称绞纱组织地上以纬浮长显花，其组织变化较多（图 52）。

五、缎：缎纹织物

缎纹是基础组织中出现最迟的一种，缎古时也曾写作"段""纻丝"等，《唐六典》中把"段"与罗、绫、锦、纱等品种名称相并列，可能即指缎纹织物，但至今尚未发现宋代以前的缎织物实物。

英藏敦煌织物中缎织物所见仅有一件编号为 MAS.943 的蓝色杂宝卷云缎，为晚清的文物，可能是后来混入的，在五枚经缎地上以五枚纬缎组织显花，是一件典型的暗花缎织物（图 53）。

图42 绢

图43 絁

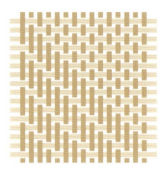

图44 绮

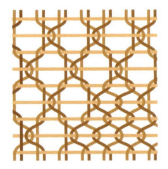

图45 绮

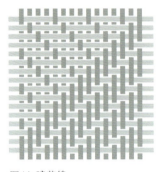

图46 暗花绫

（3/1Z斜纹地上以1/3S斜纹显花）

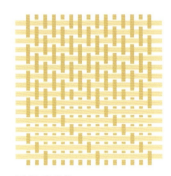

图47 暗花绫

（2/1S斜纹地上以1/5S斜纹显花）

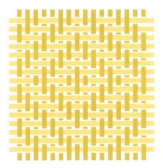

图48 暗花绫

（5/1S斜纹地上以1/5S斜纹显花）

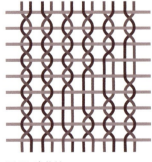

图49 暗花绫

（2/2菱形斜纹）

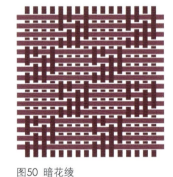

图50 暗花绫

（3/1Z斜纹地上以4-4并丝组织显花）

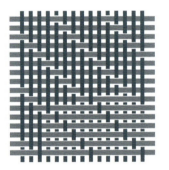

图51 暗花罗

（四经绞地上以二经绞显花）

图52 暗花纱

图53 暗花缎

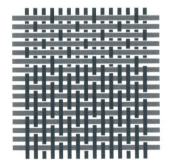

黄色
龟背小花纹绮　125

晚唐—五代（9—10世纪）

MAS.942（Ch.00453）
长：16.5 cm；宽：15.5 cm

L:S.397（Ch.00453）
长：15.3 cm；宽：7.0 cm

　　方形暗花绮残片，黄色，共有2块，分别收藏在大英博物馆和维多利亚与艾尔伯特博物馆，经纬密度较为稀疏，以扁平形六角龟背纹样为骨架，其中填入圆点四瓣小花纹，图案经向循环为1.6 cm，纬向为6.3 cm，织物一侧残留有部分幅边。这类六边形的龟背骨架总体出现较晚，因此，它有可能是晚唐至五代时期的产品。（HP、XZ）

126 紫色菱格纹绮

晚唐—五代（9—10世纪）

L:S.420（Ch.00240）
长：11.0 cm；宽：58.0 cm

MAS.896（Ch.00240）
长：15.5 cm；宽：10.0 cm

　　长方形绮织物，暗紫色，共有2块，分别收藏在大英博物馆和维多利亚与艾尔伯特博物馆，均发现于莫高窟第17窟。图案为菱格纹骨架中填入椭圆形花卉纹样，经向循环2.4 cm，纬向循环3.5 cm。（HP、XZ）

蓝色折枝花卉纹
绮幡足残片   127

MAS.899.a-b（Ch.00343）
a 长：43.5 cm；宽：6.0 cm
b 长：41.1 cm；宽：5.9 cm
晚唐—五代（9—10世纪）

图127-1 蓝色折枝花卉纹绮幡足残片局部

　　长方形幡足残片，共2条，两侧卷边，以蓝色丝线撬边。幡足以蓝色暗花绮制成，清地折枝花卉纹样，上下镜像对称，椭圆形外观，图案宽约为3.7 cm，高约为2.6 cm。折枝花卉及清地图案的流行均自晚唐开始，因此，此两件幡足当属晚唐五代时期。（XZ）

黄棕色菱格纹
绮幡带残片 **128**

棕色菱格纹
129 绮幡带残片

MAS.897（Ch.00340）
长：54.6 cm；宽：5.1 cm
唐代（7—9世纪）

MAS.898（Ch.00341）
长：64.8 cm；宽：5.2 cm
晚唐一五代（9—10世纪）

　　黄棕色幡带残片，两端
残破情况较严重。以暗花绮
制成，同心菱格纹样，图案
经向循环为 1.1 cm，纬向
循环为 0.5 cm。（XZ）

　　幡带残片，棕色，较为
残破，菱格纹样，二二错排，
图案经向循环为 0.6 cm，纬
向循环为 0.8 cm。（XZ）

蓝色菱格纹绮 130

晚唐—五代（9—10世纪）

L:S.380（Ch.00345.a）
长：49.0 cm；宽：29.2 cm

L:S.423（Ch.00345.b）
长：50.5 cm；宽：31.0 cm

图130-1 蓝色菱格纹绮图案局部

蓝色暗花绮织物，共有2片，菱格纹样，图案经向循环25.4 cm，纬向循环织物7.8 cm。其中一件织物背部衬有一层纸，可能是在20世纪20年代早期它们抵达博物馆时加上去的。（HP）

131 深蓝色菱格纹绮

MAS.940（Ch.00430.a）
长：10.0 cm；宽：3.2 cm
MAS.941（Ch.00430.b）
长：9.5 cm；宽：3.5 cm
晚唐—五代（9—10世纪）

长方形暗花绮残片，深蓝色，同心菱格纹样，图案经向循环为0.8 cm，纬向为0.8 cm，织物表面有明显的错织现象。其中一块（MAS.940）一侧留有宽约0.6 cm的幅边，以平纹组织织成。（XZ）

红色十字花纹
绮幡带残片　**132**

L:S.416（Ch.00493）
长：36.9 cm；宽：3.7 cm
唐代（7—9世纪）

这些暗花绮织物在刚出藏经洞时是纠结在一起的，后来再被解开并展平，发现此件织物是在平纹地上，以1/3 Z斜纹组织织出十字花卉纹样，图案经向循环2.0 cm。每条丝带都用黄色丝线撬宽约0.15 cm的边，原来可能用作幡带。（HP）

蓝色
133　菱格纹绮幡带

MAS.948（Ch.00500）
长：43.0 cm；宽：6.1 cm
中唐—晚唐（8—9世纪）

长方形绮幡带，已残，蓝色，表面有明显的黄斑及污迹，两侧有卷边。该织物以右斜纹组织在平纹地上织出菱格图案，纹样较小，图案经向循环约为0.9 cm，纬向循环约为0.8 cm。（XZ）

黄色菱格纹绮 **134**

135 黄色描红团花绮

L:S.385（Ch.00503）
长：8.5cm；宽：13.2cm
唐—五代（7—10世纪）

MAS.892（Ch.00244）
长：11.0cm；宽：3.0cm
晚唐—五代（9—10世纪）

长方形暗花绮残片，黄色，菱格纹样，图案经向循环为1.2cm，纬向循环为0.4cm。（XZ）

长方形暗花绮织物，黄色，较为残破，团花纹样，以朱砂描边，图案经向循环6.5cm，纬线循环不可测。（XZ）

暗红色小花纹绮 136

L:S.381（Ch.00374）
长：21.9 cm；宽：46.7 cm
唐代（7—9世纪）

长方形暗花绮织物，四瓣小花纹样，图案
经向循环 2.0 cm，纬向循环 4.6 cm。（HP）

棕色菱格纹绮 137

MAS.949（Ch.00501.a）
长：31.5 cm；宽：8.5 cm
中唐—晚唐（8世纪下半叶—9世纪）

长方形绮残片，多处破损，棕色，菱格图案，纹
样较小，图案经向循环约为 0.8 cm，纬向循环约为
1.0 cm，但由于织物在织造时提花较为随意，图案循环
也不很规则。残片原应为幡带的一部分。（XZ）

L:S.417（Ch.00351）
长：21.5 cm；宽：21.5 cm
中唐—晚唐（8世纪下半叶—
9世纪）

此件暗花绮织物已非常残破，一角打
结，花卉纹样，图案经向循环为 5.5 cm，
纬向循环为 10.5 cm。原用途不明，有可
能曾作微型伞盖。（HP）

139 心叶纹绫

L:S.336（Ch.00485）
长：26.3 cm；宽：12.5 cm
中唐—晚唐（8世纪下半叶—
9世纪）

长方形暗花绫织物，为典型的同单
位异向绫，心形树叶纹样，图案经向循
环为 10.6 cm，纬向为 7.0 cm。（HP）

红色花卉纹绫　140

MAS.939.a–d（Ch.00429）
a 长：8.5 cm；宽：8.0 cm
b 长：9.0 cm；宽：8.5 cm
c 长：7.0 cm；宽：7.5 cm
d 长：8.0 cm；宽：7.0 cm
晚唐—五代（9—10世纪）

图140-1 红色花卉纹绫图案复原

　　暗花绫残片，共有4片，均呈三角形。其主题图案为二二错排的花卉纹样，其间装饰以相互缠绕的藤蔓图案，图案经向循环为8.5 cm，纬向为14.0 cm。其中MAS.939.b与MAS.939.c的一侧留有宽约0.9 cm的幅边，以1/2 S向斜纹组织织成。（WL）

141 黄色花叶纹绫

L:S.664（Ch.00235）
a 长：35.5 cm；宽：3.5 cm
b 长：6.0 cm；宽：4.2 cm
c 长：1.4 cm；宽：13.2 cm
晚唐—五代（9—10世纪）

MAS.890（Ch.00235）
长：6.0 cm；宽：11.0 cm

　　藏经洞中发现了此类黄色暗花绫织物共18块，其中16块藏于维多利亚与艾尔伯特博物馆。此织物以斜纹织出花叶纹样，线条流畅，表面特别光滑，但图案循环不可测。（HP）

深紫色几何纹绫 142

MAS.891（Ch.00242）
长：9.0 cm；宽：5.0 cm
晚唐—五代（9—10世纪）

　　长方形暗花绫织物，深紫色，几何纹样，图案经向循环为 7.0 cm。该织物的组织结构及图案与两件分别收藏于大英博物馆（编号为 MAS.937）和维多利亚与艾尔伯特博物馆（编号为 L:S.387）的织物相同。（XZ）

白色卷草纹绫 143

MAS.894（Ch.00239）
长：6.8 cm；宽：7.6 cm
晚唐—五代（9—10世纪）

　　方形暗花绫织物，白色，组织上属于唐代典型的同向绫，然而目前所残留部分为卷草纹样，更具有晚唐五代的写生花卉风格。原图案循环应该较大，但已无法复原。（XZ）

144 黄色花卉纹绫

MAS.935.a–b（Ch.00233）
a 长：7.4 cm；宽：3.8 cm
b 长：14.0 cm；宽：2.5 cm
晚唐—五代（9—10世纪）

a

b

　　黄色暗花绫残片，共 8 块。其中 2 块收藏于大英博物馆，6 块收藏于维多利亚与艾尔伯特博物馆，其图案为某个大型花卉纹样的局部，其中一块织物一侧残留有宽约 0.8 cm 的三枚斜纹幅边。（XZ）

145 蓝色龟背纹绫

MAS.895（Ch.00243）
长：10.6 cm；宽：2.8 cm
晚唐—五代（9—10世纪）

　　长方形暗花绫织物，蓝色，采用中唐至五代非常典型的四枚异向绫。图案为六角龟背骨架中点缀有小圆点纹样，图案经向循环为 1.1 cm，纬向循环为 1.4 cm。织物一侧留有宽 0.7 cm 的幅边，以 3/1 Z 向斜纹组织织成。（XZ）

黄色大花纹绫　146

晚唐—五代（9—10世纪）

MAS.936（Ch.00236）
长：10.0 cm；宽：7.3 cm

a

b

L:S.639（Ch.00236）
a 长：6.0 cm；宽：10.5 cm
b 长：5.0 cm；宽：12.0 cm

　　黄色暗花绫织物，共发现10块，其中9块收藏于维多利亚与艾尔伯特博物馆，1块收藏于大英博物馆。织物图案循环很大，无法辨认，似为大花卉纹。（HP）

深蓝色
147 散点小花纹绫

晚唐—五代（9—10世纪）

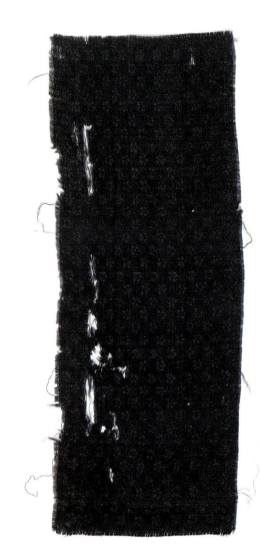

MAS.945（Ch.00495.a）
长：13.2 cm；宽：36.0 cm

L:S.671（Ch.00495.a）
长：83.5 cm；宽：6.8 cm

深蓝色暗花绫织物，分别藏于大英博物馆和维多利亚与艾尔伯特博物馆。织物织有四点小花纹样，呈散点状排列，图案经向循环为1.4 cm，纬向循环为 1.7 cm。（HP）

深紫色几何纹绫 148

MAS.937（Ch.00238）
长：14.5 cm；宽：1.8 cm
晚唐—五代（9—10世纪）

长方形暗花绫织物，深紫色，几何纹样，图案经向循环为7.0 cm。其在组织结构及图案方面，与两件分别收藏于大英博物馆（编号为MAS.387）和维多利亚与艾尔伯特博物馆（编号为L:S.387）的织物相同。（XZ）

黄色菱纹绫 149

晚唐—五代（9—10世纪）

MAS.938（Ch.00333）
长：5.8 cm；宽：18.5 cm

L:S.392（Ch.00333）
长：7.5 cm；宽：14.5 cm

暗花绫织物，黄色，以绵线织成，外观较为粗犷，菱形纹样，图案经向循环约为0.9 cm，纬向约为0.7 cm。共4件，分别藏于大英博物馆和维多利亚与艾尔伯特博物馆。（HP）

150 黄棕色菱纹罗

L:S.378（Ch.00337）
长：22.2 cm；宽：15.7 cm
唐—五代（7—10世纪）

长方形暗花罗织物，棕色，同心菱格纹样，图案经向循环约为2.2 cm，纬向约为0.8 cm。一端缝有蓝色绢条，另一端则残留有黄色暗花绮织物。此件织物原来可能是幡身的一部分。（HP）

黄棕色菱纹罗局部

绿色菱点纹
罗幡足残片　151

MAS.953（Ch.00324.b）
长：24.0 cm；宽：6.0 cm
晚唐一五代（9—10世纪）

灰蓝色
152　暗花罗残片

L:S.655（Ch.00324.a-b）
a 长：12.0 cm；宽：9.5 cm
b 长：0.9 cm；宽：3.0 cm
唐一五代（7—10世纪）

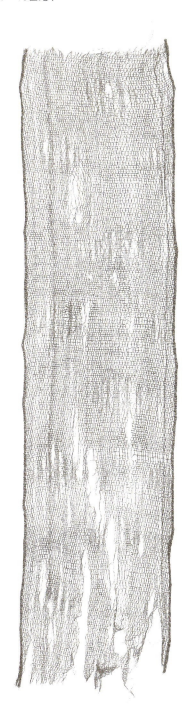

a　　　b

　　长方形幡足残片，以绿色暗花罗织物制成，菱点纹样，图案经向循环为 5.5 cm，纬向为 4.3 cm。织物十分稀疏，两侧有卷边，以黄色丝线缝制。（WL）

　　暗花罗织物，共有 2 片，灰蓝色，在四经绞地上以二经绞组织显花，但具体的纹样已不可知。（HP）

153 红色暗花罗

MAS.954（Ch.00437）
长：9.2 cm；宽：10.3 cm
晚唐—五代（9—10世纪）

　　方形红色四经绞暗花罗织物。在织物一侧可见二经绞形成的曲线图案，可能属于某大型卷草纹样的一部分。在织物表面可看到明显的褪色印迹，根据痕迹的形状推测，此织物原应属于鳞形垂带的一部分。（WL）

154 红色菱纹罗

MAS.904（Ch.00344）
长：9.7 cm；宽：10.3 cm
晚唐—五代（9—10世纪）

　　正方形提花通绞罗残片，织物上有一尖形部位红色有所褪色，说明残片此处曾经折叠，应是垂带上的一片。织物以二经绞在四经绞地上显菱格纹，图案循环为经向 1.0 cm，纬向 0.3 cm。（WL）

紫色联珠 方格卍字纹纱 155

晚唐—五代（9—10世纪）

暗花纱残片，其中正方形的一块带有宽为 0.9 cm 的幅边。从技术上看，这种纱的地部由绞经和地经对称绞织而成，其花部则由绞经经浮产生，属于简单纱罗一类。简单纱罗自唐代晚期开始出现，当时称为"单丝罗"，是四川一带的贡品。晚唐诗人王建《织锦曲》中写道："锦江转涠贡转多，宫中尽著单丝罗"，正是说明单丝罗产自四川并作为贡品❶。同样的织物还有不少残片保存在维多利亚与艾尔伯特博物馆中，从而可以将图案基本复原。其图案中心是一个联珠方格，方格之间是一些田字纹和卍字纹。图案循环经纬向均约为 16.0 cm。（WL）

❶ 赵丰，1992：30。

MAS.901（Ch.00313）
a 长：22.5 cm；宽：5.7 cm
b 长：8.6 cm；宽：8.0 cm

L:S.645（Ch.00313）
长：3.0 cm；宽：1.5 cm

L:S.224（Ch.00313）
a 长：9.6 cm；宽：7.5 cm
b 长：8.8 cm；宽：6.7 cm

图155-1 紫色联珠方格卍字纹纱图案复原

图156-1 紫色方格卍字纹纱图案复原

MAS.902（Ch.00336）
长：17.0 cm；宽：3.8 cm
晚唐—五代（9—10世纪）

L:S.652（Ch.00336）
a 长：2.0 cm；宽：32.9 cm
b 长：1.3 cm；宽：19.6 cm

b

a

　　暗花纱残片，呈三角形。其地部由绞经和地经一顺绞织而成，其花部则由绞经经浮产生，属于简单纱罗之类。其图案由方格纹、卍字纹和小点组成，图案循环经向约为7.2 cm，纬向不明。此类纱残片甚多，大英博物馆和维多利亚与艾尔伯特博物馆均有收藏。（HP）

紫色如意团花
卍字纹纱 157

MAS.903（Ch.00346）
长：6.5 cm；宽：21.0 cm
晚唐—五代（9—10世纪）

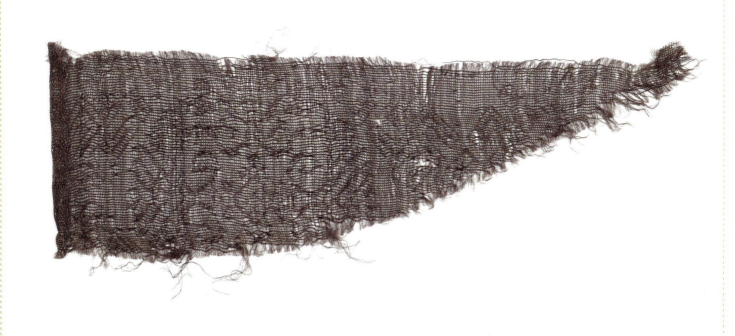

图157-1 紫色如意团花卍字纹纱图案复原

暗花纱残片，近似三角形，其中一边为 0.9 cm 的幅边。地部由绞经和地经对称绞织而成，花部绞经上浮，而地经与纬线交织成平纹，属于简单纱罗类。图案中心是一个有如意纹组成的团花，外有卍字纹组成的方格。这一图案由斯坦因复原，图案经向和纬向循环均约为 13.0 cm。（XZ）

158 紫色几何纹纱

MAS.900（Ch.00312）
长：4.5 cm；宽：8.3 cm
晚唐—五代（9—10世纪）

紫色暗花纱织物，图案主题为几何纹样，在共边的八角形骨架中填入圆圈形，每个八角形间则以方块连接，图案经向循环为2.4 cm，纬向循环为2.9 cm。织物一侧留有幅边，宽约0.4 cm，以平纹织成。此类纱残片在维多利亚与艾尔伯特博物馆也有多片收藏（L:S.390:1-5，Ch.00312）。（XZ）

彩色绢、
159 绮及绫绿色绢

晚唐—五代（7—10世纪）

紫色绢残片
L:S.465（Ch.00314）
长：10.8 cm；宽：2.9 cm
深蓝色散点小花纹绫
L:S.671（Ch.00495.b）
长：19.1 cm；宽：2.5 cm
蓝色绢残片
L:S.463（Ch.00436）
长：2.3 cm；宽：9.0 cm
绿色绢残片
L:S.455（Ch.00325）
长：5.5 cm；宽：4.7 cm

柠檬黄色绢残片
L:S.459（Ch.00256）
长：9.9 cm；宽：6.6 cm
黄色大花纹绫残片
L:S.639（Ch.00236）
长：5.7 cm；宽：11.3 cm
红色暗花绫残片
L:S.658（Ch.00488）
长：1.7 cm；宽：8.7 cm

此组织物共有7块，其中4块为平纹绢织物，2块为暗花绫织物，另有1块为暗花绮织物，保存情况均较好，特别是其色彩保存犹佳。（HP）

红色絁 160

MAS.951（Ch.00320）
长：26.3 cm；宽：3.4 cm
晚唐—五代（9—10世纪）

图160-1 红色絁局部

　　红色絁残片，呈狭长形。该件织物在织造时通过两梭细纬与一梭粗纬交替织入的方法，使表面呈现出畦纹效果，应该就是史料中所称的絁。《宋本玉篇》云："絁，经纬粗细经纬不同者"，唐代官营作坊中有专门的絁作，租庸调中亦可交纳絁，反映了絁的大量存在。絁织物在辽宋时期更为流行，出土实物中亦多这类织品 [注]。（XZ）

[注] 赵丰，2000: 70-81。

蓝色
161 杂宝卷云纹缎

MAS.943（Ch.00482）
长：3.8 cm；宽：10.5 cm
晚清（20世纪初）

图161-1 犀角纹样局部

　　长方形暗花缎织物，蓝色，一侧可见明显折痕。织物以正反五枚缎纹织成，杂宝卷云纹样，杂宝中可以确认的是犀角，图案纬向循环约为 4.7 cm。从这件织物的组织结构、丝线加工及使用的图案来看，其年代远晚于藏经洞内发现的其他织物，应该是王圆箓开启藏经洞之后混入的晚清织物。（ZF）

夹缬

赵 丰*

夹缬是用两块雕刻成凹凸对称的花板夹持织物进行防染印花的工艺。花板凸出之处不能上染色彩，而花板凹入之处则可以上染，图案由此得出。夹缬也可以通过防染区域的隔离，进行单色或是多彩印花。

一、夹缬的记载

夹缬发明于唐代。据北宋王谠《唐语林》援引《因话录》载："玄宗柳婕妤有才学，上甚重之。婕妤妹适赵氏，性巧慧，因使工镂板为杂花，象之而为夹缬。因婕妤生日，献王皇后一匹，上见而赏之，因敕宫中依样制之。当时甚秘，后渐出，遍于天下。[1]"据《旧唐书·玄宗纪上》："开元十二年七月乙卯，废皇后王氏为庶民"，因此，其发明应该在开元十二年（724）之前。

夹缬发明之后，其名频见于唐代史料。新疆吐鲁番文书《天宝年间行馆承点器物帐》载有"夹缬"被子之名（TAM193，348，391），可能是目前所知关于夹缬最早的文字记载；著名诗人白居易的《玩半开花赠皇甫郎中》诗云："成都新夹缬，梁汉碎胭脂。[2]"此诗成于大和八年（834），诗中所称梁汉之地属今四川境内忠州和广汉。陕西扶风法门寺地宫出土《应从重真寺随真身供养道具及恩赐金银器物宝函等并新恩赐到金银宝器衣物帐》（874）载："红罗裙二幅各五事，夹缬下盖各三事已上惠安皇太后施"。

敦煌出土文书中多次提及的"缬缬"（S.5680）和"甲颉"（P.4975），亦是指夹缬。P.2613《唐咸通十四年（873）正月四日沙州某寺交割常住物等点检历》中也有多处提到敦煌当时使用夹缬的情况，用夹缬制作的物品有"夹颉团伞子贰""夹缬伞子壹""黄夹缬大伞壹""团绣伞子壹，绯绢者舌，夹缬带""番锦腰杂汉锦夹缬者舌花带伍拾肆""夹缬幡伍口""青吴绫裙，长贰丈参尺伍寸，红锦腰，阔肆寸，青夹缬里"。这里的夹缬可以用作幡、伞、带、裙等，充分说明夹缬在敦煌当地使用之广泛。

二、夹缬的实物

目前所知唐代夹缬的出土，有吐鲁番出土的白地葡萄纹印花罗（64TAM38）和天青地花卉印花绢（72TAM216），均是天宝十载（751）之后的产物（图54）。此外在青海都兰吐蕃墓中也有出土，但最为集中的发现则属敦煌藏经洞。同时期较远的夹缬发现是在俄罗斯北高加索地区的莫谢瓦亚巴尔卡（Mochevaya Balka），同墓还出土有汉文纸质文书，当为唐代夹缬无疑。此外较为大量的收藏是在日本奈良正仓院，其中肯定有不少属于唐代夹缬，但也有可能部分为日本的仿制品。

在敦煌夹缬中，除一件蓝地白点纹夹缬绢（Ch.00510，MAS.932，L:S.555）为单色夹缬外，其余均为彩色夹缬。可见下列一览表（表1）。

图54 吐鲁番发现的夹缬作品

* 赵丰，浙江大学艺术与考古学院求是特聘教授。
[1] 王谠，1987：405。
[2] 韩伟，1991：27。

表1 敦煌夹缬一览表

夹缬名	色彩	图案循环	夹缬板长度	用途	收藏编号	图录编号
1 花卉纹夹缬绢	蓝、浅褐色印，黄色染			幡头	MAS.886	018
2 花卉纹夹缬绢	蓝、橙褐色印，黄色染			幡身	L:S.291-294	016~020
3 簇六球路朵花纹夹缬绢	浅黄、蓝	6.5cmx11.5cm	大于46.5cm	幡身	1919.0101.0.127	021
4 方胜朵花夹缬绮	蓝、橙色印，黄色染	18cmx18cm		幡身	MAS.880, L:S556	022
5 蛱蝶团花飞鸟夹缬绢	蓝、橙			幡身	L:S.552	024
6 卷草团花夹缬绢	蓝、黄			幡身	L:S.545	028
7 团窠盘鹤夹缬绢	红、黄			幡身	L:S.621	026
8 十样花纹夹缬绢	蓝、红褐色			幡身	L:S.297	033
9 朵花团窠对鹿夹缬绢	蓝、橙褐色印	直径约56.0cm	约57.6cm	幡身	MAS.874、875	025、164
10 十样宝花纹夹缬绢	蓝、红色印，绿色染			幡头斜边	L:S.683	041
11 鸟衔花枝夹缬绢	蓝、红褐			百衲经巾边	MAS.856	079
12 宝花纹夹缬绢	红、褐			百衲经巾片	MAS.856	079
13 对马夹缬绢	蓝、褐色	纬向55.0cm	大于54.0cm	大幡身	MAS.885.a	162
14 朵花团窠对雁夹缬绢	蓝、红褐色印，黄色染	约28.3cm		幡身	MAS.876、877	163
15 团窠格力芬夹缬绮	蓝、红褐、黄			残片	MAS.944.a-c	165
16 簇六团花夹缬绢	蓝、红色印，黄色染			残片	L:S.546、558、592、682	166
17 十样花纹夹缬绢	蓝、红褐印			幡身	MAS.931, L:S.544	167
18 连叶朵花夹缬绢	蓝、红色印，黄染			残片	MAS.878.a-b, L:S.591	168
19 花卉纹夹缬绢	褐地、蓝、红色印，黄染			残片	L:S.554	169
20 团花纹夹缬绫	蓝地、黄			残片	L:S.411	170
21 团花夹缬绢	蓝、红褐色印，黄色染			幡足	L:S.541	171
22 缠枝纹夹缬绢	红、绿			残片	MAS.1131	174
23 宝花纹夹缬绢	褐			残片	Hir.14 Oct 04/24	175
24 蓝地白点纹夹缬绢	蓝			残片	MAS.932, L:S.555	172
25 团花夹缬绢	蓝、红褐			残片	MAS.881	173
26 夹缬绢	红、黄			经卷系带	S.2116	078
27 夹缬绢	红、黄			经卷系带	S.490	077
28 夹缬罗结	红、黄			罗结	MAS.914	012

注：以上夹缬作品共有28种，其中大多数有较为完整的图案，少量较残，无法看清其图案全局，只能知道其色彩或图案题材。

三、夹缬的图案

从图案题材来看，唐代夹缬大量采用的是盛唐及中唐时期的团窠花卉。其中最为典型的是团窠宝花，如百衲经巾中的一件宝花纹夹缬绢（MAS.856）和宝花纹夹缬绢（Hir.14Oct04/24）的宝花都是唐代极为经典的宝花，使用一个主花和一个辅花交替排列。其他一些花卉纹夹缬绢（MAS.886，L:S.291-294）和十样花纹夹缬绢（MAS.931，L:S.297、L:S.544）循环较小的是从柿蒂花或者十样花发展而来，它们大多采用一种主花二二错排形成图案。这些花卉与同时期织锦上的图案有较大区别，宝花的外形有时会变得呈方形。但这些团窠花卉图案到晚唐时也发生了不小的变化，有时是花花之间以十字形的叶子交错相连，风格有些类似宋代的篮文和四出图案，如连叶朵花夹缬绢（MAS878，L:S.591）。有时则以方胜骨架进行显花，方胜朵花夹缬绮（MAS.880，L:S.556）。敦煌夹缬图案中还出现了以簇六结构进行排列的图案，如簇六球路朵花纹夹缬绢（1919.0101.0.127）及簇六团花夹缬绢（L:S.546、L:S.558、L:S.592、L:S.682），将主题花卉进行二二错排，并在错排之间穿插其他花卉，而且后者的花卉的变化更多，明显带有唐代后期及五代时期的风格。

夹缬之中另一类图案带有动物题材，有对马、对鹿、格力芬以及雁、鹤和鸟等。马、鹿和格力芬都是丝绸之路上十分流行的题材，它们在敦煌夹缬上的出现明显反映了当时的文化交流。对马夹缬绢（MAS.885）上马的造型十分古拙，与唐昭陵前六骏的造型颇为神似，其中一对马身上还有斑点纹和卍字纹。朵花团窠对鹿纹夹缬绢（MAS.874、MAS.875）十分明显带有初唐时团窠联珠纹的遗风，但与织锦中的鹿纹相比更为轻健，显然是东方鹿的造型。格力芬为鹰喙狮身，是传说中守卫中亚黄金宝藏的神兽，这一题材在唐代开始出现在丝绸上，但还非常少见，敦煌的团窠格力芬夹缬绮是十分难得的一件（MAS.944.a-c）。而雁、鸟等在唐代中期之后官服上特别常见，到唐晚期更加流行，这里的鸟衔花枝夹缬绢（MAS.856）正是唐代官服图案的模仿。而另一类团窠中的双鸟已采取了朝同一方向飞转的喜相逢形式，与唐代早期的对鸟形式不同，如团窠盘鹤夹缬绢（L:S.621）和蛱蝶团花飞鸟夹缬绢（L:S.552）。

四、夹缬的工艺

在敦煌藏经洞中，虽然夹缬作品发现不少，却很难找到完整的夹缬板尺寸。但我们一般可以推测这些夹缬都将织物以一个门幅对折的方式进行夹持染色，因此，夹缬板的宽度总是在半个门幅左右。当时的织物幅宽均在二尺四寸，约在50.0cm，因此夹缬板的宽度就在25.0cm左右。如对马纹夹缬绢的幅宽为52.8cm，其夹缬板的宽度就应在26.0cm左右。再如团窠朵花对鹿夹缬绢保存了一个完整的半幅鹿，可知其夹缬板宽26.8cm。

夹缬板的长度可以根据图案的情况而变化。团窠花卉对雁夹缬绢的两件织物可以拼出图案的重复循环，因此可以知道其板长应与板宽基本相等，为28.3cm。较长的应是团窠朵花对鹿夹缬绢，其一个团窠的图案在经向只有一个不循环，因此夹缬板的长度约为宽度的两倍，约为57.6cm。

　　多彩夹缬的关键是在夹缬板上雕出不同的染色区域，使得多彩染色可以一次进行，此时花板必须有框。我们可以从一些夹缬作品的幅边处看到部分未染色的区域，正是花板边框夹持后无法上染的遗痕。不过，唐代夹缬色彩总数并非完全等于雕板时设计的色彩区域数。现在我们看到的大量敦煌夹缬在染缬时通常只有两色，多为蓝、橙（有时呈红褐色，可能是红色褪色造成）两色。但在染缬完成之后又用黄色在作品上进行局部染色，结果是，当黄色染在蓝色上时形成绿色，当黄色染在红色上时又呈橙色，如方胜朵花夹缬绢、团花纹夹缬绢等。此时，用两套色彩的一套雕板加上手染最后可以得到四种色彩。而连叶花朵夹缬绢用两套雕版，一套染蓝、一套染橙，其中一个区域重叠变为褐，再加手染黄色，又可得到绿色和浅橙两色（图55）。

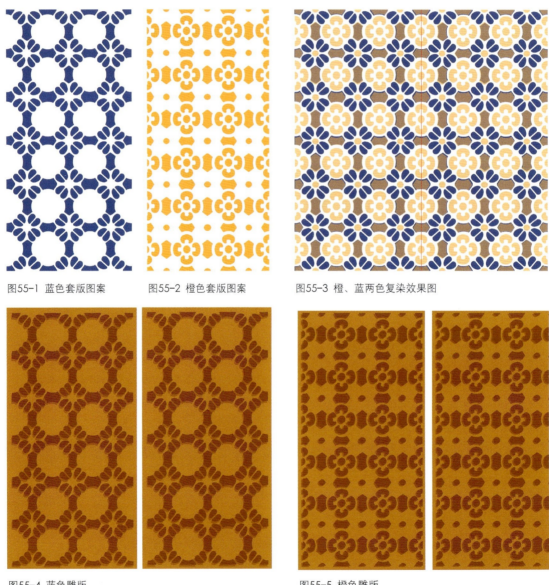

图55-1 蓝色套版图案　　　　图55-2 橙色套版图案　　　　图55-3 橙、蓝两色复染效果图

图55-4 蓝色雕版　　　　　　　　　　　　图55-5 橙色雕版

图55 连叶朵花夹缬绢套版图案示意

对马夹缬绢　162

MAS.885.a-b（Ch.00357）
a 长：67.5 cm；宽：52.8 cm
b 长：66.0 cm；宽：55.0 cm
中唐—晚唐
（8 世纪下半叶—10 世纪）

a

b

　　两片有完整幅宽的长方形丝织物，一片为对马图案的夹缬绢，另一片只是平纹绢。两片原来钉缝在一起，一片作表面，另一片作背衬。一对马身上饰有卍字纹，另一对马身上则饰有斑点。织物的底部另有一对马可见马腿，但马腿方向相对，正说明在这两行马之间是夹缬制成时的折叠中轴线。这样可以推测夹缬板的长在 76.0 cm 左右 ❶。平纹绢的尺寸与夹缬绢基本相同，但在角上缝有一长 15.0 cm 的绢带。根据斯坦因的描述，这一绢带可能是一件幡头的斜边。而且，斯坦因认为这一题材无疑受到萨珊波斯的影响，不过，这种小马矮脚、大肚，有着明显的蒙古马特征 ❷。（ZF）

❶ WHITFIELD R, 1983: p.293.
❶ STEIN M A, 1921b: vol.II, pp.910–911.

朵花团窠
163 对雁夹缬绢

唐代（7—9世纪）

MAS.876（Ch.00304.a）
长：23.8 cm；宽：23.8 cm

MAS.877（Ch.00304.b）
长：25.8 cm；宽：25.8 cm

　　两片用夹缬制成的丝织品残片，均为正方形。一件 MAS.876.a 中带有一对大雁和四分之一的团窠，而 MAS.876.b 中只有半只大雁，但却有更多的十样辅花以及 0.3 cm 宽的幅边。两件织物原为相邻的两片，正好可以拼在一起，图案已由斯坦因复原。图案分团窠和十样花两个主题，团窠中间是四瓣花，然后是四对大雁，团窠环由联珠小团花组成。图案的经向循环约在 56.6 cm，纬向循环不明，但应与此相近。夹缬染色包括两种基本色彩，一是橙色用于染雁、花和团窠环的底色，二是蓝色用于染地、团窠环、小联珠环以及团窠环内的叶子，十样花上的叶子由于在蓝色上加绘了黄色而呈现出绿色。同样图案的夹缬绢幡在艾尔米塔什博物馆中也有收藏（Дх51）。（ZF）

图163-1 朵花团窠对雁夹缬绢图案复原

朵花团窠
对鹿纹夹缬绢 164

MAS.874.a-b（Ch.00291）
a 长：30.2 cm；宽：16.5 cm
b 长：28.7 cm；宽：10.9 cm
晚唐（9世纪）

a

b

图164-1 朵花团窠对鹿纹夹缬绢图案复原

　　两片用夹缬制成的长方形丝织品残片。其团窠的尺寸可由这两片织物与另两件织物进行比较后得出，一件是大英博物馆所藏斯坦因织物中的MAS.875，另一件是现藏艾尔米塔什博物馆中的Дх55，其直径大约应为56.0 cm。这样的图案大于所用平纹绢的织物幅宽，因此，图案中的团窠一边已越过在 MAS.875上的幅边。夹缬染色包括两种基本色彩，一是橘红色主要用于染地；二是蓝色用于染鹿本身、树纹和团窠框架。两种色彩有时重叠，因此团窠环上的朵花由褐蓝和明蓝相间排列，其未染色的图案勾边也没有像一般夹缬作品上的勾边那样清晰。

　　图案为朵花团窠中的花树对鹿，窠外为团花。虽然花树对鹿明显带有中亚西亚的风格特点，但这件夹缬上的鹿纹已不再是粟特织锦上的牡鹿或野山羊，明显是东方常见的鹿纹。同时，联珠团窠也不再是单纯的联珠，而是以朵花连成的团窠环。因此，这一作品年代应该较晚。（ZF）

团窠
165 格力芬夹缬绮

MAS.944.a-c（Ch.00483）
a 长：27.5 cm；宽：13.2 cm
b 长：33.0 cm；宽：13.0 cm
c 长：6.9 cm；宽：14.0 cm
中唐—晚唐（8世纪下半叶—9
世纪）

　　三块长方形由夹缬制成的丝织品残片。这只是一件大型图案中的一个部分，在交绳纹团窠骨架中是传说中守护中亚草原上金矿的神兽格力芬，它鸟首、斑身、带翼、尾如卷草。从团窠的尺寸来看，很有可能保持着蹲的姿势。团窠外也有一只动物有腿、斑身，尾如卷草，应该也是一只蹲着的格力芬。团窠之上还有两朵云纹。格力芬的头、翼、尾等用蓝色染成，而橙色染出其他部分。

　　格力芬的题材在亚历山大东征后，在丝绸之路沿途被广泛使用，但在丝织品上最早出现则要到唐代。其中一件实物是出土于俄罗斯莫谢瓦亚巴尔卡（Mochevaya Balka）的夹缬绢，从团窠内的动物尾巴来看，它很有可能也是格力芬 [1]。这件织物是小方格纹绮，平纹地上纬浮显花，经向循环为 1.0 cm，纬向循环为 0.4 cm。（ZF）

❶ IERUSALIMSKAJA A A, BORKOPP-RESTLE B, 1996: pp.96-97.

a

b

c

图56 出土于俄罗斯莫谢瓦亚巴尔卡的夹缬绢

簇六团花夹缬绢 166

晚唐—五代（9—10世纪）

L:S.682（Ch.xxii.0036）
长：31.0 cm；宽：58.0 cm

L:S.592（Ch.xxii.0036）
长：30.5 cm；宽：33.0 cm

L:S.558（Ch.xxii.0036）
a 长：32.0 cm；宽：18.3 cm
b 长：6.7 cm；宽：8.6 cm

簇六团花夹缬绢 166

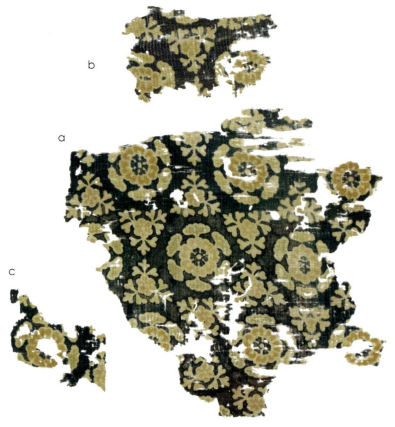

L:S.546（Ch.xxii.0036）
a 长：30.5 cm；　宽：33.0 cm
b 长：9.5 cm；　宽：16.0 cm
c 长：10.5 cm；　宽：10.0 cm

　　收藏于维多利亚与艾尔伯特博物馆中的这 7 件夹缬绢残
片应该曾属于同一匹织物，其中有四片较大的织物（L:S.682、
L:S.592、L:S.558、L:S.546）均带有幅边。

　　纹样被对称地刻在两块木板上，分为地、花和叶三个区
域，然后将这两块木板中间夹上丝织物，再根据纹样不同部
位染色的需要决定木板上开孔的情况，最后在原为白色的绢
上染色后成为深蓝色地上绿色叶和橘红色花的图案。在染色
时，织物曾被折叠，以求用较小的花板染成较大面积的夹缬
作品。（HP）

十样花纹夹缬绢 167

盛唐—中唐（7世纪下半叶—9世纪上半叶）

两件夹缬丝织品，一件较为完整（L:S.544，Ch.lxi.005），另一件较为残破（MAS.931，Ch.00309.a），前者还有一条较为完整的幅边。其图案为排列紧密的四朵橙色的花及其蓝色的叶子，经向循环 6.5 cm，纬向循环 5.0 cm。未染色的白色图案勾边非常清晰也很均匀，这说明这件夹缬原来可能在同一套夹缬版上同时染成两种颜色，图案中心处损失了部分花芯，正是夹缬工艺需要织物在此折叠染色而造成的一个特点。

此夹缬采用的图案仍然带有唐代早期的某些特点，与盛唐时期的十样花纹极为相似。这种十样花比宝花来得简洁，并且在图案布局上没有主花和辅花之分。因此，此件夹缬的年代可能在盛唐和中唐之际。

有可能是在印制时采用了偏碱性物质，导致这两件作品的保存状况较为脆弱。藏于维多利亚与艾尔伯特博物馆的一件于 1962 年经过保护加固，在织物背面加衬了一层白色织物。奇怪的是，其编号 Ch.lxi.005 并没有出现在斯坦因的著作《西域考古图记》中关于敦煌所得织物的总表里，这可能是因为其原始编号在维多利亚与艾尔伯特博物馆期间被人误读。（HP）

MAS.931（Ch.00309.a）
长：24.5 cm；宽：12.0 cm

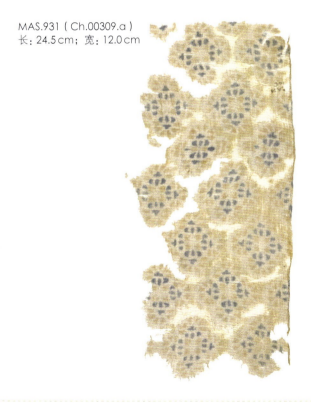

L:S.544（Ch.lxi.005）
长：54.7 cm；宽：28.0 cm

168 连叶朵花夹缬绢

中唐—晚唐（8世纪下半叶—
9世纪）

MAS.878.a-b（Ch.00305）
a 长：16.5 cm；宽：9.2 cm
b 长：16.5 cm；宽：6.0 cm

L:S.591（Ch.00305）
长：45.5 cm；宽：12.2 cm

　　图案为排列紧密的四瓣朵花及其相连的叶子，经向循环 3.0 cm，纬向循环 3.5 cm。夹缬染色包括两种基本色彩，一是橙色用于染花；二是蓝色用于染叶，花叶之间空隙处的棕色由红、蓝两色叠加而成，而部分叶子的绿色则是在蓝色叶子上加涂一层黄色而成。在大英博物馆收藏的较小残片上，部分图案因织物被折叠染色而缺略，正是夹缬图案的轴对称处。

　　同类的夹缬作品在敦煌藏经洞共出有 4 片。此处的两片现藏大英博物馆，一片现藏维多利亚与艾尔伯特博物馆，该片织物上还用红色的丝线缝着一片带有幅边的黄色绢类织物。另一片与一片麻布织物缝在一起。（HP）

花卉纹夹缬绢 **169**

L:S.554（Ch.00376.a）
长：29.5cm；宽：6.5cm
唐代（7—9世纪）

这些残片原来是某一幡身的一部分。一片是淡棕色绢和另一片夹缬绢相缝在一起，其夹缬纹样为成簇的花卉纹，底色为棕色，花色为红，花芯为绿和黄色，其中的绿色很明显是在夹缬染成的蓝色上加染黄色而成的。此外，还有两块带有夹缬纹样的小残片，一块带有草绿、蓝、黄色，最小的一片红、白相间，从纹样风格和夹缬技术来判断，它们并不一定是从大片上分离出来的。（HP）

170 团花纹夹缬绢

L:S.411（Ch.00502）
长：31.5cm；宽：12.0cm
唐代（7—9世纪）

这件提花丝织物上有蓝地团花夹缬纹样，纹样较大，但由于残存织物太小，难以了解纹样的全部。不过，该织物的织地也有纹样，可见较大的、由标准斜纹生产的菱格纹样。织物还有一条完整的幅边。（HP）

171 团花纹夹缬绢

L:S.541（Ch.00372）
a 长：56.0 cm；宽：5.7 cm
b 长：11.5 cm；宽：5.7 cm
唐代（7—10世纪）

图171-1 团花纹夹缬绢图案复原

a

b

　　这件夹缬绢织物残片原来可能是幡的幡足或是幡带。其夹缬纹样是一种循环的四瓣团花，以浅褐色作地，夹缬染成的纹样颜色中有蓝和浅褐两种，另再用黄色加染在蓝色上，最后形成绿色，部分黄色遗留在图案中。

　　幡带两侧卷起并撬边，一端缝合了其他残破的织物，应该是幡身的残留。（HP）

蓝地
白点纹夹缬绢 　172

盛唐（8世纪）

L:S.555（Ch.00510.b）
长：17.3 cm；宽：5.6 cm

MAS.932（Ch.00510.a）
长：16.7 cm；宽：5.6 cm

　　这是两小片狭长形平纹绢夹缬制品残片，它们可能曾是一件幡上悬襟的两个部分[1]，但现在分藏于大英博物馆和维多利亚与艾尔伯特博物馆。夹缬图案极为简单，蓝色地上显白点花。同样的织物在敦煌莫高窟也曾出土过一件，现藏于敦煌研究院，时属盛唐天宝年间[2]。根据王㐨的详细研究，这件夹缬由两块简单的夹板和一种极为特殊的叠法加工而成[3]。不过，王㐨将其作为绞缬方法之一，事实上，由于这件作品年代较早，不仅其图案可以视作是对绞缬的模仿，而且其工艺也可以看作是在绞缬与夹缬之间的过渡形态。（HP、ZF）

❶ WHITFIELD R, FARRER A, 1990: p.131.
❷ 敦煌文物研究所, 1972b: 55-67。
❸ 王㐨, 2001: 82-97。

173 团花夹缬绢

MAS.881（Ch.00308）
长：16.5cm；宽：9.0cm
中唐—晚唐（8世纪下半叶—
10世纪）

图57 艾尔米塔什博物馆藏团花夹缬绢幡

用夹缬制成的丝织品残片。图案为
两朵团花以及部分枝头上的叶子和小花。
图案包括两种基本色彩，一是黄色（也
可能是红色的褪色）用于染花，二是蓝
色用于染叶。花叶之间的空隙非常均
匀，宽度保持在0.15cm左右。织物上
还有一处为夹缬的对称轴，夹染时织物
在此折叠。艾尔米塔什博物馆也收藏有
一件可资比较的幡（Дх 56、Дх 203а、
Дх 208）[1]（图57），制幡所用织物包括
幡身、幡带和幡头等都与此件织物基本
相同，因此，此件织物可能来自一件用
同样织物制成的幡。（ZF）

[1] 魏同贤，孟列夫，1998：图175。

缠枝纹
夹缬绢残片 174

MAS.1131
长：15.0 cm；宽：2.9 cm
中唐—晚唐（8世纪下半叶—10世纪）

用夹缬工艺制成的丝织品残片。图案已不完整，但可见橘红色地上的绿色缠枝纹。花地之间的白色轮廓粗细不匀，可能是因为图案由两套不同的夹缬版制成。（ZF）

夹缬地
墨印佛像绢片 175

Hir.14 Oct 04/24
长：12.7 cm；宽：12.5 cm
盛唐—中唐（7世纪下半叶—9世纪上半叶）

正方形绢残片，使用织造、夹缬及墨印绘三种工艺制成。织物以平纹绢作底，用夹缬工艺染出高约5.5 cm、宽6.8 cm的红棕色宝花纹样，然后在其上用墨印出高6.1 cm、宽4.3 cm的佛像，其中一个较为完整，另三个仅见局部，在印制时佛像间的距离约为经向0.3 cm，纬向1.8 cm、2.3 cm。（ZF）

图175-1 夹缬宝花图案复原

云鸟花卉纹
176 手绘幡带

MAS.884（Ch.xxiv.009）
长：35.0cm；宽：11.5cm
晚唐—五代（9—10世纪）

　　四经绞罗垂带，一端平、一端尖。图案为手绘花间飞鸟和卷云，桔黄色地上绘黄绿色的图案，黑色勾边。周边用棕色丝线手工卷边，边宽0.1~0.3cm。这种图案布局已和辽宋时期流行的球路骨架或方胜骨架相似，因此这件作品的年代应该偏晚。（WL）

177 彩绘花鸟纹绢

MAS.1128
长：40.0cm；宽：6.5cm
晚唐—五代（9—10世纪）

　　方形彩绘绢织物，织物中间位置上是一只正面而立的鸟，但头部已缺。左边有一鸟正向其飞去，此鸟上方位置有一尾羽，右侧则可见一鸟喙，应分属另两只鸟的局部，在飞鸟右侧则是三角形适合花卉纹样，所有的图案均以墨线勾边，红、黄色彩绘。（WL）

伞盖纹 银泥绢幡头　178

Hir.24 Oct 04/9.1a
长：31.2cm，宽：57.7cm
唐代（7—9世纪）

　　这件织物可能原是一件幡的幡头部分，外形呈三角形。以红色绢为地，上绘银色伞盖纹样。伞盖顶上为一莲花纹，下连华盖。（ZF）

红绫地银泥幡身　179

L:S.379.a-b（Ch.00498.a-b）
长：35.0cm，宽：61.0cm
晚唐—五代（9—10世纪）

　　此件织物残损非常严重，它由用乳白色丝线缝合而成的两块织物组成。斯坦因认为，它曾是某一悬挂物上的一部分❶，很有可能就是幡身。这两片绫织物一为浅红色，一为深红色，上有银白色手绘纹样。上半部分深红色绫织以宝花纹样，上面再绘伞盖及流苏纹，下半部分浅红色绫织有团窠卷云，与内蒙古阿鲁科尔沁旗出土的辽代刺绣卷云纹十分相似❷，上面再绘莲花纹样。可惜的是，织物大部分已经腐烂，图案已无法复原。
　　维多利亚与艾尔伯特博物馆的伯齐奥博士（Dr Lucia Burgio）曾用ArtTAX XRF光谱仪，分析过图案所使用的银白色颜料。深红色织物上的银白色装饰，显示颜料中有银和微量的铁、铜、金和铅；浅红色织物上的银白色装饰，显示颜料中有锡和少量的铁和铜，或者是少量的铁和锌。不过，总体而言，这类幡还是可以称为银泥幡。（HP）

❶ STEIN M A, 1921b: p.1006.
❷ 赵丰，2004：155。

黄地
180 彩绘花卉纹绢

L:S.298（Ch.00439）
长：50.0cm；宽：47.0cm
唐—五代（7—10世纪）

图180-1 彩绘图案复原

此件黄色绢相当大，上绘花鸟图案，图案已
不完整，但仍可以看到如梭形的花簇呈球路状分
布，中间是一朵极为写实的牡丹花，两侧有鹊和折
枝花卉。

彩绘颜色为红和蓝，并用黑色描轮廓。维多
利亚与艾尔伯特博物馆的伯齐奥博士曾研究过彩绘
所用的颜料。据分析，黑色的区域里有炭的成分，
而在靠近红色区域的地方可见辰砂的成分。

此件彩绘织物还和另一片黄色绢用红色丝线缝
合在一起，上面还有一层连叶朵花夹缬绢，与大英博
物馆和维多利亚与艾尔伯特博物馆所藏的另三片连叶
朵花夹缬绢完全相同（见图录168，MAS.878.a-b、
L:S.591）。斯坦因认为它曾是用于供养的百衲织物的
一部分[1]。（HP）

❶ STEIN M A, 1921b: p.1000.

手绘花鸟纹麻布 181

Stein Asia 145+
长：56.0 cm；宽：94.6 cm
中唐（8世纪下半叶—9世纪上半叶）

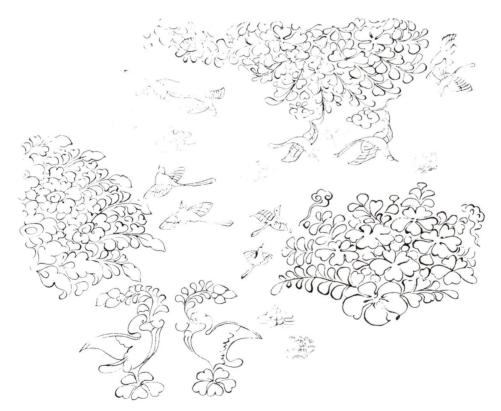

图181-1 彩绘图案复原

手绘花鸟纹麻布 181

图181-2 手绘花鸟纹局部

图58 新疆吐鲁番阿斯塔那381号墓出土的花鸟纹锦

　　这件麻布较大，两侧均带有完整的幅边，可知其幅宽应为56.0 cm。布上主要以墨勾淡彩绘出花鸟纹样。共有三簇较大的花丛，似为牡丹花和其他花卉的结合，花簇之间飞舞着众多的练鹊和小鸟，约有13只之多，还有一对衔着折枝花的大雁。此外隐约还可以看到红色绘出的云山纹样。这一图案与敦煌所出较多的麻布画风格有一定区别，显得更为写实，更为自由。其图案布局与新疆吐鲁番阿斯塔那381号墓（墓中同出778年文书）出土的花鸟纹锦十分相近❶，正是王建在《织锦曲》中所说的"蝶飞参差花宛转"的景象。(ZF)

❶ 新疆维吾尔自治区博物馆，出土文物展览工作小组，1973: 图44。

刺 绣

赵 丰[*]

图59 新疆楼兰出土的锁绣实物

图60 敦煌所出北魏刺绣人物局部

图61 敦煌所出北魏刺绣人物局部

* 赵丰，浙江大学艺术与考古学院
求是特聘教授。
[1] 敦煌文物研究所，1972a: 54–60。
[2] 盛余韵，2003: 64–80。

一、刺绣的起源

中国刺绣的起源很早，不过，最具特色的针法一直是锁针绣（图59）。这种针法早在商周时期便已出现。从商代包裹青铜器的丝绸印痕和西周时期丝绸荒帷在泥土上留下的印痕来看，当时采用的正是锁针绣法。战国秦汉时期，锁绣已成为出土丝绸刺绣实物中的主流绣法，而且从锁绣派生出许多衍生工艺。

二、莫高窟早期的刺绣

敦煌莫高窟出土的刺绣数量也不少，其中最早的一件是北魏时期的刺绣佛像及供养人（图60、图61）。此件刺绣于1965年发现于敦煌莫高窟第125窟和第126窟前室，原来可能曾悬挂于寺庙之中供养，现已残破，但仍可从残破中推知该刺绣自上至下起码包括佛说法图、发愿文、供养人和边饰等部分。供养人之一是洛阳广阳王，据考证为第二代广阳王元嘉，法名慧安，他于北魏太和十一年（487）在洛阳制作了此件刺绣，并通过僧人带到敦煌供奉[1]。

这一刺绣采用的针法初看是锁绣，但事实上已经是劈针。劈针与锁针的最大区别是劈针的绣线直行，而锁针的绣线呈线圈绕行。劈针在现代刺绣针法分类中属于接针的一种，后一针从前一针绣线的中间穿出再前行，在外观上看起来与锁针十分相似，但技法上比锁针相对要方便得多。有人指出以刺绣制作佛像是因为祈福，因为每一针就代表了一句颂经、一粒佛珠、一次修行。因为刺绣佛像是为了布施，刺绣这一过程本身也就能积福了，一针即一福[2]。锁针虽然是当时中国绣工所惯用的针法，但用于制作大面积大密度的作品，毕竟费时费工。因此用劈针代替锁针，表观效果基本相似，但效率大大提高，可以说是当时刺绣技法的一大进步。

三、劈针绣

敦煌佛教寺院里所使用的这类佛教题材的刺绣应不在少数。敦煌P.3432《龙兴寺卿赵石老脚依蕃籍所附佛像供养具并经目录等数点检历》中提到有"佛屏风像壹合陆扇，绣像壹片，方圆伍尺；生绢阿弥陀像壹，长肆尺，阔叁尺壹寸；绣阿弥陀像壹，长叁箭，阔两箭，带色绢；末禄缬，绣伞壹，长壹丈柒尺，阔壹丈，无缘，新。"据考证，一箭约为50.0cm，则此绣阿弥陀像约高1.5m、宽1m，较我们目前看到的佛像绣略小。

敦煌藏经洞出土的刺绣作品中以佛教为题材的作品全部采用了劈针，正是对刺绣积福的最好证明。不过，仔细考察其中的凉州瑞像（MAS.1129）和绢地刺绣立佛（MAS.911）又可以看到这些刺绣正处于一个变化的阶段。

刺绣凉州瑞像是以劈针绣成的一件巨型刺绣。由于作品巨大，它使用了绢和麻布两层绣地，大多数针脚较长，大约在 0.8~1.0 cm。这些针法明显是早期劈针绣的拉长，显得较为粗疏，但也比较适合于大型作品的生产。不过，正是这些针脚较长的劈针，事实上已和一般的直针差异不大，可以把这类劈针看作是在平绣之间的一个过渡（图 62）。

刺绣小立佛中采用的劈针还是较为致密，与当时其他的刺绣佛像并无不同，如刺绣千佛帐（原件藏印度国立博物馆，但其中一残片 L:S.559 现藏维多利亚与艾尔伯特博物馆）。不同的是，这件立佛除劈针外还采用了钉金绣，这开启了晚唐五代大量使用钉金银绣的先河。

图62 凉州瑞像中的局部劈针

四、平绣

目前所知平绣的大量出现是在敦煌藏经洞和扶风法门寺地宫，这与唐代刺绣生产的发展有着密切的关系。刺绣不仅用于祈福，而且被用于显示豪华的装饰品，史载玄宗时贵妃院有刺绣之工七百人，规模极大，她们的主要工作应该是制作日用装饰性刺绣。在这样的情况下，提高刺绣效率，大量采用平绣成为一种必然的发展趋势。敦煌 P.3432《龙兴寺卿赵石老脚依蕃籍所附佛像供养具并经目录等数点检历》中提到的刺绣有"故菩萨绯绫披，并有绣花，色绢里，锦缘及锦绢带"，"阿难裙，杂锦绣并杂绢补方"，"故四福锦绢幢壹，罗锦绣者舌"，"故绯绣罗额长壹箭半，白绣罗额两段，壹箭半"，"圣僧座绣褥壹"。因此，我们可以看到的绣品用途有披、带、褥、伞、幢、幡等各种各样，这些刺绣中有不少则以残片形式保存下来。

敦煌所出的平绣不在少数，如蓝罗地彩绣花鸟（L:S.525）、罗地花卉鹿纹绣（MAS.912）（图 63）。它们大量地以罗为地，在罗背后再另衬一层绢。这种风格一方面继承了战国秦汉时期经常用罗地进行刺绣的传统，但同时也是因为它们是日用刺绣，不必像刺绣佛像那样致密，因此，罗地可以被看到。而且这种风格一直影响到宋元时期，辽金时期的服饰刺绣通常都是罗地绢衬，这正是这一传统的沿续。

图63 敦煌发现的平绣局部

同时，敦煌平绣中也经常加入钉金绣勾边的技法，如花鸟纹刺绣（MAS.857）、花卉纹刺绣（MAS.915，L:S.524、L:S.600）及盘龙纹刺绣（L:S.528），采用圆金线或片金线进行钉金绣勾边。这种方法在扶风法门寺地宫出土物中所见极多（图 64），说明它是一种较为富贵的绣法，而且也流行于辽金时期，被称为"压金彩绣"。

图64 法门寺出土的压金彩绣局部

五、图案

平绣的图案基本以花卉为主，其中再穿插不同的动物，较多的是燕鹊和飞蝶之类，还有雁也是当时极为流行的题材，有时也有鹿。这与宋元时期的花鸟纹刺绣和缂丝作品十分相似，也与唐代诗文中所描述的当时的时尚一致。

凉州瑞像   182

MAS.1129（Ch.00260）
长：241.0 cm；宽：159.5 cm
盛唐—中唐（7世纪末）

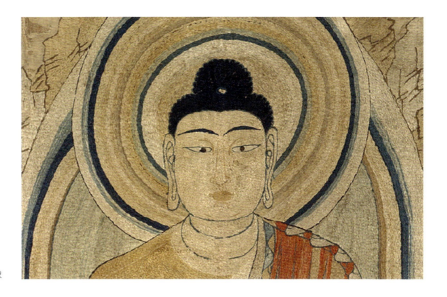

凉州瑞像

　　此巨型绣像之前被认为表现了释迦牟尼在灵鹫山说法的场景，但从佛左手提袈裟衣角、右手袒露下垂的姿态来看，刺绣表达的应为凉州（今甘肃武威）瑞像。传北魏孝明帝正光元年（520），如高僧刘萨诃（345—436年间活跃在甘肃一代）的预言，番禾郡（位于武威西）的一座山中出现了一座无头佛像，社会动乱，40年后佛头被发现并安置，环佛像建寺，天下才达天平。距凉州不远的敦煌莫高窟中也频频出现这一形象，其造型恰好就是左手执襟、袒垂右臂的标准姿态，如第203窟（初唐）、300窟（盛唐）、72窟南壁（五代）、98窟（五代）。由此可以看出凉州瑞像在丝绸之路河西走廊上的巨大影响力❶。

　　此绣像是目前已知规模最大、保存最完整的唐代刺绣作品。为使刺绣牢固，绣像使用了本色绢背衬以本色麻布两层绣地，并使用了劈针针法，大多数针脚较长，为0.8~1.0 cm。绣品中心是释迦牟尼，高约137.0 cm，赤脚立于莲座之上，莲座两侧各有一白色狮子，他的身后有背光和头光装饰，头部上方则是一蓝色华盖，华盖两侧各有一飞天形象。释迦牟尼两侧各有一佛弟子和菩萨，均是赤脚立于莲座之上的形象，菩萨基本上完整地保留了下来，但佛弟子除了头部之外，身体的其余部分均已缺失。

　　绣品的右下方跪着四个男供养人，其中一人为和尚装扮，另外三人则均头戴黑色幞头，身穿蓝色圆领袍，身后是一个站立的男性侍者；左下方则跪有四个女供养人，头梳发髻，身穿窄袖绣襦，外罩半臂，身系各色长裙，有的披有披帛，一妇女身旁还跪有一男童，他的尺寸特别小，她们身后站立着一个身穿袍服的侍女。供养人身旁的题记，据马德辩认，上绣有"崇教寺维那义明供养""王□□一心供养"等字样，但多已湮灭不可辨认。崇教寺就在敦煌，维那是僧官官名，在地方作为僧统的副手❷。

　　2018年，此件绣佛进行了一次较为完整的修复和研究。莫尼克·普兰（Monique Pullan）和汉纳·维克斯（Hannah Vickers）实施了这一项目。在修复过程中，大英博物馆的迭戈·坦布里尼（Diego Tamburini）也对这件绣品进行了绣线的染料检测。在橘红、浅粉、红色、粉色、黄色、奶黄、灰黄、紫色、棕色、浅棕、湖色、深蓝、绿色、暗绿、浅绿15种可以区分色彩的绣线中，检测到了红花、苏木、印度茜草、紫草、黄檗、木犀草，以及用于染蓝的靛蓝色素和染棕的单宁类色素❸。

　　关于这件刺绣的年代，斯坦因最初定为唐代，马德认为与332窟创建年代相一致，在圣历（697—700）前后，即7世纪末。史苇湘认为，从男施主的幞头襕衫和女供养人椎髻、窄袖、长裙的服饰来看，应属武周时代（690—705）的作品，最晚也应在开元（713—741）之际。在大英博物馆的修复实施过程中，修复师们又发现了作为刺绣背衬的麻布上有"海贤"两字，看起来很像是一个僧人的法名❹。此名可见于《敦煌应管诸寺僧尼名录》S.02614v中大乘寺（895）的名单，但年代偏晚。但即使如此，我们也可以推测，这件刺绣很可能是由敦煌的僧人订货并提供材料在寺院刺绣完成的。

❶ 史苇湘，1983：5-13。
❷ 马德，2008：71-73。
❸ TAMBURINI D, et al., 2019：1221-1239.
❹ MONIQUE P, HANNAH V, 2018.

绢地刺绣立佛　183

MAS.911（Ch.iv.002）
长：10.9 cm；宽：6.2 cm
中唐—晚唐（8世纪下半叶—9世纪）

图183-1 绢地刺绣立佛局部

　　立佛绣像，以深棕色绢为绣地，其上用蓝、绿、褐、黄等各色丝线以劈针绣出图案，并钉绣片金线以勾边。大部分金箔已脱落，露出黑色背衬物，可能为动物内脏薄膜或类似材料。如果属实，此件刺绣应是国内所知织品中最早使用动物类物质作为背衬的片金实物。

　　佛像立于莲花座上，身披由长方形图案组成的袈裟，袒露右肩，右手持托钵，左手提起袈裟，身后以头光及火焰状背光装饰。所有线条均很流畅，看不到刻意雕琢的痕迹。（WL）

184 刺绣佛头

L:S.559（Ch.00450.c）
长：3.3cm；宽：3.8cm
中唐—晚唐（8世纪下半叶—
9世纪）

在这件刺绣小残片上，作底的黄色绢被刺绣完全覆盖。刺绣采用劈针，纹样为一佛头，佛头有浅黄色的背光，轮廓和鼻子用红色线刺绣，眼睛和眉毛则用深蓝色线刺绣。佛像虽小，但是显得极为安详庄严。

这件刺绣小佛头极有可能原属刺绣千佛帐的一部分❶，后者（Ch.00100）现藏新德里印度国家博物馆。（HP）

❶ STEIN M A, 1921b: vol.4, pl.CV.

图65 印度国家博物馆藏刺绣千佛帐

朱红地
彩绣花卉纹纱 185

L:S.598（Ch.00119）
长：50.0 cm；宽：12.6 cm
五代（10世纪）

此件长方形的绣品以朱红色素纱织物作地，上绣折枝花卉纹样，颜色为淡蓝、蓝、深蓝、绿、白和淡棕色。纹样极为生动细腻，采用平针刺绣，其色彩的晕色与运针方向垂直分段进行，颇具特色。鉴于素纱抑或平针等属于较晚的技法，推测此绣品应是五代时期的作品。（HP）

图185-1 刺绣图案局部

淡红色罗地
186 彩绣花卉鹿纹

MAS.912（Ch.xxvi.003）
长：28.7cm；宽：9.3cm
晚唐—五代（9—10世纪）

　　长方形绣片。绣地两层，淡红色四经绞罗背衬以淡红色绢，史料上称为"罗表绢衬"，我们称其为罗地衬绢绣，但从针法来看则属于平针绣。现在无刺绣部分的罗织物大都已不见，只在鹿角等处保留些许。绣片以各色丝线绣出图案，残留部分的主体纹样为一正视及一侧视的花卉图案，在绣片下方残留有一鹿的头部，上方有一图案，可能是龙尾。（XZ）

图186-1 刺绣图案局部

墨绿色罗地
彩绣花鸟鹿纹　187

1919.0101.052（Ch.00167）
长：30.4cm；宽：17.1cm
晚唐—五代（9—10世纪）

图187-1　刺绣图案局部

　　长方形绣片。原来被钉在一幅编号为SP52绘画作品的左上角，直到1920年左右，在装裱绘画时被取下。绣片有两层绣地，墨绿色四经绞罗背衬以墨绿色绢，可称为罗地衬绢绣。绣片用各色丝线以平针绣出图案，残留部分的图案包括花卉、树叶、飞鸟等，在绣片下方残留有一只奔鹿。（WL）

绿色菱纹罗地
188 彩绣花簇蝴蝶

L:S.626（Ch.00259）
长：65.0 cm；宽：5.5 cm
晚唐—五代（9—10世纪）

图188-1 刺绣图案局部

　　这件长条状绿色菱纹罗本身织有较为稀疏的菱形纹样，背后还衬有一块色彩稍浅的绿罗。两端已残，但中间的刺绣纹样却保存基本完好。刺绣采用平针，纹样包括花簇和一只蝴蝶，花簇的颜色有黄色、橘红色和不同深浅的绿色，蝴蝶以黄色为主，深棕色勾边。

　　斯坦因认为这件绣品曾被用作一幅画的悬襻❶。（HP）

❶ STEIN M A, 1921b: p.983.

绿色几何纹
罗地彩绣朵花 189

L:S.522（Ch.00348）
a 长：14.4cm；宽：18.3cm
b 长：6.2cm；宽：8.0cm
晚唐—五代（9—10世纪）

b

a

图189-1 刺绣图案局部

这件刺绣原是一件罗地衬绢绣，现在还可以看到基本完整的黄褐绢衬，绢的一边还留有幅边。但表层的深绿色四经绞罗除了刺绣附近稍有保留外已经基本不存。刺绣采用的是平针绣，有绿、棕、蓝、黄、乳白和橘红等色，其纹样是折枝花卉，但似乎有着明显的排列规律。（HP）

190 蓝罗地彩绣花鸟

L:S.525（Ch.00281）
长：102.0cm；宽：28.0cm
晚唐—五代（9—10世纪）

斯坦因认为这段条状的蓝色纱罗残片可能曾是某一件丝质悬幡的一部分[1]。然而，织物两条长边上残有接缝的痕迹，并残有一杏色绢。通过研究新德里印度国家博物馆藏另一片同样的织物，山边知行提出这两片织物可能来自一件衣服[2]。这是一个很有可信度的提议，但需要对两地保存的绣品同时进行详细研究后再下结论。

这件绣品上通体绣满鸟纹、蝴蝶纹和花卉纹，纹样都很细小，已经显现了后来成为主流的写实主义风格。刺绣采用的是罗地衬绢绣，用不同颜色的丝线穿过表面的蓝色四经绞罗和作为衬里的蓝色绢，针法可能和红地刺绣经巾（见图录 080）上的刺绣相似，其中大量使用套针，很好地表现了花卉等自然界的景象。（HP）

❶ STEIN M A, 1921b: p.986.
❷ YAMANOBE T, 1979: p.IX (cat. 104).

图190-1 刺绣图案局部

深蓝色菱纹
罗地彩绣花鸟   191

L:S.518（Ch.00446）
长：23.5cm；宽：13cm
晚唐—五代（9—10世纪）

图191-1 刺绣图案局部

　　此件蓝色刺绣罗残片和蓝罗地彩绣花鸟十分相似（Ch.00281），或许正说明它们可能曾经同属一件衣物。但此件刺绣的保存状态也非常不好，表面的深蓝色菱纹罗已经基本不存，只留下一些单独的刺绣纹样，露出蓝色绢的衬里。刺绣采用平针绣，以蓝、白、红和绿色丝线绣出鸟、蝴蝶和花卉纹样。（HP）

白色绫地
192 彩绣缠枝花鸟纹

MAS.857（Ch.xxii.0019）
长：92.0 cm；宽：23.5 cm
晚唐—五代（9—10世纪）

原件为长方形绣袋，对折，两端及一边缝合而成，现已打开拆成一长方形绣片 ❶。绣地两层，白色花卉纹绫背衬白色绢，在绣片一侧可见绢的幅边，宽约0.6 cm。绣片以缠枝花卉为主体纹样，用墨绿、蓝、黄、棕、米、橙等各色丝线以平针绣成，并钉绣捻银线以缘边，花间点缀有以盘金绣绣成的飞鸟图案，每两根金线用棕色丝线同时钉绣。（XZ）

❶ WHITFIELD R, 1983: p.185.

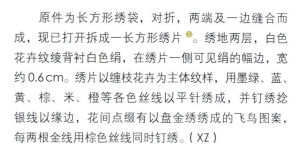

图192-1 刺绣图案局部

深蓝菱格绫地
压金银花卉纹绣 193

晚唐—五代（9—10世纪）

　　这三件残片都是在藏经洞发现的，并共用一个原始编号。以深黑色暗花绫作绣地，菱格纹样，图案经向循环为 0.5 cm，纬向为 0.5 cm，织物表面特别光滑。其上以彩色丝线以平针绣出花卉纹样，并钉缝片金线及片银线勾边，其中片金线以红色丝线钉缝，片银线以白色丝线钉缝，但银箔已被氧化成黑色。

　　此件刺绣似曾为一条装饰带，甚至可能曾属于某件幡首头 ❶。织物是先折边约 0.7 cm，再沿着折缝绣有半朵花的纹样，两侧各有一列，一侧为红粉色，另一侧为蓝绿色，但均已被裁成碎料。（HP、XZ）

❶ WHITFIELD R, FARRER A, 1990: p.126.

MAS.915（Ch.00347）
长：14.0 cm；宽：6.3 cm

L:S.600（Ch.00347）
长：4.9 cm；宽：17.5 cm

L:S.524（Ch.00347）
a 长：4.7 cm；宽：7.6 cm
b 长：10.1 cm；宽：2.3 cm

a

b

紫色纱地
194 压金彩绣龙片

L:S.528（Ch.00332）
a 长：3.0cm；宽：5.5cm
b 长：10.5cm；宽：6.5cm
c 长：11.0cm；宽：3.5cm
d 长：16.7cm；宽：3.7cm
e 长：6.0cm；宽：19.0cm
五代（10世纪）

　　原属于同一件的紫色纱地上刺绣龙纹的织物，残片共有 10 小片，但其中有 4 片能看到部分三爪或四爪的龙爪，以及红、白相间的龙纹胸部，其中一块残片上还有残余部分纱织物的幅边。这一龙纹虽然已残，但无疑是以盘龙的造型出现，纹样用红、粉和白色丝线，以平针绣绣成，图案轮廓用纸背的片金，以红色丝线钉绣勾边。丝线亦穿过紫色纱表层和紫色绢里衬，可称为纱地衬绢绣。（HP）

总 表

敦煌丝绸艺术全集 · 英藏卷

第三部分

1919.0101.0.85 Ch.xxvi.a.003 深绿色绢幡足残片 晚唐—五代

长：97.5 cm
宽：20.5 cm
组织结构：
经线：丝，无捻，单根排列，深绿色，50根/cm；
纬线：丝，无捻，单根排列，深绿色，32根/cm；
组织：1/1平纹。

1919.0101.0.092 Ch.xx.008 圆点纹夹缬幡头 晚唐—五代

长：29.4 cm
宽：29.5 cm

组织结构：
1. 深褐色幡面衬绢
经线：丝，无捻，单根排列，深褐色，50根/cm；纬线：丝，无捻，单根排列，深褐色，26根/cm；组织：1/1平纹。
2. 圆点夹缬绢幡头斜边
经线：丝，无捻，单根排列，棕色，45根/cm；纬线：丝，无捻，单根排列，棕色，19根/cm；组织：1/1平纹。
3. 褐色绢幡头斜边
经线：丝，无捻，单根排列，褐色，46根/cm；纬线：丝，无捻，单根排列，褐色，37根/cm；组织：1/1平纹。
4. 红色绫悬襻
经线：绵线，Z捻，单根排列，红色，30根/cm；纬线：绵线，Z捻，单根排列，红色，16根/cm；组织：2/2斜纹。

1919.0101.0.100 Ch.xxvii.001 蓝色绢幡残片 晚唐—五代

长：100.0 cm
宽：38.5 cm
组织结构：
1. 蓝色绢幡头斜边
经线：丝，无捻，单根排列，蓝色，42根/cm；纬线：丝，无捻，单根排列，蓝色，26根/cm；组织：1/1平纹。
2. 蓝色绢幡带
经线：丝，无捻，单根排列，蓝色，48根/cm；纬线：丝，无捻，单根排列，蓝色，38根/cm；组织：1/1平纹。

3. 棕色绢幡面
经线：丝，无捻，单根排列，棕色，52根/cm；纬线：丝，无捻，双根排列，棕色，64根/cm；组织：1/1平纹。

1919.0101.0.108-1 Ch.0010 黄色绢幡足残片 晚唐—五代

长：109.0 cm
宽：17.8 cm

组织结构：
1. 黄色绢幡足
经线：丝，无捻，单根排列，黄色，52根/cm；纬线：丝，无捻，单根排列，黄色，37根/cm；组织：1/1平纹。
2. 彩绘绢幡身
经线：丝，无捻，单根排列，本色，54根/cm；纬线：丝，无捻，单根排列，本色，25根/cm；组织：1/1平纹。

1919.0101.0.108-2 Ch.0010 蓝色绢幡足残片 晚唐—五代

长：54.0 cm
宽：16.5 cm
组织结构：
经线：丝，无捻，单根排列，蓝色，36根/cm；
纬线：丝，无捻，单根排列，蓝色，31根/cm；
组织：1/1平纹。

1919.0101.0.119　Ch.xxiv .0004　　　　绿色绢幡足　　　　晚唐—五代

长：139.0 cm
宽：26.6 cm
组织结构：
经线：丝，无捻，单根排列，绿色，40根/cm；
纬线：丝，Z捻，单根排列，绿色，38根/cm；
组织：1/1平纹。

1919.0101.0.123　Ch.xxvi.a.005　浅蓝色绢银绘幡带残片　　　　五代

长：76.0 cm
宽：3.5 cm
组织结构：
经线：丝，无捻，单根排列，浅蓝色，45根/cm；
纬线：丝，无捻，单根排列，浅蓝色，29根/cm；
组织：1/1平纹。

1919.0101.0.124　Ch.00113　　　棕色绢幡带残片　　　　晚唐—五代

a. 长：69.5 cm；宽：5.4 cm
b. 长：76.5 cm；宽：5.4 cm
c. 长：82.0 cm；宽：17.0 cm
组织结构：
经线：丝，无捻，单根排列，棕色，
46根/cm；
纬线：丝，无捻，单根排列，棕色，
36根/cm；
组织：1/1平纹。

1919.0101.0.125　Ch.i.005　　　菱格卍字纹绮幡头残片　　　　晚唐—五代

长：22.0 cm
宽：30.0 cm

组织结构：
1. 红色菱格卍字纹绮幡头斜边
经线：丝，无捻，单根排列，红色，27根/cm；纬线：丝，无捻，单根排列，红色，23根/cm；组织：1/1平纹地上以3/1斜纹组织起花。
2. 红色绢幡头斜边
经线：丝，无捻，单根排列，红色，50根/cm；纬线：丝，无捻，单根排列，红色，35根/cm；组织：1/1平纹。
3. 米色绢幡头斜边
经线：丝，无捻，单根排列，米色，45根/cm；纬线：丝，无捻，单根排列，米色，24根/cm；组织：1/1平纹。
4. 本色麻布幡头斜边
经线：麻，无捻，单根排列，本色，38根/cm；纬线：麻，无捻，单根排列，本色，20根/cm；组织：1/1平纹。
5. 本色绢幡面
经线：丝，无捻，单根排列，本色，36根/cm；纬线：丝，无捻，单根排列，本色，19根/cm；组织：1/1平纹。
6. 蓝色绢幡带
经线：丝，无捻，单根排列，蓝色，40根/cm；纬线：丝，无捻，单根排列，蓝色，26根/cm；组织：1/1平纹。

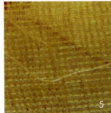

1919.0101.0.127　Ch.0024　　浅黄地簇六球路朵花纹夹缬绢幡　　晚唐

长：135.0 cm
宽：25.5 cm
组织结构：
1. 红色素罗悬襻
经线：丝，无捻，单根排列，红色，96根/cm；
纬线：丝，无捻，单根排列，红色，17根/cm；
组织：四经绞。
2. 红棕色簇六球路纹绮幡头斜边
经线：丝，无捻，单根排列，红棕色，68根/cm；
纬线：丝，无捻，单根排列，红棕色，41根/cm；
组织：1/1平纹地上以4-4并丝组织显花。
3. 浅棕色绢幡面
经线：丝，无捻，单根排列，浅棕色，40根/cm；
纬线：丝，无捻，单根排列，浅棕色，22根/cm；
组织：1/1平纹。
4. 浅黄地龟背花卉纹夹缬绢幡身
经线：丝，无捻，单根排列，浅黄色，33根/cm；
纬线：丝，无捻，单根排列，浅黄色，26根/cm；
组织：1/1平纹。
5. 浅棕色绢幡带
经线：丝，无捻，单根排列，浅棕色，42根/cm；
纬线：丝，无捻，单根排列，浅棕色，22根/cm；
组织：1/1平纹。
6. 浅棕色绢幡足
经线：丝，无捻，单根排列，浅棕色，42根/cm；
纬线：丝，无捻，单根排列，浅棕色，22根/cm；
组织：1/1平纹。

1919.0101.0.132　Ch.xxiv.002　　灰绿色菱纹绮幡足　　中唐—晚唐

长：131.5 cm
宽：26.0 cm
组织结构：
经线：丝，无捻，单根排列，灰绿色，46根/cm；
纬线：丝，Z捻，单根排列，灰绿色，32根/cm；
组织：1/1平纹地上以2-4并丝组织显花。

1919.0101.0.133　Ch.0087　　浅棕色绢幡残片　　晚唐—五代

长：65.0 cm
宽：30.0 cm
组织结构：
经线：丝，无捻，单根排列，浅棕色，43根/cm；
纬线：丝，无捻，单根排列，浅棕色，41根/cm；
组织：1/1平纹。

1919.0101.0.138　Ch.lvi.0018　　橙色绢幡足残片　　晚唐—五代

长：76.0 cm；宽：24.0 cm
组织结构：
经线：丝，无捻，单根排列，橙色，41根/cm；纬线：丝，无捻，单根排列，橙色，26根/cm；
组织：1/1平纹。

1919.0101.0.202　Ch.lvi.0025　彩绘麻布伞顶　　唐代

长：9.5 cm
宽：53.0 cm
组织结构：
经线：麻，S捻，单根排列，
本色，17根/cm；
纬线：麻，S捻，单根排列，
本色，13根/cm；
组织：1/1平纹。

1919.0101.0.228　Ch.00521　浅黄色绢经帙带残片　　晚唐

长：13.3 cm
宽：2.8 cm
组织结构：
经线：丝，无捻，单根排列，
浅黄色，40根/cm；
纬线：丝，无捻，浅黄色，
30根/cm；
组织：1/1平纹。

1919.0101.052　Ch.00167　墨绿色罗地彩绣花鸟鹿纹　　晚唐一五代

长：30.4 cm
宽：17.1 cm
组织结构：
1. 墨绿色罗
经线：丝，无捻，单根排列，墨绿色，约44根/cm；
纬线：丝，无捻，单根排列，墨绿色，约12根/cm；
组织：四经绞。
2. 墨绿色绢
经线：丝，无捻，单根排列，墨绿色，35根/cm；
纬线：丝，无捻，单根排列，墨绿色，30根/cm；
组织：1/1平纹。
刺绣：
绣线：丝，Z捻；色彩：白、草绿、深绿、黄、红、粉红、褐、棕、浅蓝等。
针法：平针等。

Hir.14 Oct 04/1　　深蓝色绢幡足残片　　唐一五代

长：18.5 cm
宽：65.0 cm
组织结构：
经线：丝，无捻，单根排列，
深蓝色，48根/cm；
纬线：丝，无捻，单根排列，
深蓝色，22根/cm；
组织：1/1平纹。

Hir. 14 Oct 04/2.1　　紫色小花纹绮残片　　　唐—五代

长：27.5 cm；宽：4.8 cm
组织结构：
1. 紫色小花纹绮
经线：丝，无捻，单根排列，紫色，60根/cm；纬线：丝，无捻，单根排列，紫色，63根/cm；
组织：1/1平纹地上以4-2并丝组织显花。
2. 彩绘绢
经线：丝，无捻，单根排列，本色，55根/cm；纬线：丝，无捻，单根排列，本色，28根/cm；
组织：1/1平纹。

Hir. 14 Oct 04/2.2　　彩绘绢片　　　唐—五代

长：20.4 cm；宽：25.0 cm
组织结构：
1. 彩绘绢
经线：丝，无捻，单根排列，浅棕色，40根/cm；纬线：丝，无捻，单根排列，浅棕色，42根/cm；组织：1/1平纹。
2. 浅棕色绢
经线：丝，无捻，单根排列，浅棕色，42根/cm；纬线：丝，无捻，单根排列，浅棕色，42根/cm；组织：1/1平纹。

Hir. 14 Oct 04/3.1　　彩绘坐佛绢幡头残片　　　唐—五代

长：19.2 cm；宽：28.0 cm
组织结构：
1. 暗紫色绫悬裸
经线：丝，Z捻，单根排列，暗紫色，24根/cm；纬线：丝，Z捻，单根排列，暗紫色，20根/cm；组织：2/2 L斜纹。
2. 蓝色绢幡头斜边
经线：丝，无捻，单根排列，蓝色，50根/cm；纬线：丝，无捻，单根排列，蓝色，23根/cm；组织：1/1平纹。
3. 本色绢幡面
经线：丝，无捻，单根排列，本色，42根/cm；纬线：丝，无捻，单根排列，本色，33根/cm；组织：1/1平纹。

Hir. 14 Oct 04/3.3　　棕绿色绢幡带残片　　唐—五代

长：33.4 cm
宽：3.6 cm
组织结构：
经线：丝，无捻，单根排列，
棕绿色，42根/cm；
纬线：丝，无捻，单根排列，
棕绿色，29根/cm；
组织：1/1平纹。

Hir. 14 Oct 04/3.4　　绿色绢幡足残片　　唐—五代

长：17.0 cm
宽：3.5 cm
组织结构：
经线：丝，无捻，单根排列，
绿色，40根/cm；
纬线：丝，无捻，单根排列，
绿色，26根/cm；
组织：1/1平纹。

Hir. 14 Oct 04/3.5　　蓝色绢幡足残片　　　唐—五代

长：13.0 cm
宽：4.6 cm
组织结构：
经线：丝，无捻，单根排
列，蓝色，48根/cm；
纬线：丝，无捻，单根排
列，蓝色，30根/cm；
组织：1/1平纹。

Hir. 14 Oct 04/4.2　　棕色绢幡头斜边残片　　　唐—五代

长：31.8 cm；宽：42.0 cm
组织结构：
1. 棕色绢幡头斜边
经线：丝，无捻，单根排列，棕色，42根/cm；纬线：丝，无捻，单根排列，棕色，29根/cm；组织：1/1平纹。
2. 浅棕色绢悬襻
经线：丝，无捻，单根排列，浅棕色，31根/cm；纬线：丝，无捻，单根排列，浅棕色，25根/cm；组织：1/1平纹。
3. 本色彩绘绢幡面
经线：丝，无捻，单根排列，本色，32根/cm；纬线：丝，无捻，单根排列，本色，30根/cm；组织：1/1平纹。

Hir. 14 Oct 04/4.3　　绿色绢幡足残片　　　唐—五代

长：4.0 cm
宽：2.0 cm
组织结构：
经线：丝，无捻，单根排列，棕色，50根/cm；
纬线：丝，无捻，单根排列，棕色，38根/cm；
组织：1/1平纹。

Hir. 14 Oct 04/4.4　　联珠团花纹锦　　　唐—五代

长：9.0 cm
宽：1.1 cm
组织结构：
经线：丝，无捻，红、白、蓝色，36套/cm；
纬线：明纬：丝，无捻，单根排列，棕色，10根/cm；夹纬：丝，无捻，单根排列，棕色，10根/cm；
组织：2/1 Z斜纹经重组织。

Hir. 14 Oct 04/4.5　　橘红色罗地刺绣残片　　　唐—五代

长：12.0 cm
宽：1.5 cm

组织结构：
经线：丝，无捻，单根排列，橘红色，约96根/cm；
纬线：丝，无捻，单根排列，橘红色，约20根/cm；
组织：四经绞地上以二经绞起花。
刺绣：
绣线：丝，无捻，深红、浅红、浅黄等色。
针法：平针。

Hir. 14 Oct 04/4.6a   棕色绢幡足残片   唐—五代

长：60.5 cm
宽：18.7 cm
组织结构：
经线：丝，无捻，单根排列，棕色，38根/cm；
纬线：丝，无捻，单根排列，棕色，22根/cm；
组织：1/1平纹。

Hir. 14 Oct 04/4.6b i，ii，iii   彩绘绢片   唐—五代

i. 长：1.6 cm；宽：5.7 cm
ii. 长：1.4 cm；宽：3.7 cm
iii. 长：1.0 cm；宽：2.2 cm
组织结构：
经线：丝，无捻，单根排列，浅棕色，41根/cm；
纬线：丝，无捻，单根排列，浅棕色，38根/cm；
组织：1/1平纹。

Hir. 14 Oct 04/5.1   彩绘绢幡头残片   唐—五代

长：27.4 cm；宽：33.8 cm
组织结构：
1. 墨绿绢悬襻
经线：丝，无捻，单根排列，墨绿色，60根/cm；纬线：丝，无捻，单根排列，墨绿色，59根/cm；组织：1/1平纹。
2. 深蓝色绢幡头斜边
经线：丝，无捻，单根排列，深蓝色，38根/cm；纬线：丝，无捻，单根排列，深蓝色，29根/cm；组织：1/1平纹。
3. 彩绘绢幡头及幡身
经线：丝，无捻，单根排列，本色，约36根/cm；纬线：丝，无捻，单根排列，本色，约30根/cm；组织：1/1平纹。
4.红色绢贴边
经 线：丝，无捻，单根排列，红色，约33根/cm；纬线：丝，无捻，单根排列，红色，约28根/cm；组织：1/1平纹。
5. 本色绢幡身贴边
经线：丝，无捻，单根排列，本色，46根/cm；纬线：丝，无捻，单根排列，本色，29根/cm；组织：1/1平纹。

Hir. 14 Oct 04/5.2   蓝色绢经帙带残片   唐—五代

长：14.5 cm
宽：3.5 cm

组织结构：
经线：丝，无捻，单根排列，蓝色，46根/cm；
纬线：丝，无捻，单根排列，蓝色，30根/cm；
组织：1/1平纹。

Hir. 14 Oct 04/5.3   蓝色绢经帙带残片   唐—五代

长：15.8 cm
宽：3.4 cm

组织结构：
经线：丝，无捻，单根排列，蓝色，40根/cm；
纬线：丝，无捻，单根排列，蓝色，29根/cm；
组织：1/1平纹。

Hir. 14 Oct 0415.4　　蓝色绢经帙带残片　　唐—五代

长：16.0 cm
宽：3.4 cm

组织结构：
经线：丝，无捻，单根排列，蓝色，50根/cm；
纬线：丝，无捻，单根排列，蓝色，54根/cm；
组织：1/1平纹。

Hir. 14 Oct 04/5.5　　深蓝色绢幡带残片　　唐—五代

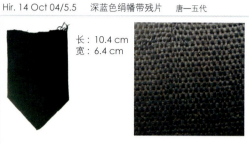

长：10.4 cm
宽：6.4 cm

组织结构：
经线：丝，无捻，单根排列，深蓝色，43根/cm；
纬线：丝，无捻，单根排列，深蓝色，22根/cm；
组织：1/1平纹。

Hir. 14 Oct 04/6　　彩绘绢残片　　唐—五代

长：4.6 cm
宽：19.2 cm
组织结构：
1.彩绘绢
经线：丝，无捻，单根排列，浅棕色，56根/cm；纬线：丝，无捻，单根排列，浅棕色，40根/cm；组织：1/1平纹。
2.褐色衬绢
经线：丝，无捻，单根排列，褐色，54根/cm；纬线：丝，无捻，单根排列，褐色，36根/cm；组织：1/1平纹。

Hir. 14 Oct 04/6.1　　棕色幡身衬绢残片　　唐—五代

长：54.0 cm
宽：21.1 cm
组织结构：
经线：丝，无捻，单根排列，
棕色，42根/cm；
纬线：丝，无捻，单根排列，
棕色，31根/cm；
组织：1/1平纹。

Hir. 14 Oct 04/6.2a　　朱红色地墨绘绢片　　唐—五代

a. 长：1.9 cm；宽：2.3 cm
b. 长：0.6 cm；宽：2.5 cm
组织结构：
经线：丝，无捻，单根排列，朱红色，48根/cm；
纬线：丝，无捻，单根排列，朱红色，42根/cm；
组织：1/1平纹。

Hir. 14 Oct 04/7　　　　　　褐色幡面衬绢残片　　　唐—五代

长：13.0 cm
宽：21.5 cm

组织结构：
1. 褐色幡面衬绢
经线：丝，无捻，单根排列，褐色，52根/cm；纬线：丝，无捻，单根排列，褐色，36根/cm；组织：1/1平纹。
2. 彩绘绢幡面
经线：丝，无捻，单根排列，本色，约60根/cm；纬线：丝，无捻，单根排列，本色，约48根/cm；组织：1/1平纹。
3. 彩绘绢幡身
经线：丝，无捻，单根排列，本色，60根/cm；纬线：丝，无捻，单根排列，本色，50根/cm；组织：1/1平纹。

Hir. 14 Oct 04/7.1　　　　　彩绘绢幡头残片　　　唐—五代

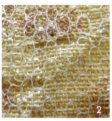

长：23.6 cm
宽：33.9 cm

组织结构：
1. 蓝色绢幡带
经线：丝，无捻，单根排列，蓝色，39根/cm；纬线：丝，无捻，单根排列，蓝色，23根/cm；组织：1/1平纹。
2. 黄色彩绘绢幡面
经线：丝，无捻，单根排列，黄色，40根/cm；纬线：丝，无捻，单根排列，黄色，29根/cm；组织：1/1平纹。
3. 黄色绢幡头斜边
经线：丝，无捻，单根排列，黄色，密度不可测；纬线：丝，无捻，单根排列，黄色，密度不可测；组织：1/1平纹。

Hir. 14 Oct 04/8　　　　　　彩绘绢残片　　　唐—五代

长：4.6 cm
宽：27.8 cm
组织结构：
1. 彩绘绢
经线：丝，无捻，单根排列，本色，50根/cm；纬线：丝，无捻，单根排列，本色，54根/cm；组织：1/1平纹。
2. 棕色绢
经线：丝，无捻，单根排列，棕色，约43根/cm；纬线：丝，无捻，单根排列，棕色，密度不可测；组织：1/1平纹。

Hir. 14 Oct 04/8.1　　　　　彩绘绢幡头残片　　　唐—五代

长：6.3 cm
宽：20.8 cm

组织结构：
1. 本色绫悬襻
经线：丝，无捻，单根排列，本色，约48根/cm；纬线：丝，无捻，单根排列，本色，约42根/cm；组织：5/1 Z斜纹。
2. 本色绢幡头斜边
经线：丝，无捻，单根排列，本色，42根/cm；纬线：丝，无捻，单根排列，本色，44根/cm；组织：1/1平纹。
3. 彩绘绢幡头及幡身
经线：丝，无捻，单根排列，本色，42根/cm；纬线：丝，无捻，单根排列，本色，52根/cm；组织：1/1平纹。

Hir. 14 Oct 04/8.2　　　彩绘绢幡头　　　唐—五代

长：11.8 cm
宽：20.5 cm

组织结构：
1. 浅棕色绢幡头斜边
经线：丝，无捻，单根排列，浅棕色，47根/cm；纬线：丝，无捻，单根排列，浅棕色，33根/cm；组织：1/1平纹。
2. 彩绘绢幡头
经线：丝，无捻，单根排列，本色，38根/cm；纬线：丝，无捻，单根排列，本色，38根/cm；组织：1/1平纹。

Hir. 14 Oct 04/8.3　　　蓝色绢幡带残片　　　唐—五代

长：59.5 cm
宽：3.0 cm
组织结构：
经线：丝，无捻，单根排列，
蓝色，49根/cm；
纬线：丝，无捻，单根排列，
蓝色，25根/cm；
组织：1/1平纹。

Hir. 14 Oct 04/14　　　红色绢片　　　唐—五代

长：13.5 cm
宽：7.0 cm

组织结构：
经线：丝，无捻，单根排列，
红色，32根/cm；
纬线：丝，无捻，单根排列，
红色，28根/cm；
组织：1/1平纹。

Hir. 14 Oct 04/15　　　浅棕色绢片　　　唐—五代

长：9.6 cm
宽：6.0 cm
组织结构：
经线：丝，无捻，单根排列，浅棕色，51根/cm；
纬线：丝，无捻，单根排列，浅棕色，33根/cm；
组织：1/1平纹。

Hir. 14 Oct 04/16　　　浅棕色绢片　　　唐—五代

长：14.8 cm
宽：10.0 cm
组织结构：
经线：丝，无捻，单根排列，浅棕色，40根/cm；
纬线：丝，无捻，单根排列，浅棕色，34根/cm；
组织：1/1平纹。

Hir. 14 Oct 04/17.1　　　彩绘绢片　　　唐—五代

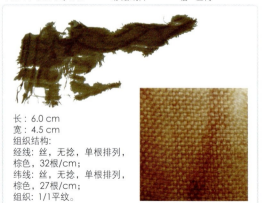

长：6.0 cm
宽：4.5 cm
组织结构：
经线：丝，无捻，单根排列，
棕色，32根/cm；
纬线：丝，无捻，单根排列，
棕色，27根/cm；
组织：1/1平纹。

Hir. 14 Oct 04/17.2　　　彩绘绢片　　　唐—五代

长：16.2 cm
宽：2.6 cm
组织结构：
经线：丝，无捻，单根排列，
棕色，约40根/cm；
纬线：丝，无捻，单根排列，
棕色，约22根/cm；
组织：1/1平纹。

Hir. 14 Oct 04/20　　浅棕色绢片　　唐—五代

长：22.6 cm
宽：5.3 cm
组织结构：
经线：丝，无捻，单根排列，
浅棕色，50根/cm；
纬线：丝，无捻，单根排列，
浅棕色，38根/cm；
组织：1/1平纹。

Hir. 14 Oct 04/21　　绿色暗花绮幡带残片　　唐—五代

长：21.0 cm
宽：4.1 cm

组织结构：
经线：丝，无捻，单根排列，
绿色，54根/cm；纬线：丝，无
捻，单根排列，绿色，36根/cm；
组织：1/1平纹地上以5/1 S斜纹
起花。

Hir. 14 Oct 04/22　　黄绢经帙带　　唐—五代

长：21.0 cm
宽：4.1 cm

组织结构：
经线：丝，无捻，单根排列，黄色，50根/cm；
纬线：丝，无捻，单根排列，黄色，35根/cm；
组织：1/1平纹。

Hir. 14 Oct 04/24　　夹缬地墨印佛像绢片　　盛唐—中唐

长：12.7 cm；宽：12.5 cm
组织结构：
经线：丝，无捻，单根排列，本色，48根/cm；
纬线：丝，无捻，单根排列，本色，38根/cm；
组织：1/1平纹。

Hir. 14 Oct 04/25　　彩绘绢片　　唐—五代

长：25.0 cm
宽：24.0 cm
组织结构：
1. 彩绘绢
经线：丝，无捻，单根排列，棕色，
38根/cm；纬线：丝，无捻，单根排
列，棕色，40根/cm；组织：1/1平
纹。
2. 棕色绢
经线：丝，无捻，单根排列，棕色，
45根/cm；纬线：丝，无捻，单根排
列，棕色，38根/cm；组织：1/1平
纹。

Hir. 24 Oct 04/9.1a　　伞盖纹银泥绢幡头　　唐代

长：31.2 cm
宽：57.7 cm

组织结构：
经线：丝，无捻，单根排列，
红色，42根/cm；
纬线：丝，无捻，单根排列，
红色，19根/cm；
组织：1/1平纹。

Hir. 24 Oct 04/9.2　　红绢地幡身残片　　唐—五代

长：5.0 cm
宽：21.0 cm
组织结构：
经线：丝，无捻，单根排列，
红色，25根/cm；
纬线：丝，无捻，单根排列，
红色，16根/cm；
组织：1/1平纹。

MAS.855　Ch.00279　　　　　帷幔　　　　晚唐—五代

长：281.5 cm；宽：46.2 cm

组织结构：

底布部分：
A. 白色绢
经线：丝，无捻，单根排列，白色，44根/cm；纬线：丝，无捻，单根排列，白色，24根/cm；组织：1/1平纹。
B. 红色花卉纹绮
经线：丝，无捻，单根排列，红色，24根/cm；纬线：丝，无捻单根排列，红色，39根/cm；组织：1/1平纹地上以2-2并丝组织起花。
C. 蓝色绢
经线：丝，无捻，单根排列，蓝色，47根/cm；纬线：丝，无捻，单根排列，蓝色，27根/cm；组织：1/1平纹。
D. 暗红色绢
经线：丝，无捻，单根排列，暗红色，32根/cm；纬线：丝，无捻，单根排列，暗红色，16根/cm；组织：1/1平纹。
E. 浅黄色绢
经线：丝，无捻，单根排列，浅黄色，23根/cm；纬线：丝，无捻，单根排列，浅黄色，14根/cm；组织：1/1平纹。
F. 黄色菱格纹绮
经线：丝，无捻，单根排列，黄色，45根/cm；纬线：丝，无捻，单根排列，黄色，18根/cm；组织：1/1平纹地上以4-2并丝组织起花。
G. 蜜黄色绢
经线：丝，无捻，单根排列，蜜黄色，43根/cm；纬线：丝，无捻，单根排列，蜜黄色，21根/cm；组织：1/1平纹。
H. 深绿色绢
经线：丝，无捻，单根排列，深绿色，42根/cm；纬线：丝，无捻，单根排列，深绿色，33根/cm；组织：1/1平纹。
L. 墨绿色绢
经线：丝，无捻，单根排列，墨绿色，44根/cm；纬线：丝，无捻，单根排列，墨绿色，29根/cm；组织：1/1平纹。
幕带部分：
1. a. 棕色绢
经线：丝，无捻，单根排列，棕色，47根/cm；纬线：丝，无捻，单根排列，棕色，31根/cm；组织：1/1平纹。
1. c. 橙红色绢
经线：丝，无捻，单根排列，橙红色，46根/cm；纬线：丝，无捻，单根排列，橙红色，18根/cm；组织：1/1平纹。
2. a. 白色绢
同A
2. b. 白地菱格纹地夹缬罗人
经线：丝，无捻，单根排列，白色，密度不可测；纬线：丝，无捻，单根排列，白色，密度不可测；组织：四经绞地起二经绞花。
2. c. 白色绢
同A
3. a. 浅绿色绮
经线：丝，无捻，单根排列，浅绿色，46根/cm；纬线：丝，无捻，单根排列，浅绿色，16根/cm；组织：1/1平纹地上以4-2并丝组织起花。
3. c. 白色罗
经线：丝，无捻，单根排列，白色，约62根/cm；纬线：丝，无捻，单根排列，白色，约13根/cm；组织：四经绞。
4. a. 棕红色罗地压金彩绣花卉
经线：丝，无捻，单根排列，棕红色，48根/cm；纬线：丝，无捻，单根排列，棕红色，14根/cm；组织：四经绞。
绣线：丝，无捻，红、蓝、浅红等。捻金线，芯线，丝，两根Z捻以S捻并合，淡红色。
针法：钉针、平针等。

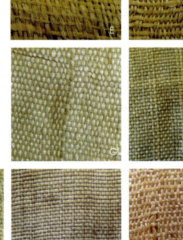

大英博物馆藏
敦煌纺织品总表

4. b. 绿色菱纹罗
经线: 丝, 无捻, 单根排列, 绿色, 密度不可测;
纬线: 丝, 无捻, 单根排列, 绿色, 密度不可测;
组织: 四经绞地起二经绞花。
5. a. 橙红色绢
同1. c.
5. b. 蓝地圆点纹锦
经线: 明经: 丝, 无捻, 单根排列, 红色,
20根/cm; 夹经:丝, 无捻, 单根排列, 红色,
20根/cm; 纬线: 丝, 无捻, 蓝、白、黄色,
15副/cm; 组织: 1/2 S斜纹辽式纬重组织。圆点纹
样, 图案经向循环为1.8 cm。
6. a. 深褐色罗地彩绣
经线: 丝, 无捻, 单根排列, 深褐色, 40根/cm;
纬线: 丝, 无捻, 单根排列, 深褐色, 11根/cm;
组织: 四经绞。
绣线: 丝, 无捻, 浅红、黄等。
针法: 平针等。
6. c. 红色罗地彩绣花卉
经线: 丝, 无捻, 单根排列, 红色, 44根/cm;
纬线: 丝, 无捻, 单根排列, 红色, 15根/cm;
组织: 四经绞。
绣线: 丝, 无捻, 白、黄、蓝、浅蓝绿等。
针法: 平针、劈针等。
7. a. 紫色绢
经线: 丝, 无捻, 单根排列, 紫色, 44根/cm;
纬线: 丝, 无捻, 单根排列, 紫色, 16根/cm;
组织: 1/1平纹。
8. a. 灰蓝色绢
经线: 丝, 无捻, 单根排列, 灰蓝色, 40根/cm;
纬线: 丝, 无捻, 单根排列, 灰蓝色, 25根/cm;
组织: 1/1平纹。
8. b. 白色罗
经线: 丝, 无捻, 单根排列, 白色, 密度不可测;
纬线: 丝, 无捻, 单根排列, 白色, 密度不可测;
组织: 四经绞。
9. a. 雪青色绢
经线: 丝, 无捻, 单根排列, 雪青色, 40根/cm;
纬线: 丝, 无捻, 单根排列, 雪青色, 17根/cm;
组织: 1/1平纹。
9. b. 白色绢
经线: 丝, 无捻, 单根排列, 白色, 32根/cm;
纬线: 丝, 无捻, 单根排列, 白色, 21根/cm;
组织: 1/1平纹。
10. a. 红色绢
经线: 丝, 无捻, 单根排列, 红色, 40根/cm;
纬线: 丝, 无捻, 单根排列, 红色, 30根/cm;
组织: 1/1平纹。
10. b. 绿色菱纹罗
同4.b
11. a. 白色绢
同A
11. b. 浅紫色绢
经线: 丝, 无捻, 单根排列, 浅紫色, 密度不可
测; 纬线: 丝, 无捻, 单根排列, 浅紫色, 密度
不可测; 组织: 1/1平纹。
12. a. 草绿色绢
经线: 丝, 无捻, 单根排列, 草绿色, 49根/cm;
纬线: 丝, 无捻, 单根排列, 草绿色, 32根/cm;
组织: 1/1平纹。
13. a. 雪青色绢
同9. a
13. b. 白地夹缬绢
经线: 丝, 无捻, 单根排列, 48根/cm;
纬线: 丝, 无捻, 单根排列, 26根/cm;
组织: 1/1平纹。
13. c. 深褐色罗地彩绣
同6.a
14. a.白色绢
经线: 丝, 无捻, 单根排列, 白色, 44根/cm;
纬线: 丝, 无捻, 单根排列, 白色, 31根/cm;
组织: 1/1平纹。
14. b. 绿色绢
经线: 丝, 无捻, 单根排列, 绿色, 49根/cm;
纬线: 丝, 无捻, 单根排列, 绿色, 18根/cm;
组织: 1/1平纹。
15. a.深褐色罗地彩绣
同6. a
15.b.白地菱格纹地夹缬罗人
同2. b

4.a 4.b 5.b
6.a 6.c 7.a
8.a 8.b 9.a
9.b 10.a 11.b
12.a 13.b 14.a
14.b 17.a 17.c

16. a.棕红色罗地压金彩绣花鸟
同4.a
16. b. 红色绢
同10. a
16. c. 绿色菱纹罗
同10. b
17. a. 绿色绢
经线: 丝, 无捻, 单根排列, 绿色, 52根/cm;
纬线: 丝, 无捻, 单根排列, 绿色, 22根/cm;
组织: 1/1平纹。

17. b.雪青色绢
同9. a
17. c.白色绢
经线: 丝, 无捻, 单根排列, 白色, 36根/cm;
纬线: 丝, 无捻, 单根排列, 白色, 27根/cm;
组织: 1/1平纹。
17. d. 米色绢
经线: 丝, 无捻, 单根排列, 米色, 24根/cm;
纬线: 丝, 无捻, 单根排列, 米色, 18根/cm;
组织: 1/1平纹。

19. a. 黄色绢
经线：丝，无捻，单根排列，黄色，49根/cm；
纬线：丝，无捻，单根排列，黄色，33根/cm；
组织：1/1平纹。

19. b. 深蓝绿色绢
经线：丝，无捻，单根排列，深蓝绿色，
57根/cm；纬线：丝，无捻，单根排列，深蓝绿
色，30根/cm；组织：1/1平纹。

20. a. 紫色绢
经线：丝，无捻，单根排列，紫色，
45根/cm；纬线：丝，无捻，单根排列，紫
色，19根/cm；组织：1/1平纹。

20.b. 白色绢
经线：丝，无捻，单根排列，白色，
40根/cm；纬线：丝，无捻，单根排列，白
色，24根/cm；组织：1/1平纹。

20.c. 黄色绢
同19.a

21. a. 棕红色罗地压金彩绣花鸟
同4.a

21. b. 深褐色罗地彩绣
同6.a

22. a. 黄色绢
经线：丝，无捻，单根排列，黄色，
38根/cm；纬线：丝，无捻，单根排列，黄
色，28根/cm；组织：1/1平纹。

22. b. 深褐色罗地彩绣
同6.a

23. a. 淡绿色绢
经线：丝，无捻，单根排列，淡绿色，
40根/cm；纬线：丝，无捻，单根排列，淡绿色，
19根/cm；组织：1/1平纹。

24. a. 红地花卉纹锦
经线：明经：丝，无捻，单根排列，淡红色，
23根/cm；夹经：丝，无捻，单根排列，淡红色，
23根/cm；纬线：丝，无捻，红、白、蓝、绿色，
18副/cm；组织：五枚缎纹辽式纬重组织。花卉纹
样，幅边宽1.0 cm。

24. b. 白色菱格纹绮
经线：丝，无捻，单根排列，白色，
51根/cm；纬线：丝，无捻，单根排列，白
色，20根/cm；组织：1/1平纹地上以2-2并丝
组织起花。菱格纹样，图案经向循环1.5 cm，
纬向1.3 cm。

25. a. 深褐色罗地彩绣
同6. a

25. b. 白色菱格纹罗人
经线：丝，无捻，单根排列，白色，密度不可测；
纬线：丝，无捻，单根排列，白色，密度不可测；
组织：四经绞地二经绞纹花。（腰带以绿色绢制
成；脸部以白色暗花绮制成，其上用粉红色丝线
绣出眼、鼻及嘴；肩部装饰以红地纬锦）

25. c. 黄色绢
经线：丝，无捻，单根排列，黄色，密度不可测；
纬线：丝，无捻，单根排列，黄色，密度不可测；
组织：1/1平纹。

25. d. 红色绫
同17. h

25. e. 黄色绢
经线：丝，无捻，单根排列，黄色，
33根/cm；纬线：丝，无捻，单根排列，黄
色，35根/cm；组织：1/1平纹。

25. f. 紫色绢
同20. a

25. g. 红色绢
同10. a

25. h. 雪青色绢
同9.a

25. i. 白色绢
经线：丝，无捻，单根排列，白色，34根/cm；
纬线：丝，无捻，单根排列，白色，19根/cm；
组织：1/1平纹。

25. j. 红色绫
同17.h

26. a. 雪青色绢
同9.a

26. b. 紫色绢
经线：丝，无捻，单根排列，紫色，密度不可测；
纬线：丝，无捻，单根排列，紫色，密度不可测；
组织：1/1平纹。

17. e. 浅橙色绢
经线：丝，无捻，单根排列，浅橙色，
50根/cm；纬线：丝，无捻，单根排列，
浅橙色，22根/cm；组织：1/1平纹。

17. f. 灰蓝色绢
同8. a

17. g. 湖蓝色绢
经线：丝，无捻，单根排列，湖蓝色，
39根/cm；纬线：丝，无捻，单根排列，
湖蓝色，29根/cm；组织：1/1平纹。

17. h. 红色绫
经线：绵线，Z捻，单根排列，红色，

20根/cm；纬线：绵线，Z捻，单根排
列，红色，13根/cm；组织：2/2 S斜
纹。

17. i. 白色暗花绮
经线：丝，无捻，单根排列，白色，
48根/cm；纬线：丝，无捻，单根排列，
白色，20根/cm；组织：1/1平纹地上以
4-2并丝组织起花。

18. a. 蓝色绢
经线：丝，无捻，单根排列，蓝色，
57根/cm；纬线：丝，无捻，单根排列，
蓝色，25根/cm；组织：1/1平纹。

27. a. 红地花卉纹锦
同24. a
27. b. 深褐色罗地彩绣
同6. a
28. a. 黄色绢
经线：丝，无捻，单根排列，黄色，34根/cm；
纬线：丝，无捻，单根排列，黄色，29根/cm；
组织：1/1平纹。
28. b. 白色绢
经线：丝，无捻，单根排列，白色，密度不可测；
纬线：丝，无捻，单根排列，白色，密度不可测；
组织：1/1平纹。
29. a. 蓝色绢
同18. a
30. a. 深褐色罗地彩绣
同6. a
30. b. 紫色绢
同20. a
30. c. 紫色绢
经线：丝，无捻，单根排列，紫色，39根/cm；
纬线：丝，无捻，单根排列，紫色，19根/cm；
组织：1/1平纹。
30. d. 蓝色菱格纹绮
经线：丝，无捻，单根排列，蓝色，45根/cm；
纬线：丝，无捻，单根排列，蓝色，24根/cm；
组织：1/1平纹地上以4-2并丝组织起花。
31. a. 雪青色绢
同9. a
31. b. 白色绢
同17. c
31. c. 紫色绢
同30. c
31. d. 浅橙色绢
同17. e
31. e. 灰蓝色绢
同8. a
31. f. 湖蓝色绢
同17. g
31. g. 红色绫
同17. h
31. h. 白色暗花绮
同同17. i
32. a. 绿色绢
同17. a
32. b. 白地夹缬绢
经线：丝，无捻，单根排列，白色，46根/cm；
纬线：丝，无捻，单根排列，白色，25根/cm；
组织：1/1平纹。
32. c. 深紫色卷草纹绫
经线：丝，无捻，单根排列，深紫色，42根/cm；
纬线：丝，无捻，单根排列，深紫色，25根/cm；
组织：1/2 Z斜纹地上5/1 Z斜纹组织起花。
32. d. 淡绿色绢
同22. a
33. a. 白色绢
经线：丝，无捻，单根排列，白色，37根/cm；
纬线：丝，无捻，单根排列，白色，23根/cm；
组织：1/1平纹。
33. b. 白色绢
经线：丝，无捻，单根排列，白色，47根/cm；
纬线：丝，无捻，单根排列，白色，33根/cm；
组织：1/1平纹。
33. c. 白色罗人
经线：丝，无捻，单根排列，白色，密度不可测；
纬线：丝，无捻，单根排列，白色，密度不可测；
组织：四经绞。（腰带以褐色绢及褐色素罗制成，
头部以白罗制成。）
34. a. 淡绿色绢
经线：丝，无捻，单根排列，淡绿色，34根/cm；
纬线：丝，无捻，单根排列，淡绿色，27根/cm；
组织：1/1平纹。
34. b. 深褐色罗地彩绣
同6. a
35. a. 白色绢
经线：丝，无捻，单根排列，白色，36根/cm；
纬线：丝，无捻，单根排列，白色，25根/cm；
组织：1/1平纹。
36. a. 紫色绢
同20. a

36. c. 浅橙色绢
经线：丝，无捻，单根排列，浅橙色，
47根/cm；纬线：丝，无捻，单根排列，
浅橙色，19根/cm；组织：1/1平纹。
36. d. 紫色菱格纹绮
经线：丝，无捻，单根排列，紫色，
42根/cm；纬线：丝，无捻，单根排列，
紫色，19根/cm；组织：1/1平纹地上以
4-2并丝组织起花。菱格纹样，图案经向
循环1.5 cm，纬向1.5 cm。
37. a. 淡绿色绢

同34. a
37. b. 白地夹缬绢
同32. b
37. c. 雪青色绢
经线：丝，无捻，单根排列，雪青色，
38根/cm；纬线：丝，无捻，单根排列，
雪青色，27根/cm；组织：1/1平纹。
38. a. 雪青色绢
同9. a
39. a. 本色绢

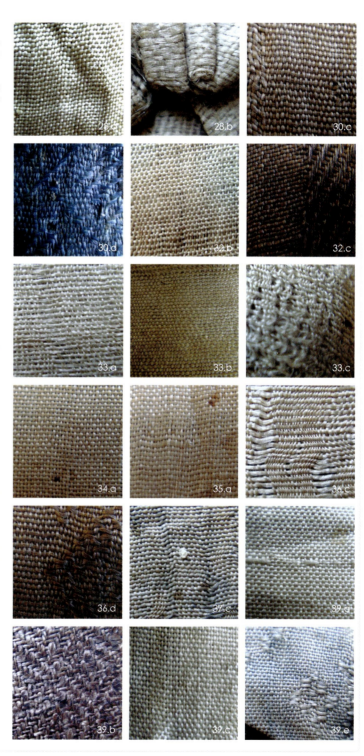

40.a

40.b

40.c

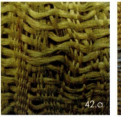
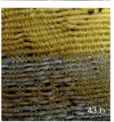

41.a

42.a

43.b

28根/cm；纬线：丝，无捻，单根排列，棕色，23根/cm；组织：1/1平纹。
40. b. 黄色绢
经线：丝，无捻，单根排列，黄色，32根/cm；纬线：丝，无捻，单根排列，黄色，28根/cm；组织：1/1平纹。
40. c. 白色暗花罗
经线：丝，无捻，单根排列，白色，密度不可测；纬线：丝，无捻，单根排列，白色，密度不可测；组织：四经绞地上以二经绞起花。
41. a. 红色绢
经线：丝，无捻，单根排列，红色，42根/cm；纬线：丝，无捻，单根排列，红色，19根/cm；组织：1/1平纹。
41. b. 雪青色绮
同39. e
41. c. 红色罗地彩绣花卉
同6. c
42. a. 绿色绮
经线：丝，无捻，单根排列，绿色，40根/cm；纬线：丝，无捻，单根排列，绿色，13根/cm；组织：1/1平纹地上以4-2并丝组织起花。
42. b. 紫色绢
同30.c
43. a. 白色绢
同A
43. b. 黄色绮
经线：丝，无捻，单根排列，黄色，55根/cm；纬线：丝，无捻，单根排列，黄色，21根/cm；组织：1/1平纹地上以4-2并丝组织起花。

经线：丝，无捻，单根排列，本色，36根/cm；纬线：丝，无捻，单根排列，本色，30根/cm；组织：1/1平纹。
39. b. 油紫色绫
经线：丝，Z捻，单根排列，油紫色，30根/cm；纬线：丝，Z捻，单根排列，油紫色，22根/cm；组织：2/2破斜纹。
39. c. 白色绢
经线：丝，无捻，单根排列，白色，39根/cm；纬线：丝，无捻，单根排列，

白色，25根/cm；组织：1/1平纹。
39. d. 绿色绢
同34.a
39. e. 雪青色绮
经线：丝，无捻，单根排列，雪青色，46根/cm；纬线：丝，无捻，单根排列，雪青色，33根/cm；组织：1/1平纹地上以4-4并丝组织起花。
40. a. 棕色绢
经线：丝，无捻，单根排列，棕色，

MAS.856　Ch.lv.0028　百衲经巾　　中唐—晚唐

长：150.5 cm
宽：111.0 cm

1

2

3

4

组织结构：
缘边：鸟衔花枝纹夹缬绢
经线：丝，无捻，单根排列，本色，44根/cm；纬线：丝，无捻，单根排列，本色，26根/cm；组织：1/1平纹。
1. 白地宝花纹锦
经线：丝，无捻，白、褐、蓝、黄等色，37套/cm；纬线：明纬：丝，无捻，单根排列，棕色，14根/cm；夹纬：丝，无捻，单根排列，棕色，14根/cm；组织：2/1 Z斜纹经重组织。
2. 蓝地朵花纹锦
经线：丝，无捻，蓝、白、褐等色，约42套/cm；纬线：明纬：丝，无捻，单根排列，棕色，约18根/cm；夹纬：丝，无捻，单根排列，棕色，约18根/cm；组织：2/1 Z斜纹经重组织。
3. 晕裥纹锦
经线：地经：丝，无捻，红、绿、白、蓝、米黄等色，24根/cm；纹经：丝，无捻，白、蓝、绿等色，24根/cm；地经：纹经=1:2；纬线：丝，无捻，单根排列，浅棕色，36根/cm；组织：地组织：5/1 S斜纹；纹组织：浮长。
4. 晕裥纹锦
经线：丝，无捻，红、绿、白、蓝等色，46套/cm；纬线：明纬：丝，无捻，单根排列，浅棕色，12根/cm；夹纬：丝，无捻，单根排列，浅棕色，12根/cm；组织：2/1 Z斜纹经重组织。
5. 蓝绿地双层锦
经线：甲经：丝，无捻，蓝绿色，36根/cm；乙经：丝，无捻，白色，36根/cm；甲经:乙经=2:2；纬线：甲纬：丝，无捻，蓝绿色，26根/cm；乙纬：丝，无捻，白色，26根/cm；甲纬:乙纬=2:2；组织：甲经甲纬以纬重平组织交织，乙经乙纬以1/3 S斜纹组织交织。

6. 晕裥朵花纹锦
经线：丝，无捻，红、棕、深蓝、蓝灰等色，44套/cm；纬线：明纬：丝，无捻，单根排列，米色，13根/cm；夹纬：丝，无捻，单根排列，米色，13根/cm；组织：2/1 Z斜纹经重组织。
7. 红地朵花纹锦
经线：丝，无捻，红、白、绿等色，48套/cm；纬线：明纬：丝，无捻，单根排列，米色，12根/cm；夹纬：丝，无捻，单根排列，米色，12根/cm；组织：2/1 Z斜纹经重组织。
8. 蓝地朵花纹锦
经线：丝，无捻，蓝、白、红等色，46套/cm；纬线：明纬：丝，无捻，单

根排列，米色，14根/cm；夹纬：丝，无捻，单根排列，米色，14根/cm；组织：2/1 Z斜纹经重组织。
9. 齿纹锦
经线：丝，无捻，黄、蓝、棕、白等色，56套/cm；纬线：明纬：丝，无捻，单根排列，米色，14根/cm；夹纬：丝，无捻，单根排列，米色，14根/cm；组织：2/1 S斜纹经重组织。
10. 白地花卉纹刺绣
10. a 白色罗
经线：丝，无捻，单根排列，白色；纬线：丝，无捻，单根排列，白色，密度不可测；组织：四经绞。
10. b 白色绢

经线：丝，无捻，单根排列，白色，62根/cm；
纬线：丝，无捻，单根排列，白色，36根/cm；
组织：1/1平纹。
刺绣：绣线：丝，S捻，红、橙、白、深蓝、蓝、绿、褐、紫等色。针法：平针等。
11. 红地花卉纹刺绣
11. a. 红色罗
经线：丝，单根排列，红色，密度不可测；
纬线：丝，无捻，单根排列，红色；
组织：四经绞。
11. b. 红色绢
经线：丝，无捻，单根排列，红色，约61根/cm；
纬线：丝，无捻，单根排列，红色，约39根/cm；
组织：1/1平纹。
刺绣：绣线：丝，S捻，白、蓝、浅绿、黄等色。针法：平针等。
12. 百衲织物（组织结构略）
13. 白地宝花纹夹缬绢
经线：丝，无捻，单根排列，21根/cm；
纬线：丝，无捻，单根排列，17根/cm；
组织：1/1平纹。
14. 白色绢
经线：丝，无捻，单根排列，白色，60根/cm；
纬线：丝，无捻，单根排列，白色，40根/cm；
组织：1/1平纹。
15. 鸟衔花枝纹夹缬绢
同缘边
16. 蓝色菱格纹绮
经线：丝，无捻，单根排列，蓝色，42根/cm；
纬线：丝，无捻，单根排列，蓝色，18根/cm；
组织：1/1平纹地上以3/1 S斜纹显花。菱格纹样，图案经向循环为2.5 cm，纬向为2.5 cm。
17. 红色小花纹绮
经线：丝，无捻，单根排列，红色，53根/cm；
纬线：丝，无捻，单根排列，红色，18根/cm；
组织：1/1平纹地上以4-2并丝组织显花。图案经向循环为1.2 cm，纬向为1.5 cm。
18. 红色绢
经线：丝，Z捻，单根排列，红色，26根/cm；
纬线：丝，Z捻，单根排列，红色，17根/cm；
组织：1/1平纹。
19. 黄色绢
经线：丝，无捻，单根排列，黄色，42根/cm；
纬线：丝，无捻，单根排列，黄色，24根/cm；
组织：1/1平纹。
20. 绿色绢
经线：丝，无捻，单根排列，绿色，约68根/cm；
纬线：丝，无捻，单根排列，绿色，约37根/cm；
组织：1/1平纹。
21. 紫色绢
经线：丝，无捻，单根排列，紫色，约35根/cm；
纬线：丝，无捻，单根排列，紫色，约29根/cm；
组织：1/1平纹。
22. 浅棕色方格纹绫
经线：丝，无捻，单根排列，浅棕色，46根/cm；
纬线：丝，无捻，单根排列，浅棕色，31根/cm；
组织：以3/1 S斜纹为基础的破斜纹组织。
23. 鸟衔花枝纹夹缬绢边
同缘边

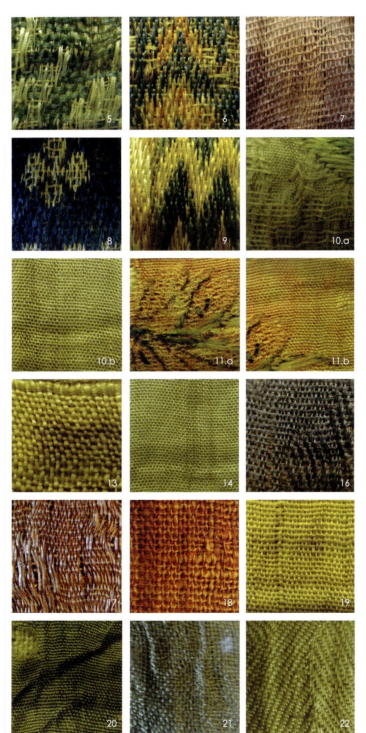

MAS.857　Ch.xxii.0019　白色绫地彩绣缠枝花鸟纹　晚唐—五代

长：92.0 cm；宽：23.5 cm
组织结构：
1. 白色花卉纹绫
经线：丝，无捻，单根排列，白色，45根/cm；纬线：丝，无捻，单根排列，白色，26根/cm；组织：2/1 Z向斜纹地1/5 Z向斜纹显花。
2. 白色绢
经线：丝，无捻，单根排列，白色，58根/cm；纬线：丝，无捻，单根排列，白色，26根/cm；组织：1/1平纹。

刺绣：绣线：丝，Z捻；色彩：墨绿、深蓝、浅蓝、黄、浅黄、浅棕、米、橙色等。捻金线：芯线，丝，白色，两根S捻以Z捻并合。捻银线：芯线，丝，白色，两根S捻以Z捻并合。针法：丝线绣为平针，金、银线用钉针和盘针等。

MAS.858　Ch.xlviii.001　联珠对狮纹锦缘经帙　中唐—晚唐

长：99.7 cm；宽：31.8 cm
组织结构：
1. 联珠对狮纹锦
经线：丝，Z捻，三根排列，本色，14双/cm；纬线：丝，无捻，白色、绿色、蓝色、浅红，24副/cm；组织：1/2 S纬重斜纹。
2. 花卉纹缂丝
经线：丝，Z捻，单根排列，白色，18根/cm；纬线：丝，无捻，白色、绿色、蓝色、橙色、紫色等，约85根/cm；织：1/1平纹，通经断纬。
3. 本色麻布
经线：麻，S捻，本色，15根/cm；纬线：麻，S捻，本色，10根/cm；组织：1/1平纹。
4. 本色绢
经线：丝，无捻，本色，32根/cm；纬线：丝，无捻，本色，26根/cm；组织：1/1平纹。

MAS.859　Ch.xx.006　花卉纹绞编经帙　盛唐—中唐

长：43.5 cm
宽：27.0 cm
组织结构：
经线：丝，Z捻，单根排列，褐、米、土黄、浅蓝、深蓝、灰绿、绿等色，20根/cm；
纬线：竹，单根排列，9根/cm；
组织：绞编组织。

MAS.860　Ch.i.0011　彩幡　晚唐—五代

长：131.0 cm
宽：29.5 cm
组织结构：
1. 辽式缎纹纬锦
经线：明经：丝，无捻，单根排列，淡红色，28根/cm；夹经：丝，无捻，单根排列，白色，28根/cm；纬线：丝，无捻，红、黄、蓝色，14组/cm；组织：五枚辽式缎纹重组织。
2. 辽式缎纹纬锦
经线：明经：丝，无捻，单根排列，淡红色，40根/cm；夹经：丝，无捻，单根排列，淡红色，40根/cm；纬线：丝，无捻，橙、绿、浅蓝、蓝、白色，16组/cm；组织：五枚辽式缎纹重组织。

3. 绿色菱格纹绮
经线：丝，无捻，单根排列，绿色，61根/cm；纬线：丝，无捻，单根排列，绿色，36根/cm；组织：1/1平纹地上以2-2并丝组织起花。
4. 紫色绢
经线：丝，无捻，单根排列，紫色，54根/cm；纬线：丝，无捻，单根排列，紫色，53根/cm；组织：1/1平纹。
5. 缎纹纬锦
经线：明经：丝，无捻，单根排列，淡红色，26根/cm；夹经：丝，无捻，单根排列，淡红色，26根/cm；纬线：丝，无捻，黄、浅蓝等色，26组/cm；组织：五枚缎纹重组织。
6. 蓝色绢
经线：丝，无捻，单根排列，蓝色，57根/cm；纬线：丝，无捻，单根排列，蓝色，31根/cm；组织：1/1平纹。
7. 白色绢
经线：丝，无捻，单根排列，白色，60根/cm；纬线：丝，无捻，单根排列，白色，56根/cm；组织：1/1平纹。
8. 红色绢
经线：丝，无捻，单根排列，红色，59根/cm；纬线：丝，无捻，单根排列，红色，30根/cm；组织：1/1平纹。
9. 红色绢
经线：绵线，Z捻，单根排列，红色，28根/cm；纬线：绵线，Z捻，单根排列，红色，14根/cm；组织：1/1平纹。
10. 浅橙红色绢
经线：丝，无捻，单根排列，浅橙红色，54根/cm；纬线：丝，无捻，单根

排列，浅橙红色，42根/cm；组织：1/1平纹。
11. 红色绢
经线：丝，无捻，单根排列，红色，37根/cm；纬线：丝，无捻，单根排列，红色，32根/cm；组织：1/1平纹。

MAS.861　Ch.i.0020　　　锦缘彩绢幡　　　晚唐—五代

长：130.0 cm；宽：25.4 cm
组织结构：
1. 蓝色绢悬襻
经线：丝，无捻，单根排列，蓝色，26根/cm；纬线：丝，无捻，单根排列，蓝色，14根/cm；组织：1/1平纹。
2. 蓝地花卉纹锦幡头斜边
经线：明经：丝，S捻，单根排列，浅棕色，22根/cm；夹经：丝，S捻，单根排列，浅棕色，22根/cm；纬线：丝，无捻，蓝、红、白、黄绿色，17副/cm；组织：五枚缎纹辽式纬重组织。
3. 绿色绢幡头斜边
经线：丝，无捻，单根排列，绿色，36根/cm；纬线：丝，无捻，单根排列，绿色，22根/cm；组织：1/1平纹。
4. 蓝绿色地卷草纹纬锦幡面
经线：明经：丝，无捻，单根排列，浅棕色，16根/cm；夹经：丝，无捻，单根排列，浅棕色，16根/cm；纬线：丝，无捻，蓝绿、红色，10副/cm；组织：1/2 S斜纹辽式纬重组织。
5. 白地小宝花纹锦幡面
经线：明经：丝，无捻，单根排列，浅红色，20根/cm；夹经：丝，无捻，单根排列，浅红色，20根/cm；纬线：丝，无捻，白、

红、绿色，21副/cm；组织：1/2 Z斜纹辽式纬重组织。
6. 蓝色绢幡身
经线：丝，无捻，单根排列，蓝色，47根/cm；纬线：丝，无捻，单根排列，蓝色，33根/cm；组织：1/1平纹。
7. 白色菱格纹绮幡身
经线：丝，无捻，单根排列，白色，45根/cm；纬线：丝，无捻，单根排列，白色，28根/cm；组织：1/1平纹地上以2-2并丝组织形成3/1 S不规则斜纹组织起花。
8. 红色绫幡身
经线：绵线，Z捻，单根排列，红色，34根/cm；纬线：绵线，Z捻，单根排列，

红色，28根/cm；组织：2/2 Z斜纹。
9. 蓝色绢幡足
经线：丝，无捻，单根排列，蓝色，29根/cm；纬线：丝，无捻，单根排列，蓝色，18根/cm；组织：1/1平纹。
10. 深蓝色绢幡带
经线：丝，无捻，单根排列，深蓝色，18根/cm；纬线：丝，无捻，单根排列，深蓝色，31根/cm；组织：1/1平纹。
11. 褐色菱格纹绮幡面
经线：丝，无捻，单根排列，褐色，56根/cm；纬线：丝，无捻，单根排列，褐色，18根/cm；组织：1/1平纹地上以4-2并丝组织起花。

MAS.862.a　Ch.009 MAS.862.b Ch.00359.a　红地联珠对羊对鸟纹锦　　盛唐—中唐

a. 长：27.0 cm；宽：26.5 cm
b. 长：21.9 cm；宽：8.0 cm
组织结构：
经线：明经：丝，无捻，单根排列，棕色，12根/cm；
夹经：丝，Z捻，三根排列，棕色，36根/cm；
纬线：丝，无捻，红色纬线地上以绿、白、棕三色纬线显花，31副/cm；
组织：1/2 S斜纹纬重组织。

MAS.863　Ch.00359.b　淡红地团窠对鸭纹锦　　中唐

长：15.7 cm
宽：11.4 cm
组织结构：
经线：明经：丝，Z捻，单根排列，浅棕色，20根/cm；
夹经：丝，Z捻，三根排列，浅棕色，60根/cm；
纬线：丝，无捻，淡红、黄、白、绿、蓝色，25副/cm；
组织：1/2 S斜纹纬重组织。

MAS.864　Ch.00182　蔟四小窠联珠对鸟纹锦　　初唐

长：28.0 cm；宽：3.0 cm
组织结构：
经线：丝，无捻，米、褐、棕、绿色，
纬线：明纬：丝，无捻，单根排列，浅棕色，
组织：2/1斜纹经重组织。

MAS.865　Ch.00230　红地宝花纹锦　　中唐—晚唐

a
b

a. 长：4.0 cm；宽：16.3 cm
b. 长：4.0 cm；宽：16.5 cm
组织结构：
经线：明经：丝，Z捻，单根排列，红色，15根/cm；夹经：丝，Z捻，三根排列，红色，15根/cm；纬线：丝，无捻，红、绿、白、深蓝、浅蓝色。组织：1/2 S斜纹纬重组织。

MAS.866　Ch.00168　棕白色地花卉对鸳鸯纹锦　　盛唐

组织结构：
经线：丝，无捻，单根排列，白色和浅棕色交替作地，45套/cm（最多处包括45根蓝经、45根绿经、45根深绿色经和45根作地的白色或浅棕色经）；
纬线：明纬，丝，无捻，单根排列，浅棕，14根/cm；夹纬，丝，基本无捻，单根排列，浅棕色，14根/cm；
组织：2/1 Z斜纹经重组织。

长：21.5 cm
宽：4.0 cm

MAS.869　Ch.00363　紫地团凤纹锦　　晚唐—五代

长：8.0 cm
宽：3.2 cm
组织结构：
经线：明经：丝，无捻，单根排列，浅紫色，17根/cm；夹经：丝，无捻，单根排列，浅褐色，17根/cm；纬线：丝，无捻，紫、黄、白、红、绿色，14副/cm；组织：地部为1/2 S斜纹1:1辽式纬重组织，花部为1/2 S斜纹1:3辽式纬重组织。

MAS.870　Ch.00177.a　红地雁衔花枝纹锦　　晚唐—五代

长：10.0 cm
宽：2.4 cm
组织结构：
经线：明经：丝，无捻，单根排列，浅粉色，16根/cm；夹经：丝，无捻，单根排列，浅粉色，16根/cm；纬线：丝，无捻，红色作地，黄、绿、白、深蓝、浅蓝色显花，19副/cm；组织：1/2 Z斜纹1:4辽式纬重组织，局部为1:5辽式纬重组织。

MAS.871　Ch.00229　红地团花妆花绫残片　五代

长：2.7 cm
宽：7.3 cm
组织结构：
经线：丝，S捻，单根排列，红色，44根/cm；
纬线：地纬：丝，无捻，红色，25根/cm；
纹纬：丝，无捻，黄、绿、白、紫、蓝色，25副/cm；
地纬：纹纬=1根：1副；
组织：5/1 Z斜纹组织地上以纬浮长妆花显花。

MAS.872　Ch.00174.a　红地方胜几何纹锦　中唐—晚唐

长：4.0 cm
宽：4.1 cm
组织结构：
经线：明经：丝，无捻，单根排列，红色，22根/cm；
夹经：丝，无捻，单根排列，红色，22根/cm；
纬线：丝，无捻，红、白、黄、绿、蓝色，28副/cm；
组织：1/2 Z斜纹纬重组织。

MAS.873　Ch.00369　纬锦残片　中唐

长：19.3 cm
宽：0.8 cm
组织结构：
经线：明经：丝，Z捻，单根排列，红色，18根/cm；夹经：丝，Z捻，双根排列，红色，36根/cm；
纬线：丝，无捻，红、深蓝、白、亮黄、深绿等色，20副/cm；
组织：1/2 S斜纹纬重组织。

MAS.874 .a-b　Ch.00291　朵花团窠对鹿纹夹缬绢　晚唐

a　　b

a. 长：30.2 cm；宽：16.5 cm
b. 长：28.7 cm；宽：10.9 cm
组织结构：
经线：丝，无捻，单根排列，浅棕色，52根/cm；
纬线：丝，无捻，单根排列，浅棕色，42根/cm；
组织：1/1平纹。

MAS.875　Ch.00292　朵花团窠对鹿纹夹缬绢残幡　晚唐

a

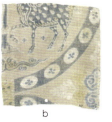

b

c　　d

a　　b　　c

d-1

d-2

a. 橙色绢幡头斜边：
长：16.9 cm；宽：47.8 cm
组织结构：
经线：丝，无捻，单根排列，橙色，35根/cm；纬线：丝，无捻，单根排列，橙色，27根/cm；组织：1/1平纹。
b. 鹿纹夹缬绢残幡幡身上部：
长：28.0 cm；宽：28.0 cm
组织结构：
经线：丝，无捻，单根排列，浅棕色，52根/cm；纬线：丝，无捻，浅棕色，42根/cm；组织：1/1平纹。
c. 绿色绢幡带：
长：84.0 cm；宽：5.0 cm
组织结构：
经线：丝，无捻，单根排列，绿色，34根/cm；纬线：丝，无捻，单根排列，绿色，30根/cm；组织：1/1平纹。
d. 绢幡带
长：129.5 cm；宽：4.0 cm
组织结构：
1. 蓝色绢
经线：丝，无捻，单根排列，蓝色，45根/cm；纬线：丝，无捻，单根排列，蓝色，32根/cm；组织：1/1平纹。
2. 绿色绢
经线：丝，无捻，单根排列，绿色，52根/cm；纬线：丝，无捻，单根排列，绿色，26根/cm；组织：1/1平纹。无捻，单根排列，绿色，26根/cm；组织：1/1平纹。

MAS.876　Ch.00304.a　朵花团窠对雁夹缬绢　唐代

长：23.8 cm；宽：23.8 cm
组织结构：
经线：丝，无捻，单根排列，浅棕色，50根/cm；
纬线：丝，无捻，浅棕色，34根/cm；
组织：1/1平纹。

MAS.877　Ch.00304.b　朵花团窠对雁夹缬绢　唐代

长：25.8 cm；宽：25.8 cm
组织结构：
经线：丝，无捻，单根排列，浅棕色，50根/cm；
纬线：丝，无捻，浅棕色，34根/cm；
组织：1/1平纹。

MAS.878.a-b　Ch.00305　连叶朵花夹缬绢　中唐—晚唐

a. 长：16.5 cm；宽：9.2 cm
b. 长：16.5 cm；宽：6.0 cm
组织结构：
经线：丝，无捻，单根排列，浅棕色，38根/cm；
纬线：丝，无捻，浅棕色，38根/cm；
组织：1/1平纹。

MAS.879.a Ch.00306 MAS879.b ch.00310 朵花夹缬绢 中唐

a. 长：9.5 cm；宽：10.5 cm
b. 长：29.2 cm；宽：3.5 cm
组织结构：
经线：丝，无捻，单根排列，浅棕色，44根/cm；
纬线：丝，无捻，浅棕色，36根/cm；
组织：1/1平纹上纬浮显花。

MAS.880　Ch.00307　a. 方胜朵花夹缬绮幡身　b. 橙红色绢幡头　中唐

a. 方胜朵花夹缬绮幡身
长：32.0 cm
宽：18.0 cm
组织结构：
经线：丝，无捻，单根排列，浅棕色，42根/cm；
纬线：丝，无捻，单根排列，浅棕色，30根/cm；
组织：1/1平纹地上2-4并丝组织显花。

b. 橙红色绢幡头
高：20.0 cm
宽：33.5 cm
组织结构：
1. 黄色绮幡头斜边：
经线：丝，无捻，单根排列，黄色，42根/cm；纬线：丝，无捻，单根排列，黄色，40根/cm；组织：1/1平纹地上4-4并丝组织显花。
2. 橙红色绢幡面：
经线：丝，无捻，单根排列，橙红色，40根/cm；纬线：丝，无捻，单根排列，橙红色，36根/cm；组织：1/1平纹。

MAS.881　Ch.00308　团花夹缬绢　中唐—晚唐

长：16.5 cm
宽：9.0 cm
组织结构：
经线：丝，无捻，单根排列，
浅棕色，48根/cm；
纬线：丝，无捻，浅棕色，
24根/cm；
组织：1/1平纹。

MAS.882　Ch.00310　朵花纹夹缬绢　中唐

长：35.0 cm
宽：3.6 cm
组织结构：
经线：丝，无捻，单根排列，
浅棕色，32根/cm；
纬线：丝，无捻，浅棕色，
20根/cm；
组织：1/1平纹。

MAS.883　Ch.00372　宝花纹夹缬绢幡带　中唐

长：46.0 cm
宽：6.3 cm
组织结构：
经线：丝，无捻，单根排列，
浅棕色，36根/cm；
纬线：丝，无捻，浅棕色，
18根/cm；
组织：1/1平纹。

MAS.884　Ch.xxiv.009　云鸟花卉纹手绘幡带　晚唐—五代

长：35.0 cm
宽：11.5 cm
组织结构：
经线：丝，无捻，单根排列，白色，
54根/cm；纬线：丝，无捻，单根排列，白
色，22根/cm；组织：四经绞。

MAS.885a-b　Ch.00357　对马夹缬绢　中唐—晚唐

a
b

a. 长：67.5 cm；宽：52.8 cm
b. 长：66.0 cm；宽：55.0 cm
组织结构：
1. 对马夹缬绢
经线：丝，无捻，单根排列，浅棕色，38根/cm；纬线：丝，无
捻，浅棕色，26根/cm；组织：1/1平纹。
2. 浅棕色绢

经线：丝，无捻，单根排列，浅棕色，44根/cm；纬线：丝，无
捻，浅棕色，26根/cm；组织：1/1平纹。
3. 浅棕色绢带
经线：丝，无捻，单根排列，浅棕色，38根/cm；纬线：丝，无
捻，浅棕色，28根/cm；组织：1/1平纹。

MAS.886　Ch.00360.a　花卉纹夹缬绢幡　晚唐—五代

长：131.5 cm
宽：43.6 cm
组织结构：
1. 浅棕色绢幡头斜边
经线：丝，无捻，单根排列，浅棕色，
74根/cm；纬线：丝，无捻，单根排列，浅棕
色，42根/cm；组织：1/1平纹。
2. 白地花卉纹夹缬绢幡面
经线：丝，无捻，单根排列，白色，
54根/cm；纬线：丝，无捻，单根排列，白
色，47根/cm；组织：1/1平纹。
3. 浅红色绢幡身
经线：丝，无捻，单根排列，浅红色，
54根/cm；纬线：丝，无捻，单根排列，浅红
色，36根/cm；组织：1/1平纹。
4. 浅黄色绢幡身
经线：丝，无捻，单根排列，浅黄色，
52根/cm；纬线：丝，无捻，单根排列，浅黄
色，41根/cm；组织：1/1平纹。
5. 淡红色地花卉纹夹缬绢幡身
经线：丝，无捻，单根排列，50根/cm；纬
线：丝，无捻，单根排列，30根/cm；组
织：1/1平纹。
6. 淡红色绢幡身
经线：丝，无捻，单根排列，淡红色，
54根/cm；纬线：丝，无捻，单根排列，淡红
色，48根/cm；组织：1/1平纹。
7. 蓝色绢幡带
经线：丝，无捻，单根排列，蓝色，
48根/cm；纬线：丝，无捻，单根排列，蓝
色，31根/cm；组织：1/1平纹。

MAS.887　Ch.00513　墨绘鸟衔花枝纹幡　中唐—晚唐

长：133.5 cm
宽：35.0 cm

组织结构:
1. 本色绢悬襻:
经线: 丝, 无捻, 单根排列, 本色, 40根/cm;
纬线: 丝, 无捻, 单根排列, 本色, 28根/cm;
组织: 1/1平纹。
2. 蓝色绢幡头斜边:
经线: 丝, 无捻, 单根排列, 蓝色, 40根/cm;
纬线: 丝, 无捻, 单根排列, 蓝色, 25根/cm;
组织: 1/1平纹。
3. 彩绘绢幡头三角形织物:
经线: 丝, 无捻, 单根排列, 本色, 46根/cm;
纬线: 丝, 无捻, 单根排列, 本色, 34根/cm;
组织: 1/1平纹。
4. 墨绘鸟衔花枝纹绮幡身:
经线: 丝, 无捻, 单根排列, 暗红色, 52根/cm;
纬线: 丝, 无捻, 单根排列, 暗红色, 48根/cm;
组织: 1/1平纹地上以4-2并丝组织显花。
5. 棕绿色绢幡足:
经线: 丝, 无捻, 单根排列, 棕绿色, 62根/cm;
纬线: 丝, 无捻, 单根排列, 棕绿色, 16根/cm;
组织: 四经绞地上以二经绞组织显花。
6. 棕绿色菱纹罗幡带:
经线: 丝, 无捻, 单根排列, 棕绿色, 62根/cm;
纬线: 丝, 无捻, 单根排列, 棕绿色, 16根/cm;
组织: 四经绞地上以二经绞组织显花。

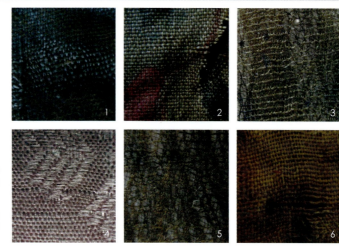

MAS.888　Ch.xxi.003　暗花绫地彩绘莲座佛像幡头　五代

高: 51.5 cm; 宽: 52.5 cm
组织结构:
经线: 丝, 无捻, 单根排列, 51根/cm; 纬线: 丝, 无捻,
单根排列, 28根/cm; 组织: 2/1 S斜纹地上1/5 S斜纹显花。

MAS.889　Ch.00293.a　孔雀衔绶纹二色绫　中唐—晚唐

长: 27.0 cm; 宽: 25.4 cm
组织结构:
经线: 丝, S捻, 单根排列, 浅黄色, 50根/cm;
纬线: 丝, 无捻, 单根排列, 红色, 30根/cm;
组织: 2/1斜纹地上以1/5 S斜纹组织显花。

MAS.890　Ch.00235　黄色花叶纹绫　晚唐—五代

长: 6.0 cm
宽: 11.0 cm
组织结构:
经线: 丝, 无捻, 单根排列, 黄色, 42根/cm;
纬线: 丝, 无捻, 单根排列, 黄色, 21根/cm;
组织: 2/1 S斜纹地上以1/5 Z斜纹组织显花。

MAS.891　Ch.00242　深紫色几何纹绫　晚唐—五代

长: 9.0 cm
宽: 5.0 cm

组织结构:
经线: 丝, 无捻, 单根排列, 深紫色, 50根/cm;
纬线: 丝, 无捻, 深紫色, 33根/cm;
组织: 3/1 Z斜纹地上4-4纬浮长显花。

MAS.892　Ch.00244　黄色描红团花绮　晚唐—五代

长: 11.0 cm
宽: 3.0 cm
组织结构:
经线: 丝, 无捻, 单根排列,
黄色, 60根/cm;
纬线: 丝, 无捻, 单根排列,
黄色, 39根/cm;
组织: 1/1平纹地上以4-2并丝
组织显花。

MAS.893　Ch.00247　橙红色同向绫残片　晚唐—五代

长: 7.0 cm
宽: 4.0 cm
组织结构:
经线: 丝, 无捻, 单根排
列, 橙红色, 46根/cm; 纬
线: 丝, 无捻, 单根排列, 橙
红色, 23根/cm; 组织: 2/1 Z
斜纹地上以1/5 Z斜纹组织显花。

MAS.894　Ch.00239　白色卷草纹绫　晚唐—五代

长：6.8 cm；宽：7.6 cm
组织结构：
经线：丝，无捻，单根排列，白色，43根/cm；
纬线：丝，无捻，单根排列，白色，22根/cm；
组织：2/1 S斜纹地上以1/5 S斜纹组织显花。

MAS.895　Ch.00243　蓝色龟背纹绫　晚唐—五代

长：10.6 cm
宽：2.8 cm
组织结构：
经线：丝，无捻，单根排列，蓝色，44根/cm；
纬线：丝，无捻，单根排列，蓝色，24根/cm；
组织：3/1 Z斜纹地上以1/3 S斜纹组织显花。

MAS.896　Ch.00240　紫色菱格纹绮　晚唐—五代

长：15.5 cm；宽：10.0 cm
组织结构：
经线：丝，无捻，单根排列，暗紫色，55根/cm；
纬线：丝，无捻，单根排列，暗紫色，27根/cm；
组织：1/1平纹作地，2-2并丝织法织出3/1不规则斜纹显花。

MAS.897　Ch.00340　黄棕色菱格纹绮幡带残片　唐代

长：54.6 cm
宽：5.1 cm
组织结构：
经线：丝，无捻，单根排列，黄棕色，44根/cm；
纬线：丝，无捻，单根排列，黄棕色，24根/cm；
组织：1/1平纹地上以3/1菱形斜纹组织显花。

MAS.898　Ch.00341　棕色菱格纹绮幡带残片　晚唐—五代

长：64.8 cm
宽：5.2 cm
组织结构：
经线：丝，无捻，单根排列，棕色，42根/cm；
纬线：丝，无捻，单根排列，棕色，40根/cm；
组织：1/1平纹地上以4-4并丝组织显花。

MAS.899.a-b　Ch.00343 蓝色折枝花卉纹绮幡足残片 晚唐—五代

a
b

a. 长：43.5 cm；宽：6.0 cm
b. 长：41.1 cm；宽：5.9 cm
组织结构：
经线：丝，无捻，单根排列，蓝色，52根/cm；
纬线：丝，无捻，单根排列，蓝色，46根/cm；
组织：1/1平纹地上以2-4并丝组织织成不规则1/5 Z斜纹起花。

MAS.900　Ch.00312　紫色几何纹纱　晚唐—五代

长：4.5 cm
宽：8.3 cm
组织结构：
经线：丝，无捻，单根排列，紫色，26根/cm；
纬线：丝，无捻，单根排列，紫色，16根/cm；
组织：1:1绞纱组织地上以纬浮长起花。

MAS.901　Ch.00313　紫色联珠方格卍字纹纱　晚唐—五代

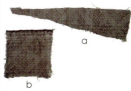

a
b

a. 长：22.5 cm；宽：5.7 cm
b. 长：8.6 cm；宽：8.0 cm
组织结构：
经线：丝，无捻，通常单根排列，偶然成双排列，紫色，26根/cm；
纬线：丝，无捻，通常三根排列，紫色，13根/cm；
组织：地部，1:1对称绞转；
纹部：绞经浮于纬线之上。

MAS.902　Ch.00336　紫色方格卍字纹纱　晚唐—五代

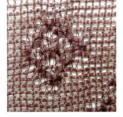

长：17.0 cm
宽：3.8 cm
组织结构：
经线：丝，无捻，单根排列，
紫色，32根/cm；
纬线：丝，无捻，单根排列但
是较粗，紫色，16根/cm；
组织：地部，1:1一顺绞转；纹
部：绞经浮于纬线之上。

MAS.903　Ch.00346　紫色如意团花卍字纹纱　晚唐—五代

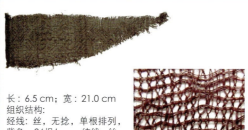

长：6.5 cm；宽：21.0 cm
组织结构：
经线：丝，无捻，单根排列，
紫色，26根/cm；纬线：丝，
无捻，四至五根排列，紫色，
12根/cm；组织：地部，1:1
对称顺绞转；纹部：绞经浮于
纬线之上。

MAS.904　Ch.00344　　　红色菱纹罗　　　晚唐—中唐

长：9.7 cm
宽：10.3 cm
组织结构：
经线：丝，无捻，单根排列，红色，56根/cm；
纬线：丝，无捻，二至三根排列，红色，19根/cm；
组织：四经绞地上二经绞组织显花。

MAS.905　Ch.0058　　a.绢地彩绘幡头 b.褐色幡头衬绢 c.褐色幡身衬绢　　盛唐—中唐

a

b

c

a-1　　a-2　　b

c

a. 绢地彩绘幡头
长：22.8 cm；宽：22.8 cm
组织结构：
1.彩绘绢幡身
经线：丝，无捻，单根排列，本色，56根/cm；
纬线：丝，无捻，单根排列，本色，45根/cm；
组织：1/1平纹。
2. 红地团窠立鸟纹绢丝幡头斜边
经线：丝，两根S捻以Z捻并合，单根排列，白色，

21根/cm；纬线：丝，无捻，单根排列，红、
黄、白、蓝、绿、褐、土黄等色，约86根/cm；
组织：1/1平纹，通经断纬。
c.褐色幡头身衬绢
长：64.7 cm；宽：1.8 cm
组织结构：
经线：丝，无捻，单根排列，褐色，46根/cm；
纬线：丝，无捻，单根排列，褐色，26根/cm；
组织：1/1平纹。

MAS.906.a-b　Ch.00166　浅橙地花卉纹缂丝带　盛唐

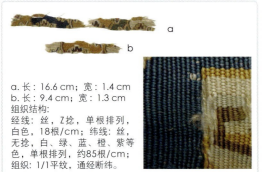

a

b

a. 长：16.6 cm；宽：1.4 cm
b. 长：9.4 cm；宽：1.3 cm
组织结构：
经线：丝，Z捻，单根排列，
白色，18根/cm；纬线：丝，
无捻，白、绿、蓝、橙、紫等
色，单根排列，约85根/cm；
组织：1/1平纹，通经断纬。

MAS.907　Ch.00300　蓝地十样花缂丝带　盛唐

长：18.5 cm
宽：1.5 cm
组织结构：
经线：丝，多根丝线以S捻
并合，单根排列，浅米色，
18根/cm；
纬线：丝，无捻，蓝、棕、
白、黄等色及片金线，单根
排列，约72根/cm；
组织：1/1平纹，通经断纬。

MAS.908.a-b Ch.00301 红地小花缂丝带 盛唐

a

b

a. 长：7.5 cm；宽：1.7 cm
b. 长：8.0 cm；宽：1.8 cm

组织结构：
经线：丝，多根S捻丝线以Z
捻并合，单根排列，白色，
14根/cm；纬线：丝，无捻、
淡红、深棕、深蓝、绿、浅
蓝、黄绿、白等色及纸背片金
线，单根排列，约49根/cm；
组织：1/1平纹，通经断纬。

MAS.909 Ch.00298 菱格纹斜编绦带 盛唐

长：19.0 cm
宽：2.5 cm
组织结构：
经线：丝，两根S捻丝线以Z
捻并合，绿、白、橙色；
组织：1/1斜编组织。

MAS.910 Ch.00299 彩色斜编绦带 盛唐

长：7.7 cm
宽：1.5 cm
组织结构：
经线：丝，两根Z捻丝线以S捻并合，蓝、
白、红色；
组织：1/1斜编组织。

MAS.911 Ch.iv.002 绢地刺绣立佛 中唐—晚唐

长：10.9 cm
宽：6.2 cm

组织结构：
经线：丝，无捻，单根排列，深棕色，68根/cm；纬线：丝，
无捻，单根排列，深棕色，32根/cm；组织：1/1平纹。
刺绣：
绣线：丝，一般由两根Z捻的丝线以S捻并合；色彩：浅蓝、
蓝、深蓝、绿、褐、浅褐、黄等色；片金线：约0.5 cm宽，用
动物内脏薄膜或其他动物材料作背衬。
针法：锁针、钉针。

MAS.912 Ch.xxvi.003 淡红色罗地彩绣花卉鹿纹 晚唐—五代

长：28.7 cm；宽：9.3 cm
组织结构：
1. 淡红色罗
经线：丝，无捻，单根排列，淡红色，密度不可测；
纬线：丝，无捻，单根排列，淡红色，密度不可测；
组织：四经绞。
2. 淡红色绢
经线：丝，无捻，单根排列，淡红色，47根/cm；
纬线：丝，无捻，单根排列，淡红色，34根/cm；
组织：1/1平纹。
刺绣：
绣线：丝，Z捻；色彩：蓝、深蓝、浅蓝、白、黑、红、
黄、绿、紫、浅黄绿等；
针法：平针、劈针、戗针等。

1

2

MAS.914 Ch.00438 罗结饰品 中唐—晚唐

长：13.5 cm
宽：10.2 cm
组织结构：
1. 黄色菱格纹罗
经线：丝，无捻，单根排列，黄色，密度不可测；
纬线：丝，无捻，黄色，密度不可测；
组织：四经绞地上二经绞组织起花。
2. 黄地菱格纹夹缬罗
经线：丝，无捻，单根排列，黄色，密度不可测；
纬线：丝，无捻，黄色，密度不可测；
组织：四经绞地上二经绞组织起花。

MAS.915　Ch.00347　深蓝菱格绫地压金银花卉纹绣　　晚唐—五代

组织结构:
经线: 丝, S捻, 单根排列, 深蓝色, 42根/cm;
纬线: 丝, S捻, 深蓝色, 36根/cm;
组织: 2/2菱形斜纹。
刺绣:
绣线: 丝, 无捻, 色彩: 红、浅红、粉红、蓝、浅蓝、
绿、浅绿等。片金线及片银线。
钉线: 丝, 两根Z捻以S捻并合, 白、红色。
针法: 平针、钉针。

长: 14.0 cm
宽: 6.3 cm

MAS.917.a-c　Ch.0026　黄地联珠花树卷草纹锦　　盛唐—中唐

a. 长: 4.2 cm; 宽: 6.8 cm
b. 长: 7.0 cm; 宽: 3.8 cm
c. 长: 3.0 cm; 宽: 4.2 cm
组织结构:
经线: 明经: 丝, Z捻, 单根排列, 黄色, 16根/cm;
夹经: 丝, Z捻, 双根排列, 黄色, 16根/cm;
纬线: 丝, 无捻, 黄、浅蓝、白色, 41副/cm;
组织: 1/2 S斜纹纬重组织。

MAS.918　Ch.0061.a　蓝地团窠十字花纹锦　晚唐—五代

长: 23.0 cm
宽: 5.3 cm
组织结构:
经线: 明经: 丝, 无捻, 单根排
列, 淡红色, 16根/cm;
夹经: 丝, 无捻, 单根排列,
淡红色, 16根/cm;
纬线: 丝, 无捻, 蓝、白、粉
红、黄、绿色, 17套/cm;
组织: 1/2 Z辽式斜纹纬重组织。

MAS.919　Ch.00171　米色地宝花纹锦　　盛唐

长: 28.5 cm
宽: 3.8 cm
组织结构:
经线: 丝, 无捻, 米、黄、
白三色常织, 蓝、绿两色分
区显花, 52套/cm;
纬线: 明纬: 丝, 无捻, 单
根排列, 白色, 14根/cm;
夹纬: 丝, 无捻, 单根排列,
白色, 14根/cm;
组织: 2/1 S斜纹经重组织。

MAS.920.a-c　Ch.00172　a-b.红地飞雁纹锦 c.红地雁衔卷草纹锦　　晚唐—五代

a-b.红地飞雁纹锦
a. 长: 11.2 cm; 宽: 8.3 cm
b. 长: 15.5 cm; 宽: 6.0 cm
组织结构:
经线: 明经: 丝, 无捻, 双根排列, 淡红色, 36根/cm;
夹经: 丝, 无捻, 双根排列, 淡红色, 36根/cm;
纬线: 丝, 无捻, 红、黄、白、蓝色, 20副/cm;
组织: 1/2 Z斜纹辽式纬重组织。

c. 红地雁衔卷草纹锦
长: 4.3 cm; 宽: 4.2 cm
组织结构:
经线: 丝, 无捻, 单根排列, 米色, 16根/cm;
夹经: 丝, 无捻, 双根排列, 米色, 32根/cm;
纬线: 丝, 无捻, 红、黄、白、蓝色, 18副/cm;
组织: 1/2 S斜纹辽式纬重组织。

MAS.921　　Ch.00165.b　　蓝地朵花鸟衔璎珞纹锦　　盛唐

长：6.0 cm；宽：21.2 cm
组织结构：
经线：丝，无捻，深蓝、白、橙、绿、黄、浅绿色，44套/cm；
纬线：明纬：丝，无捻，单根排列，黄色，12根/cm；
夹纬：丝，无捻，单根排列，黄色，12根/cm；组织：2/1 Z斜纹经重组织。

MAS.922　　Ch.00178　　黄地心形纹锦　　中唐

长：12.5 cm；宽：4.5 cm
组织结构：
经线：明经：丝，Z捻，单根排列，淡红色，18根/cm；夹经：丝，Z捻，单根排列，淡红色，36根/cm；纬线：丝，无捻，黄、红、白、亮蓝、淡粉红色，34组/cm；组织：1/2 S斜纹纬重组织。

MAS.923　　Ch.00297　　菱格小花锦　　晚唐—五代

长：3.9 cm；宽：18.0 cm
组织结构：
经线：明经：丝，无捻，单根排列，白色，20根/cm；夹经：丝，无捻，单根排列，白色，20根/cm；纬线：丝，无捻，单根排列，棕色、米色、绿色、白色，40副/cm；组织：1/2纬菱形斜纹重组织。

MAS.924　　Ch.00173　　彩条朵花纹锦　　盛唐

长：22.5 cm
宽：5.5 cm

组织结构：
经线：甲经：丝，无捻，双根排列，白色，38根/cm；乙经：丝，无捻，双根排列，浅棕色，38根/cm；纬线：甲纬：丝，无捻，单根排列，白色，20根/cm；乙纬：丝，无捻，单根排列，浅棕、黄、蓝、绿分区换色，20根/cm；组织：1/1平纹双层组织。

MAS.925　　Ch.00227　　蓝地花卉纹锦　　盛唐

长：18.4 cm；宽：18.2 cm
组织结构：
经线：丝，无捻，蓝、橙、白、黄、浅绿色，40套/cm；
纬线：明纬：丝，无捻，单根排列，浅棕色，10根/cm；
夹纬：丝，无捻，单根排列，浅棕色，10根/cm；
组织：2/1 Z斜纹经重组织。

MAS.926　　Ch.00118　　红地列蝶龙凤虎纹锦幡头　　北朝

b　　a

a. 长：20.3 cm；宽：14.0 cm
b. 长：17.0 cm；宽：9.5 cm
组织结构：
经线：丝，无捻，单根排列，红白两色，52套/cm（包括52根白经线和52根红色经线）；纬线：明纬，丝，无捻，单根排列，白色，10根/cm；夹纬，丝，基本无捻，单根排列，白色，10根/cm；组织：1/1平纹经重组织。

MAS.927.a-e　　Ch.00175　　白地大花卉纹锦　　晚唐—五代

a. 长：32.5 cm；宽：3.2 cm
b. 长：23.0 cm；宽：0.7 cm
c. 长：21.0 cm；宽：1.5 cm
d. 长：21.0 cm；宽：0.7 cm
e. 长：3.5 cm；宽：8.0 cm
组织结构：
经线：明经：丝，无捻，单根排列，深红色，18根/cm；夹经：丝，无捻，双根排列，浅红色，18双/cm；
纬线：丝，无捻，白、深蓝、绿、红、土黄，12副/cm；
组织：1/2 Z斜纹辽式纬重组织。

MAS.928　Ch.00180　　天蓝地动物纹锦　　晚唐—五代

长：7.0 cm；宽：12.2 cm
组织结构：
经线：明经：丝，无捻，单根排列，绿色，20根/cm；
夹经：丝，无捻，单根排列，浅棕色，20根/cm；
纬线：丝，无捻，天蓝、黄、白、红、绿色，19副/cm；
组织：1/2 Z斜纹辽式纬重组织。

MAS.929　Ch.00364　　黑地小团窠妆花绫残片　　晚唐—五代

长：13.5 cm；宽：7.0 cm
组织结构：
经线：丝，S捻，单根排列，黑色，65根/cm；
纬线：地纬：丝，无捻，黑色，22根/cm；
　　　纹纬：丝，无捻，金黄色，22根/cm；
地纬：纹纬=1:1；组织：地组织：5/1 S向斜纹组织；
妆花组织：1/5 Z斜纹组织。

MAS.930.a-b　Ch.00481　　团花纹锦　　晚唐—五代

a. 长：19.5 cm，宽：1.8 cm
b. 长：9.5 cm，宽：7.5 cm
组织结构：
经线：丝，无捻，单根排列，白色，25根/cm；
纬线：丝，无捻，单根排列，分为两组，一组白色，另一组
蓝色或者米色，20根/cm；
组织：经线和两组纬线织成8枚经面缎纹作地，纬浮显花。

MAS.931　Ch.00309.a　　十样花纹夹缬绢　　盛唐—中唐

长：24.5 cm；宽：12.0 cm
组织结构：
经线：丝，无捻，单根排列，46根/cm；
纬线：丝，无捻，40根/cm；
组织：1/1平纹。

MAS.932　Ch.00510.a　　蓝地白点纹夹缬绢　　盛唐

长：16.7 cm；宽：5.6 cm
组织结构：
经线：丝，无捻，单根排列，52根/cm；
纬线：丝，无捻，36根/cm；
组织：1/1平纹。

MAS.933　Ch.00231.a　　黄地卷草纹二色绫　　晚唐—五代

长：5.3 cm；宽：5.4 cm
组织结构：
经线：丝，S捻，单根排列，白色，45根/cm；
纬线：丝，无捻，单根排列，黄色，19根/cm；
组织：5/1 Z斜纹组织地上以1/5 S斜纹组织显花。

MAS.934　Ch.00232　　黄地花卉纹二色绫　　晚唐—五代

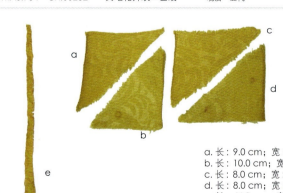

a. 长：9.0 cm；宽：9.0 cm
b. 长：10.0 cm；宽：9.5 cm
c. 长：8.0 cm；宽：9.5 cm
d. 长：8.0 cm；宽：9.5 cm
e. 长：44.0 cm；宽：3.0 cm
组织结构：
经线：丝，S捻，单根排列，黄色，46根/cm；
纬线：丝，无捻，单根排列，红色，27根/cm；
组织：1/5 S斜纹组织地上以5/1 S斜纹组织显花。

MAS.935.a-b Ch.00233 黄色花卉纹绫 晚唐—五代

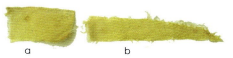

a. 长：7.4 cm；宽：3.8 cm
b. 长：14.0 cm；宽：2.5 cm
组织结构：
经线：丝，无捻，单根排列，
黄色，44根/cm；
纬线：丝，无捻，单根排列，
黄色，22/cm；
组织：2/1 S斜纹组织地上以
1/5 S斜纹组织显花。

MAS.936 Ch.00236 黄色大花纹绫 晚唐—五代

长：10.0 cm；宽：7.3 cm
组织结构：
经线：丝，无捻，单根排列，黄色，52根/cm；
纬线：丝，无捻，黄色，41根/cm；
组织：1/3 S斜纹地以3/1 S斜纹组织显花。

MAS.937 Ch.00238 深紫色几何纹绫 晚唐—五代

长：14.5 cm
宽：1.8 cm
组织结构：
经线：丝，无捻，单根排列，
深紫色，50根/cm；
纬线：丝，无捻，单根排列，
深紫色，33根/cm；
组织：3/1 Z斜纹地上4-4纬浮
长显花。

MAS.938 Ch.00333 黄色菱纹绫 晚唐—五代

长：5.8 cm
宽：18.5 cm
组织结构：
经线：绵线，Z捻，单根排列，
黄色，32根/cm；
纬线：绵线，Z捻，单根排列，
黄色，28根/cm；
组织：2/2菱形斜纹。

MAS.939.a-d Ch.00429 红色花卉纹绫 晚唐—五代

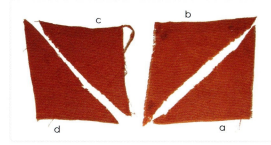

a. 长：8.5 cm；宽：8.0 cm
b. 长：9.0 cm；宽：8.5 cm
c. 长：7.0 cm；宽：7.5 cm
d. 长：8.0 cm；宽：7.0 cm
组织结构：
经线：丝，无捻，单根排列，红色，
46根/cm；
纬线：丝，无捻，单根排列，红色，
36根/cm；
组织：1/2 S斜纹组织地上以5/1 S斜
纹组织显花。

MAS.940 Ch.00430.a 深蓝色菱格纹绮 晚唐—五代

长：10.0 cm
宽：3.2 cm
组织结构：
经线：丝，无捻，单根排列，深蓝色，54根/cm；
纬线：丝，无捻，单根排列，深蓝色，48根/cm；
组织：1/1平纹地上以3/1 Z斜纹组织显花。

MAS.941 Ch.00430.b 深蓝色菱格纹绮 晚唐—五代

长：9.5 cm
宽：3.5 cm
组织结构：
经线：丝，无捻，单根排列，深蓝色，54根/cm；
纬线：丝，无捻，单根排列，深蓝色，48根/cm；
组织：1/1平纹地上以3/1 Z斜纹组织显花。

MAS.942　Ch.00453　黄色龟背小花纹绮　晚唐—五代

长：16.5 cm
宽：15.5 cm
组织结构：
经线：丝，无捻，单根排列，黄色，44根/cm；
纬线：丝，无捻，单根排列，黄色，29根/cm；
组织：1/1平纹地上以2-4并丝组织显花。

MAS.943　Ch.00482　蓝色杂宝卷云纹缎　晚清

长：3.8 cm
宽：10.5 cm
组织结构：
经线：丝，无捻，单根排列，蓝色，84根/cm；
纬线：丝，无捻，单根排列，蓝色，28根/cm；
组织：5枚经缎地上以5枚纬缎组织起花。

MAS.944　Ch.00483　团窠格力芬夹缬绮　中唐—晚唐

a. 长：27.5 cm；宽：13.2 cm
b. 长：33.0 cm；宽：13.0 cm
c. 长：6.9 cm；宽：14.0 cm
组织结构：
经线：丝，无捻，单根排列，52根/cm；
纬线：丝，无捻，20根/cm；
组织：1/1平纹地上2-2并丝织法显花。

MAS.945　Ch.00495.a　深蓝色散点小花纹绫　晚唐—五代

长：13.2 cm
宽：36.0 cm
组织结构：
经线：丝，无捻，单根排列，深蓝色，52根/cm；
纬线：丝，无捻，单根排列，深蓝色，28根/cm；
组织：5/1 S斜纹地上以1/5 S斜纹组织起花。

MAS.946　Ch.00497　银绘团窠花卉纹绮幡足残片　晚唐

长：140.5 cm
宽：31.0 cm
组织结构：
1. 银绘团窠花卉纹绮幡足
经线：丝，无捻，单根排列，蓝色，53根/cm；
纬线：丝，无捻，单根排列，蓝色，38根/cm；
组织：1/1平纹地上以4-2并丝组织形成1/5 Z不规则斜纹组织起花。
2. 蓝色绢幡身补丁
经线：丝，无捻，单根排列，蓝色，40根/cm；
纬线：丝，无捻，单根排列，蓝色，24根/cm；
组织：1/1平纹。
3. 彩绘菱格暗花绮幡身
经线：丝，无捻，单根排列，本色，52根/cm；
纬线：丝，无捻，单根排列，本色，32根/cm；
组织：1/1平纹地上以4-2并丝组织形成1/5 Z不规则斜纹组织起花。
4. 深蓝色暗花绫幡脚补丁
经线：丝，无捻，单根排列，深蓝色，48根/cm；
纬线：丝，无捻，单根排列，深蓝色，28根/cm；
组织：1/2 Z斜纹地上以5/1 Z斜纹组织起花。

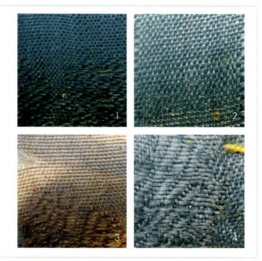

MAS.947　Ch.00499　蓝绿色菱格纹绮幡足残片　中唐—晚唐

长：85.0 cm
宽：17.4 cm
组织结构：
经线：丝，无捻，单根排列，
蓝绿色，54根/cm；
纬线：丝，无捻，单根排列，
蓝绿色，38根/cm；
组织：1/1平纹地上以1/3 Z斜纹显花。

MAS.948　Ch.00500　蓝色菱格纹绮幡带　中唐—晚唐

长：43.0 cm
宽：6.1 cm
组织结构：
经线：丝，无捻，单根排列，
蓝色，52根/cm；
纬线：丝，无捻，单根排列，
蓝色，26根/cm；
组织：1/1平纹地上以3/1 Z斜纹起花。

MAS.949　Ch.00501.a　棕色菱格纹绮　中唐—晚唐

长：31.5 cm
宽：8.5 cm
组织结构：
经线：丝，无捻，单根排列，棕色，54根/cm；
纬线：丝，无捻，单根排列，棕色，36根/cm；
组织：1/1平纹地上以1/3 Z斜纹起花。

MAS.950　Ch.liv.005　锦缘深红色绮经帙　盛唐—晚唐

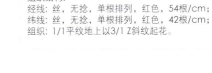

长：15.5 cm
宽：8.8 cm
组织结构：
经线：丝，无捻，单根排列，红色，54根/cm；
纬线：丝，无捻，单根排列，红色，42根/cm；
组织：1/1平纹地上以3/1 Z斜纹起花。

MAS.951　Ch.00320　红色绅　晚唐—五代

长：26.3 cm
宽：3.4 cm
组织结构：
经线：丝，无捻，单根排列，橘红色，32根/cm；
纬线：丝，无捻，单根排列，橘红色，24根/cm；
组织：1/1平纹。

MAS.952 Ch.00323　紫红色绢残片　晚唐—五代

长：6.8 cm
宽：4.6 cm
组织结构：
经线：丝，无捻，单根排列，紫红色，50根/cm；
纬线：丝，无捻，单根排列，紫红色，36根/cm；
组织：1/1平纹。

MAS.953　Ch.00324.b　绿色菱点纹罗幡足残片　晚唐—五代

长：24.0 cm
宽：6.0 cm
组织结构：
经线：丝，无捻，单根排列，绿色，40根/cm；
纬线：丝，无捻，绿色，11根/cm；
组织：四经绞地上以二经绞组织起花。

MAS.954　Ch.00437　红色暗花罗　晚唐—五代

长：9.2 cm
宽：10.3 cm
组织结构：
经线：丝，无捻，单根排列，红色，54根/cm；
纬线：丝，无捻，单根排列，红色，15根/cm；
组织：四经绞地上以二经绞组织起花。

MAS.955　Ch.00445　紫色罗地刺绣残片　晚唐—五代

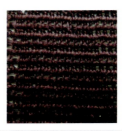

长：4.2 cm
宽：7.2 cm

组织结构：
经线：丝，无捻，单根排列，紫色，64根/cm；
纬线：丝，无捻，单根排列，紫色，13根/cm；
组织：四经绞组织地上二经绞组织起花。
刺绣
绣线：丝，无捻，浅黄色。
针法：平针。

MAS.1128　彩绘花鸟纹绢　晚唐—五代

长：40.0 cm
宽：6.5 cm
组织结构：
经线：丝，无捻，单根排列，浅棕色，47根/cm；
纬线：丝，无捻，单根排列，浅棕色，38根/cm；
组织：1/1平纹。

MAS.1129　Ch.00260　　凉州瑞像　　　　盛唐

长：241.0 cm；宽：159.5 cm
组织结构：
1. 本色绢
经线：丝，无捻，单根排列，本色，
30根/cm；纬线：丝，无捻，单根排
列，本色，21根/cm；组织：1/1平纹。
2. 本色麻布
经线：丝，S捻，单根排列，本色，
11根/cm；纬线：丝，S捻，单根排
列，本色，8根/cm；组织：1/1平纹。
刺绣
绣线：丝，一般为两根Z捻以S捻并合；
色彩：白、红、黑、深蓝、浅蓝、褐、
黄、土黄、绿、浅绿、棕色等。
针法：劈针等。

MAS.1131　　缠枝纹夹缬绢残片　中唐—晚唐

长：15.0 cm
宽：2.9 cm
组织结构：
经线：丝，无捻，单根排列，
44根/cm；
纬线：丝，无捻，26根/cm；
组织：1/1平纹。

Stein Asia 145+　　手绘花鸟纹麻布　　中唐

长：15.0 cm
宽：2.9 cm
组织结构：
经线：麻，S捻，单根排列，本色，11根/cm；
纬线：麻，S捻，18根/cm；组织：1/1平纹。

L:S.100　Ch.iii.0012.a-b　绞编经帙　唐—五代

a. 长：28.0 cm；宽：10.3 cm
b. 长：28.8 cm；宽：2.4 cm
组织结构：
经线：丝，Z捻，单根排列，褐、米、土黄、浅蓝、深蓝、灰
绿、绿等色，20根/cm；
纬线：竹，单根排列，7根/cm；
组织：绞编组织。

L:S.151　　深蓝色幡带残片　唐—五代

a. 长：67.0 cm；宽：5.7 cm
b. 长：66.0 cm；宽：6.1 cm
组织结构：
经线：丝，无捻，单根排列，深蓝色，52根/cm；
纬线：丝，无捻，单根排列，深蓝色，52根/cm；
组织：1/1平纹地上以1/5 Z斜纹组织显花。

L:S.224　Ch.00313　紫色联珠方格卍字纹纱　晚唐—五代

a. 长：9.6 cm；宽：7.5 cm
b. 长：8.8 cm；宽：6.7 cm
组织结构：
经线：丝，无捻，通常单根排列，偶然成双排列，紫色，26根/cm；
纬线：丝，无捻，通常三根排列，紫色，13根/cm；
组织：地部，1:1对称绞转；纹部，绞经浮于纬线之上。

L:S.225　Ch.00360.b-g　菱形花卉纹夹缬绢幡身残片　唐—五代

长：55.0 cm
宽：27.0 cm
组织结构：
经线：丝，无捻，单根排列，本色，42根/cm；
纬线：丝，无捻，单根排列，本色，28根/cm；
组织：1/1平纹。

维多利亚与艾尔伯特博物馆藏

敦煌纺织品总表

L:S.291　Ch.00360.b　花卉纹夹缬绢幡　　　晚唐—五代

长：127.0 cm
宽：41.5 cm
组织结构：
1. 浅红色绢幡头斜边
经线：丝，无捻，单根排列，浅红色，47根/cm；纬线：丝，无捻，单根排列，浅红色，29根/cm；组织：1/1平纹。
2. 花卉纹夹缬绢幡面
经线：丝，无捻，单根排列，本色，47根/cm；纬线：丝，无捻，单根排列，本色，30根/cm；组织：1/1平纹。
3. 钱红色绢幡身（同1）
4. 残棕色绢幡身
经线：丝，无捻，单根排列，浅棕色，40根/cm；纬线：丝，无捻，单根排列，浅棕色，42根/cm；组织：1/1平纹。
5. 菱形花卉纹夹缬绢幡身
经线：丝，无捻，单根排列，本色，42根/cm；纬线：丝，无捻，单根排列，本色，28根/cm；组织：1/1平纹。

L:S.292　Ch.00360.C　花卉纹夹缬绢幡　　　晚唐—五代

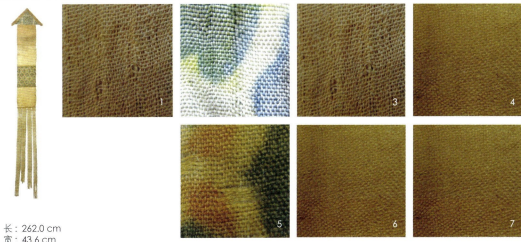

长：262.0 cm
宽：43.6 cm

组织结构：
1. 浅红色绢幡头斜边
经线：丝，无捻，单根排列，浅红色，47根/cm；纬线：丝，无捻，单根排列，浅红色，29根/cm；组织：1/1平纹。
2. 花卉纹夹缬绢幡面
经线：丝，无捻，单根排列，本色，47根/cm；纬线：丝，无捻，单根排列，本色，30根/cm；组织：1/1平纹。
3. 浅红色绢幡身（同1）

4. 浅棕色绢幡身
经线：丝，无捻，单根排列，浅棕色，40根/cm；纬线：丝，无捻，单根排列，浅棕色，42根/cm；组织：1/1平纹。
5. 菱形花卉纹夹缬绢幡身
经线：丝，无捻，单根排列，本色，42根/cm；纬线：丝，无捻，单根排列，本色，28根/cm；组织：1/1平纹。
6. 浅棕色绢幡身（同4）
7. 浅棕色绢幡足（同4）

L:S.293　Ch.00360.d　花卉纹夹缬绢幡　　　晚唐—五代

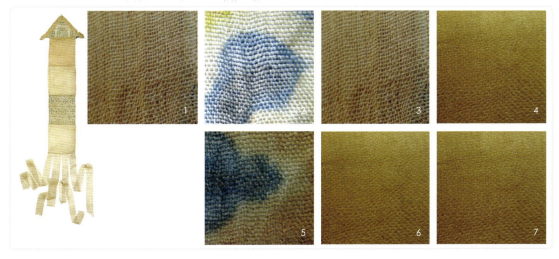

长：263.3 cm；宽：43.5 cm
组织结构：
1. 浅红色绢幡头斜边
经线：丝，无捻，单根排列，浅红色，47根/cm；纬线：丝，无捻，单根排列，浅红色，29根/cm；组织：1/1平纹。
2. 花卉纹夹缬绢幡面
经线：丝，无捻，单根排列，本色，47根/cm；纬线：丝，无捻：单根排列，本色，30根/cm；组织：1/1平纹。
3. 浅红色绢幡身（同1）

4. 浅棕色绢幡身
经线：丝，无捻，单根排列，浅棕色，40根/cm；纬线：丝，无捻，单根排列，浅棕色，42根/cm；组织：1/1平纹。
5. 菱形花卉纹夹缬绢幡身
经线：丝，无捻，单根排列，本色，42根/cm；纬线：丝，无捻，单根排列，本色，28根/cm；组织：1/1平纹。
6. 浅棕色绢幡身（同4）
7. 浅棕色绢幡足（同4）

L:S.294　Ch.00360.e　花卉纹夹缬绢幡　　晚唐—五代

长：113.0 cm；宽：43.5 cm
组织结构：
1. 浅红色绢幡头斜边
经线：丝，无捻，单根排列，浅红色，47根/cm；纬线：丝，无捻，单根排列，浅红色，29根/cm；组织：1/1平纹。
2. 花卉纹夹缬绢幡面
经线：丝，无捻，单根排列，本色，47根/cm；纬线：丝，无捻，单根排列，本色，30根/cm；组织：1/1平纹。
3. 浅红色绢幡身（同4）
4. 浅棕色绢幡身
经线：丝，无捻，单根排列，浅棕色，40根/cm；纬线：丝，无捻，单根排列，浅棕色，42根/cm；组织：1/1平纹。
5. 菱形花卉纹夹缬绢幡身
经线：丝，无捻，单根排列，本色，42根/cm；纬线：丝，无捻，单根排列，本色，28根/cm；组织：1/1平纹。

6. 蓝色绢幡带
经线：丝，无捻，单根排列，蓝色，43根/cm；纬线：丝，无捻，单根排列，蓝色，35根/cm；组织：1/1平纹。

L:S.295　Ch.00360.f　花卉纹夹缬绢幡　　晚唐—五代

长：55.0 cm
宽：40.8 cm
组织结构：
1. 浅红色绢幡头斜边
经线：丝，无捻，单根排列，浅红色，47根/cm；
纬线：丝，无捻，单根排列，浅红色，29根/cm；
组织：1/1平纹。
2. 花卉纹夹缬绢幡面
经线：丝，无捻，单根排列，本色，47根/cm；
纬线：丝，无捻，单根排列，本色，30根/cm；
组织：1/1平纹。
3. 浅红色绢幡身（同1）
4. 浅棕色绢幡身
经线：丝，无捻，单根排列，浅棕色，40根/cm；
纬线：丝，无捻，单根排列，浅棕色，42根/cm；
组织：1/1平纹。

L:S.296　Ch.00360.g　花卉纹夹缬绢幡　　晚唐—五代

a. 长：77.7 cm；宽：43.2 cm
b. 长：82.5 cm；宽：6.1 cm
组织结构：
1. 浅红色绢幡头斜边
经线：丝，无捻，单根排列，浅红色，47根/cm；
纬线：丝，无捻，单根排列，浅红色，29根/cm；
组织：1/1平纹。
2. 花卉纹夹缬绢幡面
经线：丝，无捻，单根排列，本色，47根/cm；
纬线：丝，无捻，单根排列，本色，30根/cm；
组织：1/1平纹。

维多利亚与艾尔伯特博物馆藏
敦煌纺织品总表

3. 浅红色绢幡身（同1）
4. 浅棕色绢幡身
经线：丝，无捻，单根排列，浅棕
色，40根/cm；
纬线：丝，无捻，单根排列，浅棕
色，42根/cm；
组织：1/1平纹。
5. 浅棕色绢幡足（同4）

L:S.297　Ch.00455　十样花纹夹缬绢残幡　　　唐—五代

长：49.0 cm；宽：41.5 cm

组织结构：
1. 蓝色暗花绫幡头斜边
经线：丝，无捻，单根排列，蓝色，48根/cm；纬线：丝，无捻，单根排
列，蓝色，28根/cm；组织：1/2 S斜纹地上以3-3并丝组织显花。
2. 浅棕色绢幡面
经线：丝，无捻，单根排列，浅棕色，47根/cm；纬线：丝，无捻，单根
排列，浅棕色，40根/cm；组织：1/1平纹。
3. 花卉纹夹缬绢幡身
经线：丝，无捻，单根排列，本色，38根/cm；纬线：丝，无捻，单根排
列，本色，25根/cm；组织：1/1平纹。

L:S.298　Ch.00439　黄地彩绘花卉纹绢　　　唐—五代

长：50.0 cm；宽：47.0 cm

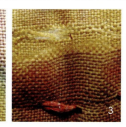

组织结构：
1. 黄地墨绘花卉纹绢
经线：丝，无捻，单根排列，黄色，41根/cm；纬线：丝，无捻，单根排
列，黄色，27根/cm；组织：1/1平纹。
2. 花卉纹夹缬绢
经线：丝，无捻，单根排列，本色，36根/cm；纬线：丝，无捻，单根排
列，本色，36根/cm；组织：1/1平纹。
3. 黄色绢
经线：丝，无捻，单根排列，黄色，41根/cm；纬线：丝，无捻，单根排
列，黄色，27根/cm；组织：1/1平纹。

L:S.299　Ch.0076　四鸟绕花纹锦缘幡头幡身残片　　　晚唐—五代

高：44.0 cm
宽：47.0 cm

组织结构：
1. 四鸟绕花纹锦
经线：明经，丝，无捻，单根排列，粉红色，16根/cm；
夹经：丝，基本无捻，单根排列，粉红色，16根/cm；
纬线：丝，无捻，单根排列，蓝、红、黄色，9副/cm；
组织：1/2 S辽式斜纹纬重组织。

2. 红色绢
经线：丝，无捻，单根排列，红色，44根/cm；
纬线：丝，无捻，单根排列，红色，26根/cm；
组织：1/1平纹。

L:S.301:1-2 Ch.00176.a-b 红地花卉方胜联珠飞鸟纹锦 晚唐—五代

a. 长：21.0 cm，宽：1.0 cm
b. 长：24.0 cm，宽：1.0 cm
组织结构：
经线：明经，丝，无捻，单根排列，红色，18根/cm；
夹经：丝，无捻，单根排列，红色，18根/cm；
纬线：丝，无捻，单根排列，深蓝、红、白、绿、黄色，20副/cm；
组织：1/2 S辽式斜纹纬重组织。

L:S.304　Ch.00174.b　红地方胜几何纹锦　中唐—晚唐

长：69.6 cm
宽：0.8 cm
组织结构：
经线：明经，丝，无捻，单根排列，红色，22根/cm；
夹经：丝，无捻，单根排列，红色，22根/cm；
纬线：丝，无捻，红、白、黄、绿、蓝色，28副/cm；
组织：1/2 Z斜纹纬重组织。

L:S.324:1-2　Ch.00368　绿地纬锦残片　北朝—初唐

a. 长：9.2 cm；宽：5.5 cm
b. 长：8.7 cm；宽：4.5 cm
组织结构：
经线：明经，丝，无捻，单根排列，红色，20根/cm；
夹经：丝，无捻，单根排列，红色，20根/cm；
纬线：丝，无捻，橙红、绿色，19副/cm；
组织：1/1平纹纬重组织。

L:S.325 Ch.00365　绿地树叶纹双面锦幡头残片　晚唐—五代

高：19.5 cm；宽：30.5 cm

组织结构：
1. 深紫色暗花绮悬襻
经线：丝，无捻，单根排列，深紫色，28根/cm；
纬线：丝，无捻，单根排列，深紫色，21根/cm；
组织：1/1平纹地上以1/5 Z不规则斜纹显花。
2. 黄绿色绢幡头斜边
经线：丝，无捻，单根排列，黄绿色，46根/cm；
纬线：丝，无捻，单根排列，黄绿色，30根/cm；
组织：1/1平纹。
3. 绿地花卉纹双面锦幡面
经线：丝，无捻，单根排列，浅红色，50根/cm；

纬线：丝，无捻，单根排列，橙、绿色，15副/cm；
组织：1/5 S斜纹双面纬重组织。
4. 绿色绮幡带
经线：丝，无捻，单根排列，绿色，59根/cm；
纬线：丝，无捻，单根排列，绿色，35根/cm；
组织：1/1平纹地上以1/3 Z斜纹组织显花。
5. 深紫色暗花绮幡身
经线：丝，无捻，单根排列，深紫色，约54根/cm；
纬线：丝，无捻，单根排列，深紫色，约44根/cm；
组织：1/1平纹地上以1/5 Z不规则斜纹显花。

敦煌纺织品总表
维多利亚与艾尔伯特博物馆藏

L:S.326　Ch.00179　　红地团狮纹锦　　　　晚唐—五代

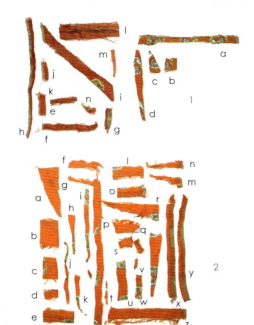

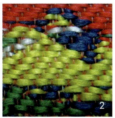

1. 红地团狮纹锦（有绿色纬）
a. 长：1.6 cm；　宽：23.5 cm　b. 长：2.9 cm；　宽：2.9 cm
c. 长：4.5 cm；　宽：2.8 cm　d. 长：16.0 cm；　宽：2.1 cm
e. 长：1.0 cm；　宽：7.5 cm　f. 长：2.7 cm；　宽：17.0 cm
g. 长：6.2 cm；　宽：2.0 cm　h. 长：33.0 cm；　宽：0.8 cm
i. 长：25.0 cm；　宽：19.5 cm　j. 长：5.3 cm；　宽：2.0 cm
k. 长：6.0 cm；　宽：2.3 cm　l. 长：2.3 cm；　宽：16.8 cm
m. 长：7.8 cm；　宽：0.9 cm　n. 长：1.9 cm；　宽：0.8 cm
组织结构：
经线：明经，丝，无捻，单根排列，淡红色，18根/cm；
夹经：丝，无捻，单根排列，淡红色，18根/cm；
纬线：丝，无捻，单根排列，红、蓝、绿、黄、白色，18副/cm（地部由红、绿两色纬线织成）；
组织：1/2 Z斜纹纬重组织。

2. 红地团狮纹锦（无绿色纬）
a. 长：11.0 cm；　宽：4.9 cm　b. 长：6.0 cm；　宽：4.0 cm
c. 长：6.5 cm；　宽：1.3 cm　d. 长：2.0 cm；　宽：3.0 cm
e. 长：2.2 cm；　宽：1.5 cm　f. 长：1.5 cm；　宽：7.5 cm
g. 长：29.7 cm；　宽：7.0 cm　h. 长：15.5 cm；　宽：1.0 cm
i. 长：10.0 cm；　宽：1.6 cm　j. 长：4.3 cm；　宽：3.3 cm
k. 长：12.5 cm；　宽：2.5 cm　l. 长：2.7 cm；　宽：6.8 cm
m. 长：2.0 cm；　宽：6.5 cm　n. 长：1.8 cm；　宽：7.0 cm
o. 长：3.3 cm；　宽：12.2 cm　p. 长：13.2 cm；　宽：0.9 cm
q. 长：3.3 cm；　宽：12.2 cm　r. 长：5.1 cm；　宽：2.0 cm
s. 长：2.2 cm；　宽：5.6 cm　t. 长：4.5 cm；　宽：5.6 cm
u. 长：7.6 cm；　宽：2.1 cm　v. 长：1.9 cm；　宽：0.5 cm
w. 长：4.5 cm；　宽：1.4 cm　x. 长：19.2 cm；　宽：1.7 cm
y. 长：20.6 cm；　宽：1.4 cm　z. 长：1.8 cm；　宽：16.2 cm
组织结构：
经线：明经，丝，无捻，单根排列，淡红色，18根/cm；
夹经：丝，无捻，单根排列，淡红色，18根/cm；
纬线：丝，无捻，单根排列，红、蓝、绿、黄、白色，18副/cm（地部由两组红色纬线织成）；
组织：1/2 Z斜纹纬重组织。

L:S.328　Ch.00296　　宝花纹锦　　　　唐—五代

长：4.2 cm
宽：21.6 cm
组织结构：
经线：明经，丝，无捻，单根排列，棕色，24根/cm；
夹经：丝，无捻，单根排列，棕色，24根/cm；
纬线：丝，无捻，单根排列，橘红、蓝、绿、米、黄、棕色，15副/cm；
组织：1/2 Z斜纹纬重组织。

L:S.329　Ch.00171　　米色地宝花纹锦　　　　盛唐

长：43.1 cm
宽：3.8 cm
组织结构：
经线：丝，无捻，单根排列，米、白、黄三色常织，蓝、绿两色分区显花，48套/cm；
纬线：明纬，丝，无捻，单根排列，白色，14根/cm；
夹纬：丝，无捻，单根排列，白色，14根/cm；
组织：2/1 S斜纹经重组织。

L:S.330.a-b　Ch.00366.a-b　　深绿地朵花纹锦　　　　盛唐

a. 长：39.0 cm；　宽：6.3～7.3 cm
b. 长：44.0 cm；　宽：6.5 cm
组织结构：
经线：丝，无捻，深绿、棕色，30套/cm；
纬线：明纬，丝，无捻，单根排列，棕色，9根/cm；
夹纬：丝，无捻，单根排列，棕色，9根/cm；
组织：2/1 Z斜纹经重组织。

L:S.331.1　Ch.0062.a　蓝地团花对鸟纹锦　　晚唐—五代

长：11.9 cm；宽：5.5 cm
组织结构：
经线：明经，丝，无捻，单根排列，浅米色，18根/cm；
夹经：丝，无捻，单根排列，浅米色，18根/cm；
纬线：丝，无捻，红、深蓝、草绿、白色，19副/cm；
组织：2/1 Z辽式斜纹纬重组织。

L:S.331:2　Ch.0062.b　蓝地团窠鹰纹锦　　晚唐—五代

长：6.0 cm；宽：11.8 cm
组织结构：
经线：明经，丝，无捻，单根排列，浅棕色，17根/cm；
夹经：丝，无捻，单根排列，浅棕色，17根/cm；
纬线：丝，无捻，深蓝、红、浅蓝、白、黄绿色，15副/cm；
组织：2/1 Z辽式斜纹纬重组织。

L:S.332　Ch.0065　白色花卉妆花葡萄纹绫　　晚唐—五代

长：43.5 cm；宽：1.8 cm
组织结构：
经线：丝，Z捻，单根排列，白色，50根/cm；
纬线：地纬：丝，无捻，白色，30根/cm；
　　　纹纬：丝，无捻，橘红色，30根/cm；
地纬：纹纬=1:1；
组织：地组织：5/1 S斜纹地上以1/5 S斜纹组织显花；
　　　妆花组织：纬浮长。

L:S.333　Ch.00177.b　红地纬锦残片　　唐—五代

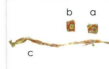

a. 长：1.2 cm；宽：1.8 cm
b. 长：1.5 cm；宽：1.3 cm
c. 长：1.0 cm；宽：22.0 cm
组织结构：
经线：明经，丝，无捻，双根排列，浅红色，34根/cm；
夹经：丝，无捻，双根排列，浅红色，34根/cm；
纬线：丝，无捻，红、黄、浅蓝、白、绿色，16副/cm；
组织：1/2 S辽式斜纹纬重组织。

L:S.334　Ch.00367　红色小团鹦鹉纹锦　　晚唐—五代

长：7.6 cm；宽：11.3 cm
组织结构
经线：明经，丝，无捻，单根排列，粉红色，17根/cm；
夹经：丝，无捻，单根排列，粉红色，17根/cm；
纬线：丝，无捻，单根排列，红、浅蓝、黄绿色，13副/cm；
组织：2/1 S辽式斜纹纬重组织。

L:S.335.a-b　Ch.00487.a-b　晕裥花卉纹锦带　　唐—五代

a. 长：10.5 cm；宽：6.2 cm
b. 长：9.7 cm；宽：2.8 cm

组织结构：
1. 晕裥花卉纹锦
经线：丝，无捻，米、褐、蓝、红等色，50套/cm；纬线：明纬：丝，无捻，单根排列，浅棕色，11根/cm；夹纬：丝，无捻，单根排列，浅棕色，11根/cm；组织：2/1 S斜纹经重组织。
2. 棕色绮
经线：丝，无捻，单根排列，棕色，40根/cm；纬线：丝，无捻，单根排列，棕色，24根/cm；组织：1/1平纹地上以1/3 S斜纹组织显花。
3. 橙色绢
经线：丝，无捻，单根排列，橙色，47根/cm；纬线：丝，无捻，单根排列，橙色，25根/cm；组织：1/1平纹。

维多利亚与艾尔伯特博物馆藏
敦煌纺织品总表

L:S.336　Ch.00485　　　心叶纹绫　　　中唐—晚唐

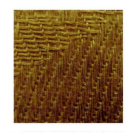

长：26.3 cm；宽：12.5 cm
组织结构：
经线：丝，无捻，单根排列，棕色，56根/cm；
纬线：丝，无捻，单根排列，棕色，25根/cm；
组织：5/1 Z斜纹地上以1/5 S斜纹显花。

L:S.337　Ch.liv.005　　　锦缘深红色绮经帙　　　盛唐—晚唐

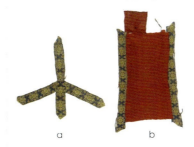

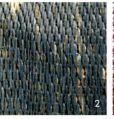

a

b

1

2

3

a. 长：30.5 cm；宽：33.5 cm
b. 长：50.0 cm；宽：28.0 cm

组织结构：
1. 深红色绮
经线：丝，无捻，单根排列，深红色，40根/cm；纬线：丝，无捻，单根排列，深红色，41根/cm；组织：1/1平纹地上以3/1 S斜纹显花。
2. 蓝地宝花纹锦
经线：丝，无捻，蓝、白、浅棕、绿色，48套/cm；纬线：明纬：丝，无捻，单根排列，米色，13根/cm；夹纬：丝，无捻，单根排列，米色，13根/cm；组织：2/1 S向斜纹经重组织。
3. 深红色绢
经线：丝，无捻，单根排列，深红色，30根/cm；纬线：丝，无捻，单根排列，深红色，19根/cm；组织：1/1平纹。

L:S.338:1　Ch.00178　　　黄地心形纹锦　　　中唐

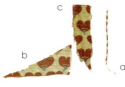

c
b
a

a. 长：18.5 cm；宽：0.6 cm
b. 长：9.0 cm；宽：24.0 cm
c. 长：4.2 cm；宽：9.8 cm
组织结构：
经线：明经：丝，Z捻，单根排列，淡红色，18根/cm；
夹经：丝，Z捻，双根排列，淡红色，36根/cm；
纬线：丝，无捻，黄、红、白、亮蓝、淡粉红、深蓝色，34副/cm；组织：1/2 S向斜纹纬重组织。

L:S.339　　　　　　　　纬锦幅边　　　唐—五代

长：15.5 cm；宽：1.2 cm
组织结构：
经线：明经：丝，无捻，单根排列，红棕色，密度不可测；
夹经：丝，无捻，单根排列，红棕色，密度不可测；
边经：丝，无捻，单根排列，红棕色，约16根/cm；
纬线：丝，无捻，红、绿、蓝、黄、白等色，9副/cm；
基础组织：1/2 Z辽式斜纹纬重组织。

L:S.340:1　Ch.00370.a　　　锦机头残片　　　中唐—晚唐

b
a

a. 长：1.3 cm；宽：10.3 cm
b. 长：1.3 cm；宽：3.0 cm
组织结构：
经线：夹经：丝，无捻，单根排列，红色，17根/cm；
明经：丝，无捻，单根排列，红色，17根/cm；
纬线：丝，无捻，浅橙色，11副/cm；
组织：1/2 Z斜纹纬重组织。

L:S.340:2　Ch.00370.b　　　锦机头残片　　　中唐—晚唐

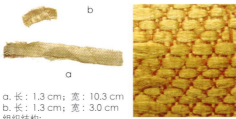

长：0.9 cm；宽：11.5 cm
组织结构：
经线：夹经：丝，无捻，单根排列，浅红色，14根/cm；
明经：丝，无捻，单根排列，浅红色，14根/cm；
纬线：丝，无捻，蓝色，10副/cm；
组织：1/2 Z斜纹纬重组织。

L:S.342　Ch.00382　浅棕色绫经帙　　唐—五代

长：68.0 cm
宽：27.6 cm
组织结构：
1. 浅棕色暗花绫
经线：丝，无捻，单根排列，浅棕色，48根/cm；
纬线：丝，无捻，单根排列，浅棕色，26根/cm；
组织：3/1 S斜纹地上以4-2并丝组织显花。
2. 绿色绢
经线：丝，无捻，单根排列，绿色，42根/cm；
纬线：丝，无捻，单根排列，绿色，22根/cm；
组织：1/1平纹。
3. 黄色绢
经线：丝，无捻，单根排列，黄色，35根/cm；
纬线：丝，无捻，单根排列，黄色，20根/cm；
组织：1/1平纹。
4. 红色绢
经线：丝，无捻，单根排列，红色，36根/cm；
纬线：丝，无捻，单根排列，红色，18根/cm；
组织：1/1平纹。
5. 黄色绢
经线：丝，无捻，单根排列，黄色，37根/cm；
纬线：丝，无捻，单根排列，黄色，19根/cm；
组织：1/1平纹。
6. 蓝灰色绢
经线：丝，无捻，单根排列，蓝灰色，37根/cm；
纬线：丝，无捻，单根排列，蓝灰色，23根/cm；
组织：1/1平纹。
7. 米色绢
经线：丝，无捻，单根排列，米色，52根/cm；
纬线：丝，无捻，单根排列，米色，32根/cm；
组织：1/1平纹。

L:S.343　Ch.0075　红菱纹罗地刺绣花卉纹经巾　　晚唐

长：97.0 cm；宽：59.0 cm
组织结构：
1. 红色菱纹罗
经线：丝，无捻，单根排列，红色，64根/cm；
纬线：丝，无捻，单根排列，红色，24根/cm；
组织：四经绞地上以二经绞组织显花。
2. 红色绢

经线：丝，无捻，单根排列，红色，55根/cm；
纬线：丝，无捻，单根排列，红色，41根/cm；
组织：1/1平纹。
3. 豆绿色绢
经线：丝，无捻，单根排列，豆绿色，29根/cm；
纬线：丝，无捻，单根排列，豆绿色，24根/cm；
组织：1/1平纹。

L:S.345　Ch.00444　紫色素罗残片　　唐—五代

长：14.7 cm；宽：4.2 cm
组织结构：
经线：丝，无捻，单根排列，紫色，84根/cm；
纬线：丝，无捻，单根排列，紫色，13根/cm；
组织：四经绞。

L:S.378　Ch.00337　黄棕色菱纹罗　　唐—五代

长：22.2 cm；宽：15.7 cm
组织结构：
1. 棕色菱纹罗
经线：丝，无捻，单根排列，棕色，60根/cm；
纬线：丝，无捻，单根排列，棕色，16根/cm；
组织：四经绞地上以二经绞组织显花。
2. 蓝色绢

经线：丝，无捻，单根排列，蓝色，58根/cm；
纬线：丝，无捻，单根排列，蓝色，24根/cm；
组织：1/1平纹。
3. 黄色绮
经线：丝，无捻，单根排列，黄色，53根/cm；
纬线：丝，无捻，单根排列，黄色，30根/cm；
组织：1/1平纹地上以1/3 S斜纹显花。

L:S.379.a-b　Ch.00498.a-b　红绫地银泥幡身　晚唐—五代

长：61.0 cm；宽：35.0 cm
组织结构：
经线：丝，无捻，单根排列，红色，44根/cm；
纬线：丝，无捻，单根排列，红色，18根/cm；
组织：2/1 Z斜纹地上以1/5 Z斜纹组织显花。

L:S.380　Ch.00345.a　蓝色菱格纹绮　晚唐—五代

长：49.0 cm；宽：29.2 cm
组织结构：
经线：丝，无捻，单根排列，蓝色，47根/cm；
纬线：丝，无捻，单根排列，蓝色，36根/cm；
组织：1/1平纹地上以4-2并丝组织显花。

L:S.381　Ch.00374　暗红色小花纹绮　唐代

长：21.9 cm；宽：46.7 cm
组织结构：
经线：丝，无捻，单根排列，暗红色，38根/cm；
纬线：丝，无捻，单根排列，暗红色，30根/cm；
组织：1/1平纹地上以1/3 S斜纹显花。

L:S.382　Ch.00245　红色绮残片　唐—五代

a. 长：6.0 cm；宽：1.1 cm
b. 长：15.0 cm；宽：3.5 cm
组织结构：
经线：丝，无捻，单根排列，红色，60根/cm；
纬线：丝，无捻，单根排列，红色，49根/cm；
组织：1/1平纹地上以2-2并丝组织显花。

L:S.383　Ch.00484　白色暗花绫带　晚唐—五代

a　　b

a. 长：11.6 cm；宽：7.0 cm
b. 长：9.7 cm；宽：4.7 cm
组织结构：
经线：丝，无捻，单根排列，白色，42根/cm；
纬线：丝，无捻，单根排列，白色，34根/cm；
组织：2/1 S斜纹地上以1/5 S斜纹显花。

L:S.384　Ch.00489　浅红色暗花绮带　晚唐—五代

长：19.0 cm；宽：4.3 cm
组织结构：
经线：丝，无捻，单根排
列，浅红色，41根/cm；纬
线：丝，无捻，单根排列，浅
红色，37根/cm；组织：1/1平
纹地上以3/1 S斜纹显花。

L:S.385　Ch.00503　　黄色菱格纹绮　　唐—五代

长：8.5 cm；宽：13.2 cm
组织结构：
经线：丝，无捻，单根排列，黄色，49根/cm；
纬线：丝，无捻，单根排列，黄色，17根/cm；
组织：1/1平纹地上以4-4并丝组织显花。

L:S.386　Ch.00505　　浅棕色菱格纹绮　　唐—五代

长：4.8 cm；宽：15.5 cm
组织结构：
经线：丝，无捻，单根排列，浅棕色，56根/cm；
纬线：丝，无捻，单根排列，浅棕色，29根/cm；
组织：1/1平纹地上以4-4并丝组织显花。

L:S.387　Ch.00238　　紫色暗花绫　　唐—五代

a
b
c
d

a. 长：8.2 cm；　宽：4.5 cm
b. 长：15.1 cm；宽：1.7 cm
c. 长：13.7 cm；宽：1.4 cm
d. 长：17.2 cm；宽：1.3 cm
组织结构：
经线：丝，无捻，单根排列，紫色，40根/cm；
纬线：丝，无捻，单根排列，紫色，34根/cm；
组织：3/1 Z斜纹地上以4-4并丝组织显花。

L:S.388　Ch.00250　　二色绫残片　　唐—五代

长：2.2 cm；宽：29.0 cm
组织结构：
经线：丝，无捻，单根排列，米色，42根/cm；
纬线：丝，无捻，单根排列，橙黄色，约18根/cm；
组织：1/5 Z斜纹地上以5/1 S斜纹组织显花。

L:S.389　Ch.00490　　绿色绮残片　　唐—五代

长：4.0 cm；宽：38.5 cm
组织结构：
经线：丝，无捻，单根排列，绿色，54根/cm；
纬线：丝，无捻，单根排列，绿色，39根/cm；
组织：1/1平纹地上以2-4并丝组织显花。

L:S.390:1-5　Ch.00312　　紫色几何纹纱　　晚唐—五代

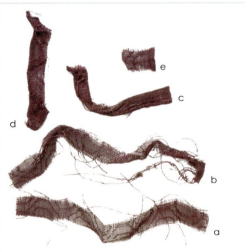

e
c
d
b
a

a. 长：1.7 cm；宽：15.7 cm
b. 长：1.2 cm；宽：13.3 cm
c. 长：1.4 cm；宽：8.5 cm
d. 长：8.1 cm；宽：1.4 cm
e. 长：1.5 cm；宽：2.1 cm
组织结构：
经线：丝，无捻，单根排列，紫色，32根/cm；
纬线：丝，无捻，单根排列，紫色，15根/cm；
组织：绞纱地上经浮长显花。

L:S.391　Ch.00246　　蓝绿色绮幡头斜边　　唐—五代

a.
长：21.0 cm；
宽：2.5 cm
b.
长：18.8 cm；
宽：2.3 cm

a
b

组织结构：
经线：丝，无捻，单根排列，蓝绿色，
35根/cm；纬线：丝，无捻，单根排列，
蓝绿色，38根/cm；组织：1/1平纹地上以
2-2并丝组织显花。

维多利亚与艾尔伯特博物馆藏
敦煌纺织品总表

L:S.392　Ch.00333　黄色菱纹绫　　晚唐—五代

a. 长：7.5 cm；宽：14.5 cm
b. 长：2.8 cm；宽：7.0 cm
c. 长：2.5 cm；宽：1.1 cm
组织结构：
经线：绵线，Z捻，单根排列，黄色，36根/cm；
纬线：绵线，Z捻，单根排列，黄色，25根/cm；
组织：2/2菱形斜纹。

L:S.393　Ch.00341　深黄绿色菱格纹绮　唐—五代

长：4.9 cm；宽：62.0 cm
组织结构：
经线：丝，无捻，单根排列，深黄绿色，48根/cm；
纬线：丝，无捻，单根排列，深黄绿色，39根/cm；
组织：1/1平纹地上以4-4并丝组织显花。

L:S.394:1-2　Ch.00251　白色素绫残片　唐—五代

a. 长：2.7 cm；宽：8.3 cm
b. 长：8.0 cm；宽：1.2 cm
组织结构：
经线：丝，无捻，单根排列，米黄色，42根/cm；
纬线：丝，无捻，单根排列，白色，27根/cm；
组织：4/2 S斜纹。

L:S.395　Ch.0066　枝藤纹绫　唐—五代

长：9.0 cm；宽：4.8 cm
组织结构：
经线：丝，无捻，单根排列，灰色，44根/cm；
纬线：丝，无捻，单根排列，灰色，31根/cm；
组织：2/1 Z斜纹地上以1/5 Z斜纹组织显花。

L:S.396　Ch.00252　白色素绫　唐—五代

长：1.3 cm；宽：5.5 cm
组织结构：
经线：丝，无捻，单根排列，白色，29根/cm；纬线：丝，无捻，单根排列，白色，23根/cm；组织：2/1 S斜纹。

L:S.397　Ch.00453　黄色龟背小花纹绮　晚唐—五代

长：15.3 cm；宽：7.0 cm
组织结构：
经线：丝，无捻，单根排列，黄色，45根/cm；
纬线：丝，无捻，单根排列，黄色，31根/cm；
组织：1/1平纹地上以1/5 Z斜纹组织显花。

L:S.398　Ch.00491　红棕色暗花绮残片　唐—五代

长：42.0 cm；宽：8.0 cm
组织结构：
经线：丝，无捻，单根排列，红棕色，59根/cm；纬线：丝，无捻，单根排列，红棕色，45根/cm；组织：1/1平纹地上以2-2并丝组织显花。

L:S.399　Ch.00507　棕色异向绫残片　唐—五代

长：4.8 cm；宽：15.5 cm
组织结构：
经线：丝，无捻，单根排列，棕色，34根/cm；
纬线：丝，无捻，单根排列，棕色，21根/cm；
组织：5/1 Z斜纹地上以1/5 S斜纹组织显花。

L:S.400　Ch.00506　蓝绿色菱格纹绫　唐—五代

长：14.3 cm；宽：9.6 cm
组织结构：
经线：丝，无捻，单根排列，蓝绿色，48根/cm；
纬线：丝，无捻，单根排列，蓝绿色，28根/cm；
组织：3/1 S斜纹地上以1/3 Z斜纹组织显花。

L:S.401　Ch.00504　褐色菱格纹绮　唐—五代

长：21.0 cm；宽：6.5 cm
组织结构：
经线：丝，无捻，单根排列，褐色，35根/cm；
纬线：丝，无捻，单根排列，褐色，25根/cm；
基础组织：1/1平纹地上以2-4并丝组织显花。

L:S.402　　白色素绫　唐—五代

长：29.0 cm；宽：1.0 cm
组织结构：
经线：绵线，Z捻，单根排列，白色27/cm；
纬线：绵线，Z捻，单根排列，白色，20根/cm；
组织：2/2 Z斜纹。

L:S.403　　深紫色素绫　唐—五代

a. 长：1.8 cm；宽：32.0 cm
b. 长：13.2 cm；宽：0.8 cm
组织结构：
经线：丝，无捻，单根排列，深紫色，29根/cm；
纬线：丝，无捻，单根排列，深紫色，18根/cm；
组织：2/1 Z斜纹。

L:S.405　　1. 深紫色暗花纱　2. 深紫色素绫　唐—五代

1. 深紫色暗花纱
a. 长：70.0 cm；　宽：0.8 cm
b. 长：0.9 cm；　宽：18.5 cm
c. 长：9.1 cm；　宽：0.8 cm
d. 长：0.6 cm；　宽：4.8 cm
e. 长：0.3 cm；　宽：5.3 cm
f. 长：0.7 cm；　宽：14.6 cm
g. 长：1.1 cm；　宽：6.5 cm
组织结构：
经线：丝，无捻，单根排列，深紫色，18根/cm；
纬线：丝，无捻，单根排列，深紫色，12根/cm；
组织：绞纱组织地上以纬浮长起花。

2. 深紫色素绫
长：21.1 cm；宽：0.4 cm
组织结构：
经线：丝，无捻，单根排列，深紫色，约30根/cm；
纬线：丝，无捻，单根排列，深紫色，约24根/cm；
组织：3/1 Z斜纹地上以3-3并丝组织显花。

L:S.406　　黄绿色绮残片　唐—五代

长：17.5 cm；宽：6.5 cm
组织结构：
经线：丝，无捻，单根排列，黄绿色，37根/cm；
纬线：丝，无捻，单根排列，黄绿色，34根/cm；
组织：1/1平纹地上以2-2并丝组织显花。

L:S.408　　深紫色素罗残片　唐—五代

长：7.0 cm；宽：9.0 cm
组织结构：
经线：丝，无捻，单根排列，深紫色，48根/cm；
纬线：丝，无捻，单根排列，深紫色，14根/cm；
组织：四经绞。

维多利亚与艾尔伯特博物馆藏
敦煌纺织品总表

L:S.409　　　黄色小方格绫残片　　　唐—五代

a. 长：14.0 cm；　宽：4.4 cm
b. 长：9.7 cm；　宽：1.8 cm
c. 长：9.7 cm；　宽：2.2 cm
组织结构：
经线：丝，无捻，单根排列，黄色，52根/cm；
纬线：丝，无捻，单根排列，黄色，15根/cm；
组织：2/1 S斜纹。

L:S.411 Ch.00502　　　团花夹缬绢　　　唐代

长：31.5 cm
宽：12.0 cm
组织结构：
经线：丝，无捻，单根排列，本色，49 根/cm；
纬线：丝，无捻，单根排列，本色，25根/cm；
组织：1/1 平纹地上以 3/1 S 斜纹显花。

L:S.412 Ch.00454　　　浅绿色绮残片　　　唐—五代

长：126.0 cm；宽：7.3 cm
组织结构：
经线：丝，无捻，单根排列，浅绿色，46根/cm；
纬线：丝，无捻，单根排列，浅绿色，24根/cm；
组织：1/1平纹地上以1/3 S斜纹组织显花。

L:S.414:1-9 Ch.00486　　　深黄绿色绮幡带残片　　　唐—五代

组织结构：
经线：丝，无捻，单根排列，深黄绿色，30根/cm；
纬线：丝，无捻，单根排列，深黄绿色，19根/cm；
组织：1/1平纹地上以5/1 Z斜纹组织显花。

a. 长：20.0 cm；　宽：6.3 cm
b. 长：24.5 cm；　宽：5.2 cm
c. 长：17.5 cm；　宽：3.0 cm
d. 长：26.0 cm；　宽：6.5 cm
e. 长：36.5 cm；　宽：3.3~5.8 cm
f. 长：25.0 cm；　宽：5.5 cm
g. 长：16.0 cm；　宽：2.6 cm
h. 长：11.0 cm；　宽：2.7 cm
i. 长：22.5 cm；　宽：2.7 cm

L:S.415:1-2 Ch.00249　　　团花纹绮幡面　　　唐—五代

a. 长：11.0 cm
宽：26.0 cm
b. 长：5.5 cm
宽：6.0 cm
组织结构：
1. 团花纹绮
经线：丝，无捻，单根排列，
本色，44根/cm；纬线：丝，
无捻，单根排列，本色，
34根/cm；组织：1/1平纹地
上以1/3 S斜纹组织显花。

2. 彩绘花卉菱格纹绮
经线：丝，无捻，单根排列，
本色，40根/cm；纬线：丝，
无捻，单根排列，本色，
31根/cm；组织：1/1平纹地
上以1/3 S斜纹组织显花。

L:S.416 Ch.00493　　　红色十字花纹绮幡带残片　　　唐代

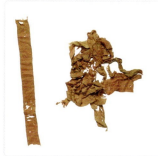

a. 长：36.9 cm；　宽：3.7 cm
b. 长：22.2 cm；　宽：3.8 cm
c. 长：39.5 cm；　宽：3.8 cm
d. 长：23.5 cm；　宽：3.6 cm
e. 长：57.2 cm；　宽：3.8 cm
f. 长：48.7 cm；　宽：3.8 cm
g. 长：73.5 cm；　宽：3.8 cm
h. 长：31.3 cm；　宽：3.9 cm
组织结构：
经线：丝，无捻，单根排列，红色，46根/cm；
纬线：丝，无捻，单根排列，红色，28根/cm；
组织：1/1平纹地上以1/3 Z斜纹组织显花。

L:S.417　Ch.00351　黄色花卉纹绮　中唐—晚唐

长：21.5 cm；宽：21.5 cm
组织结构：
经线：丝，无捻，单根排列，黄色，48根/cm；
纬线：丝，无捻，单根排列，黄色，27根/cm；
组织：1/1平纹地上以1/5变化斜纹组织显花。

L:S.418　Ch.00293.b　蓝黄二色绫　唐代

长：78.0 cm；宽：9.3 cm
组织结构：
经线：丝，无捻，单根排列，
黄色，42根/cm；纬线：丝，
无捻，单根排列，深蓝色，
18根/cm；组织：2/1 S斜纹地
上以1/5 S斜纹组织显花。

L:S.419　Ch.00364　黑地小团窠妆花绫残片　晚唐—五代

a. 长：20.0 cm；宽：4.7 cm
b. 长：1.0 cm；宽：23.0 cm
组织结构：
经线：丝，S捻，单根排列，黑色，65根/cm；
纬线：地纬：丝，无捻，黑色，22根/cm；
纹纬：丝，无捻，金黄色，22根/cm；
地纬：纹纬=1:1；
组织：地组织：5/1 S斜纹组织；妆花组织：1/5 S斜纹组织。

L:S.420　Ch.00240　紫色菱格纹绮　晚唐—五代

长：11.0 cm；宽：58.0 cm
组织结构：
经线：丝，无捻，单根排
列，深紫色，55根/cm；纬
线：丝，无捻，单根排列，紫
色，27根/cm；组织：1/1平
纹地上以2-2并丝组织显花。

L:S.421　Ch.00168　红地花卉对鸳鸯纹锦　初唐—盛唐

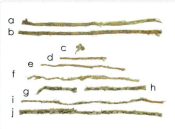

a. 长：43.0 cm；宽：1.2 cm　组织结构：
b. 长：41.5 cm；宽：1.2 cm　经线：丝，无捻，白、蓝
c. 长：2.0 cm；宽：0.6 cm　色；红、蓝色；红、蓝、黄
d. 长：14.1 cm；宽：0.6 cm　绿色，32套；纬线：明
e. 长：25.6 cm；宽：0.6 cm　纬：丝，无捻，浅橙色，
f. 长：32.2 cm；宽：0.6 cm　13根/cm；夹纬：丝，无
g. 长：12.2 cm；宽：0.9 cm　捻，浅橙色，13根/cm；
h. 长：19.0 cm；宽：1.0 cm　组织：2/1 Z斜纹经重组织。
i. 长：43.6 cm；宽：0.8 cm
j. 长：43.4 cm；宽：1.0 cm

L:S.422:1-3　Ch.00500　蓝色菱纹绮幡足残片　唐—五代

a. 长：88.2 cm；宽：12.8 cm
b. 长：60.6 cm；宽：6.2 cm
组织结构：
经线：丝，无捻，单根排列，蓝色，48根/cm；
纬线：丝，无捻，单根排列，蓝色，30根/cm；
组织：1/1平纹地上以2-2并丝组织显花。

L:S.423　Ch.00345.b　蓝色菱格纹绮　晚唐—五代

长：50.5 cm；宽：31.0 cm
组织结构：
经线：丝，无捻，单根排列，蓝色，47根/cm；
纬线：丝，无捻，单根排列，蓝色，36根/cm；
组织：1/1平纹地上以4-2并丝组织显花。

L:S.424.a　Ch.00516.a　绢幡　晚唐—五代

长：107.0 cm
宽：32.5 cm
组织结构：
1. 黄绿色绢悬襻
经线：丝，无捻，单根排列，黄绿色，密度不可测；
纬线：丝，无捻，单根排列，黄绿色，密度不可测；
组织：1/1平纹。
2. 橙色几何纹绮幡头斜边
经线：丝，无捻，单根排列，橙色，34根/cm；
纬线：丝，无捻，单根排列，橙色，21根/cm；
组织：1/1平纹地上以4-2并丝组织显花。
3. 灰绿色绢幡面
经线：丝，无捻，单根排列，灰绿色，54根/cm；

纬线：丝，无捻，单根排列，灰绿色，38根/cm；组织：1/1平纹。
4. 深绿色绢幡身
经线：丝，无捻，单根排列，深绿色，48根/cm；
纬线：丝，无捻，单根排列，深绿色，22根/cm；
组织：1/1平纹。
5. 橙色几何纹绮幡身（同2）
6. 灰绿色绢幡身（同3）
7. 深绿色绢幡身（同4）
8. 深绿色绢幡带（同4）

L:S.424.b　Ch.00516.b　　绢幡　　　晚唐—五代

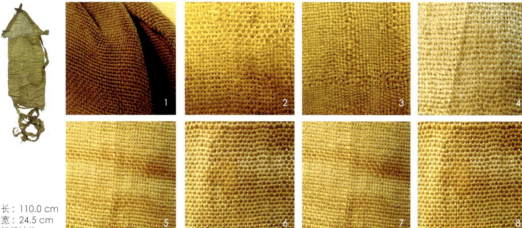

长：110.0 cm
宽：24.5 cm
组织结构：
1. 深褐色绢悬襻
经线：丝，无捻，单根排列，深褐色，密度不可测；纬线：丝，无捻，单根排列，深褐色，密度不可测；组织：1/1平纹。
2. 黄绿色绢幡头斜边
经线：丝，无捻，单根排列，黄绿色，34根/cm；纬线：丝，无捻，单根排列，黄绿色，27根/cm；组织：1/1平纹。
3. 深绿色绢幡头斜边
经线：丝，无捻，单根排列，深绿色，35根/cm；纬线：丝，无捻，单根排列，深绿色，39根/cm；组织：1/1平纹。
4. 浅灰绿色绢幡面
经线：丝，无捻，单根排列，浅灰绿色，37根/cm；纬线：丝，无

捻，单根排列，浅灰绿色，23根/cm；组织：1/1平纹。
5. 黄绿色绢幡身
经线：丝，无捻，单根排列，黄绿色，43根/cm；纬线：丝，无捻，单根排列，黄绿色，31根/cm；组织：1/1平纹。
6. 褪橙红色绢幡身
经线：丝，无捻，单根排列，褪橙红色，45根/cm；纬线：丝，无捻，单根排列，褪橙红色，26根/cm；组织：1/1平纹。
7. 黄绿色绢幡带（同5）
8. 褪橙红色绢幡足（同6）

L:S.424.c　Ch.00516.c　　绢幡　　　晚唐—五代

长：62.0 cm；宽：24.0 cm
组织结构：
1. 深黄绿色绢幡头斜边
经线：丝，无捻，单根排列，深黄绿色，45根/cm；
纬线：丝，无捻，单根排列，深黄绿色，35根/cm；
组织：1/1平纹。
2. 浅灰绿色绢幡面
经线：丝，无捻，单根排列，浅灰绿色，35根/cm；
纬线：丝，无捻，单根排列，浅灰绿色，22根/cm；
组织：1/1平纹。

3. 深黄绿色绢幡身
经线：丝，无捻，单根排列，深黄绿色，40根/cm；
纬线：丝，无捻，单根排列，深黄绿色，30根/cm；
组织：1/1平纹。
4. 褪红色绢幡身
经线：丝，无捻，单根排列，褪红色，46根/cm；
纬线：丝，无捻，单根排列，褪红色，26根/cm；
组织：1/1平纹。
5. 深黄绿色绢幡带（同1）

L:S.424.d　Ch.00516.d　　　绢幡　　　　晚唐—五代

长：78.0 cm；宽：31.0 cm
组织结构：
1. 墨绿色绢幡头斜边
经线：丝，无捻，单根排列，墨绿色，40根/cm；
纬线：丝，无捻，单根排列，墨绿色，42根/cm；
组织：1/1平纹。
2. 浅灰绿色绢幡面
经线：丝，无捻，单根排列，浅灰绿色，36根/cm；
纬线：丝，无捻，单根排列，浅灰绿色，35根/cm；
组织：1/1平纹。

3. 黄绿色绢幡身
经线：丝，无捻，单根排列，黄绿色，45根/cm；
纬线：丝，无捻，单根排列，黄绿色，29根/cm；
组织：1/1平纹。
4. 褪红色绢幡身
经线：丝，无捻，单根排列，褪红色，45根/cm；
纬线：丝，无捻，单根排列，褪红色，28根/cm；
组织：1/1平纹。
5. 黄绿色绢幡带（同3）

L:S.425　Ch.00447.b　　　鳞形垂带　　　　唐—五代

长：35.6 cm
宽：12.9 cm
组织结构：
1. 红色绢
经线：丝，无捻，单根排列，红色，31/cm；纬线：丝，无捻，单根排列，红色，28/cm；组织：1/1平纹。
2. 绿色绢
经线：丝，无捻，单根排列，绿色，42根/cm；纬线：丝，无捻，单根排列，绿色，37根/cm；组织：1/1平纹。
3. 蓝色绢
经线：丝，无捻，单根排列，蓝色，33根/cm；纬线：丝，无捻，单根排列，蓝色，34根/cm；组织：1/1平纹。
4. 奶油色绢
经线：丝，无捻，单根排列，奶油色，50根/cm；纬线：丝，无捻，单根排列，奶油色，24根/cm；组织：1/1平纹。

5. 红色绢
经线：丝，无捻，单根排列，红色，31根/cm；纬线：丝，无捻，单根排列，红色，30根/cm；组织：1/1平纹。
6. 黄地印花绢
经线：丝，无捻，单根排列，黄色，32根/cm；纬线：丝，无捻，单根排列，黄色，18根/cm；组织：1/1平纹。
7. 橙红色绢
经线：丝，无捻，单根排列，橙红色，29根/cm；纬线：丝，无捻，单根排列，橙红色，21根/cm；组织：1/1平纹。
8. 褐色绢
经线：丝，无捻，单根排列，褐色，29根/cm；纬线：丝，无捻，单根排列，褐色，27根/cm；组织：1/1平纹。

L:S.426　Ch.00514　　　绢幡　　　　晚唐—五代

长：145.0 cm；宽：34.5 cm
组织结构：
1. 宝花纹绫幡面
经线：丝，无捻，单根排列，浅褐色，40根/cm；
纬线：丝，无捻，单根排列，浅褐色，23根/cm；
组织：2/1 S斜纹地上以1/5 S斜纹组织显花。
2. 本色麻布悬襻

经线：麻，S捻，单根排列，本色，14根/cm；
纬线：麻，S捻，单根排列，本色，10根/cm；
组织：1/1平纹。
3. 绿色绢幡带
经线：丝，无捻，单根排列，绿色，43根/cm；
纬线：丝，无捻，单根排列，绿色，21根/cm；
组织：1/1平纹。

4. 夹缬绢幡身
经线：丝，无捻，单根排列，浅棕色，32根/cm；纬线：丝，无捻，单根排列，浅棕色，22根/cm；组织：1/1平纹。
5. 蓝色绢幡脚
经线：丝，无捻，单根排列，蓝色，42根/cm；纬线：丝，无捻，单根排列，蓝色，27根/cm；组织：1/1平纹。
6. 彩绘绢幡身
经线：丝，无捻，单根排列，浅棕色，42根/cm；纬线：丝，无捻，单根排列，浅棕色，32根/cm；组织：1/1平纹。
7. 绿色绢幡身（同3）

L:S.427　Ch.00304.a　绿色菱纹绮幡头斜边及幡足　　唐—五代

长：23.2 cm；宽：47.8 cm
组织结构：
1. 绿色菱纹绮
经线：丝，无捻，单根排列，绿色，39根/cm；纬线：丝，无捻，单根排列，绿色，30根/cm；组织：1/1平纹地上以2-4并丝组织显花。
2. 深红色绢
经线：丝，无捻，单根排列，深红色，56根/cm；纬线：丝，无捻，单根排列，深红色，30根/cm；组织：1/1平纹。

L:S.428　Ch.00253　　白色绢残片　　　唐—五代

c

b

a

a. 长：25.0 cm；宽：2.1 cm
b. 长：23.0 cm；宽：2.2 cm
c. 长：17.2 cm；宽：2.2 cm
组织结构：
经线：丝，无捻，单根排列，白色，27根/cm；
纬线：丝，无捻，单根排列，白色，24根/cm；
组织：1/1平纹。

L:S.431　Ch.00304.b　灰绿色绮幡头斜边残片　　唐—五代

长：77.5 cm；宽：39.8 cm
组织结构：
1. 灰绿色绮幡头斜边
经线：丝，无捻，单根排列，灰绿色，44根/cm；
纬线：丝，无捻，单根排列，灰绿色，31根/cm；
组织：1/1平纹地上以2-4并丝组织显花。
2. 棕绿色绢幡带
经线：丝，无捻，单根排列，棕绿色，50根/cm；
纬线：丝，无捻，单根排列，棕绿色，23根/cm；
组织：1/1平纹。

L:S.432　Ch.0070.n　　深绿色绢幡足　　　唐—五代

长：32.0 cm；宽：20.0 cm
组织结构：
经线：丝，无捻，单根排列，深绿色，54根/cm；
纬线：丝，无捻，单根排列，深绿色，29根/cm；
组织：1/1平纹。

L:S.433　　　　黄绿色幡带残片　　　唐—五代

长：40.5 cm；宽：5.0 cm
组织结构：
经线：丝，无捻，单根排列，黄绿色，43根/cm；
纬线：丝，无捻，单根排列，黄绿色，47根/cm；
组织：1/1平纹地上以4-4并丝组织显花。

L:S.454　Ch.00326　黄色绢残片　唐—五代

a. 长：13.5 cm；宽：6.0 cm
b. 长：16 cm；宽：8.3 cm
c. 长：11.5 cm；宽：9.0 cm
d. 长：27.5 cm；宽：4.3 cm
e. 长：3.8 cm；宽：7.8 cm
f. 长：5.5 cm；宽：6.0 cm
g. 长：15.8 cm；宽：5.3 cm
h. 长：10.8 cm；宽：7.5 cm

组织结构：
经线：丝，无捻，单根排列，黄色，31根/cm；纬线：丝，无捻，单根排列，黄色，22根/cm；组织：1/1平纹。

L:S.455　Ch.00325　绿色绢残片　晚唐—五代

a. 长：3.5 cm；宽：4.0 cm
b. 长：2.5 cm；宽：3.5 cm
c. 长：3.6 cm；宽：2.3 cm
d. 长：3.9 cm；宽：1.7 cm
e. 长：3.0 cm；宽：0.8 cm
f. 长：4.0 cm；宽：3.6 cm
g. 长：3.0 cm；宽：3.6 cm
h. 长：3.0 cm；宽：4.0 cm
i. 长：4.0 cm；宽：4.5 cm
j. 长：4.0 cm；宽：3.7 cm
k. 长：4.2 cm；宽：4.0 cm
l. 长：5.5 cm；宽：4.7 cm

组织结构：
经线：丝，无捻，单根排列，绿色，27根/cm；纬线：丝，无捻，单根排列，绿色，24根/cm；组织：1/1平纹。

L:S.456:1-2　Ch.00319　橘黄色绢幡带残片　唐—五代

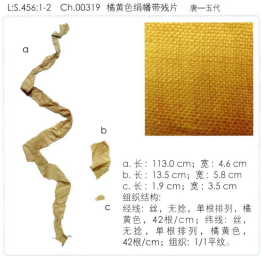

a. 长：113.0 cm；宽：4.6 cm
b. 长：13.5 cm；宽：5.8 cm
c. 长：1.9 cm；宽：3.5 cm

组织结构：
经线：丝，无捻，单根排列，橘黄色，42根/cm；纬线：丝，无捻，单根排列，橘黄色，42根/cm；组织：1/1平纹。

L:S.457　Ch.00315　紫色绢残片　唐—五代

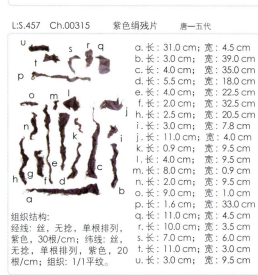

a. 长：31.0 cm；宽：4.5 cm
b. 长：3.0 cm；宽：39.0 cm
c. 长：4.0 cm；宽：35.0 cm
d. 长：5.5 cm；宽：18.0 cm
e. 长：4.0 cm；宽：22.5 cm
f. 长：3.0 cm；宽：32.5 cm
h. 长：2.5 cm；宽：20.5 cm
i. 长：3.0 cm；宽：7.8 cm
j. 长：11.0 cm；宽：4.0 cm
k. 长：0.9 cm；宽：9.5 cm
l. 长：4.0 cm；宽：9.5 cm
m. 长：8.0 cm；宽：0.9 cm
n. 长：2.0 cm；宽：9.5 cm
o. 长：9.0 cm；宽：1.0 cm
p. 长：1.6 cm；宽：33.0 cm
q. 长：11.0 cm；宽：4.5 cm
r. 长：10.0 cm；宽：3.5 cm
s. 长：7.0 cm；宽：6.0 cm
t. 长：11.0 cm；宽：3.0 cm
u. 长：3.0 cm；宽：9.5 cm

组织结构：
经线：丝，无捻，单根排列，紫色，30根/cm；纬线：丝，无捻，单根排列，紫色，20根/cm；组织：1/1平纹。

L:S.458　Ch.00258　红色绢残片　唐—五代

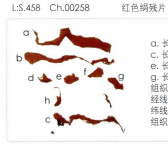

a. 长：26.0 cm；宽：1.8 cm　b. 长：2.5 cm；宽：23.0 cm
c. 长：1.0 cm；宽：23.0 cm　d. 长：2.5 cm；宽：3.5 cm
e. 长：2.5 cm；宽：3.5 cm　f. 长：2.5 cm；宽：3.5 cm
g. 长：2.5 cm；宽：3.5 cm　h. 长：1.5 cm；宽：2.5 cm

组织结构：
经线：丝，无捻，单根排列，红色，33根/cm；
纬线：丝，无捻，单根排列，红色，25根/cm；
组织：1/1平纹。

L:S.459　Ch.00256　柠檬黄色绢残片　晚唐—五代

a. 长：6.2 cm；宽：0.9 cm
b. 长：4.1 cm；宽：1.9 cm
c. 长：5.0 cm；宽：1.1 cm
d. 长：5.0 cm；宽：1.7 cm
e. 长：5.7 cm；宽：6.8 cm
f. 长：6.3 cm；宽：1.1 cm
g. 长：5.4 cm；宽：1.5 cm
h. 长：14.7 cm；宽：0.5 cm
i. 长：3.5 cm；宽：5.6 cm
j. 长：1.0 cm；宽：4.8 cm
k. 长：5.5 cm；宽：5.0 cm
l. 长：7.0 cm；宽：6.3 cm
m. 长：4.8 cm；宽：6.0 cm
n. 长：13.9 cm；宽：5.5 cm
o. 长：2.3 cm；宽：5.5 cm
p. 长：2.3 cm；宽：27 cm
r. 长：11.0 cm；宽：5.3 cm
r. 长：9.9 cm；宽：6.6 cm

组织结构：
经线：丝，无捻，单根排列，柠檬黄色，41根/cm；纬线：丝，无捻，单根排列，柠檬色，32根/cm；组织：1/1平纹。

L:S.460　Ch.00255　黄色绢残片　唐—五代

a. 长：41.2 cm；宽：1.4 cm
b. 长：14.6 cm；宽：4.0 cm
c. 长：13.8 cm；宽：8.0 cm
d. 长：22.0 cm；宽：14.0 cm
e. 长：19.1 cm；宽：3.3 cm
f. 长：13.0 cm；宽：4.3 cm
g. 长：12.6 cm；宽：6.2 cm
h. 长：1.9 cm；宽：5.9 cm
i. 长：17.0 cm；宽：4.2 cm
j. 长：3.4 cm；宽：10.6 cm
k. 长：3.0 cm；宽：12.0 cm
l. 长：3.2 cm；宽：4.8 cm

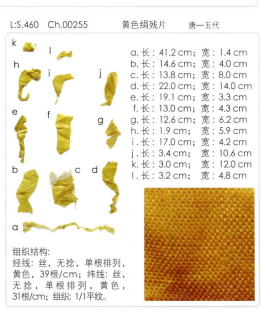

组织结构：
经线：丝，无捻，单根排列，黄色，39根/cm；纬线：丝，无捻，单根排列，黄色，31根/cm；组织：1/1平纹。

维多利亚与艾尔伯特博物馆藏

敦煌纺织品总表

L:S.461　Ch.00254　白色绢残片　　唐—五代

a. 长：3.8 cm；　宽：2.5 cm
b. 长：6.5 cm；　宽：2.0 cm
c. 长：14.5 cm；　宽：4.0 cm
d. 长：12.5 cm；　宽：4.0 cm
组织结构：
经线：丝，无捻，单根排列，白色，34根/cm；纬线：丝，无捻，单根排列，白色，25根/cm；组织：1/1平纹。

L:S.462　Ch.00433　白色棉布残片　　唐—五代

a. 长：19.0 cm；　宽：2.7 cm
b. 长：2.5 cm；　宽：31.5 cm
c. 长：1.0 cm；　宽：2.5 cm
组织结构：
经线：棉，S捻，单根排列，白色，21根/cm；纬线：棉，S捻，单根排列，白色，19根/cm；组织：1/1平纹。

L:S.463　Ch.00436　蓝色绢残片　　晚唐—五代

a. 长：13.6 cm；　宽：3.9 cm
b. 长：26.0 cm；　宽：8.0 cm
c. 长：4.5 cm；　宽：6.0 cm
d. 长：0.9 cm；　宽：3.9 cm
e. 长：2.3 cm；　宽：9.0 cm
组织结构：
经线：丝，无捻，单根排列，蓝色，32根/cm；纬线：丝，无捻，单根排列，蓝色，25根/cm；组织：1/1平纹。

L:S.464　Ch.00431　黑色素绫残片　　唐—五代

a. 长：2.6 cm；　宽：24.6 cm
b. 长：2.3 cm；　宽：21.6 cm
组织结构：
经线：丝，S捻，单根排列，黑色，42根/cm；纬线：丝，无捻，单根排列，黑色，20根/cm；组织：5/1 S斜纹组织。

L:S.465　Ch.00314　紫色绢残片　　晚唐—五代

a. 长：28.0 cm；　宽：5.0 cm
b. 长：19.5 cm；　宽：2.5 cm
c. 长：2.3 cm；　宽：0.8 cm
d. 长：10.8 cm；　宽：2.9 cm
组织结构：
经线：丝，无捻，单根排列，紫色，38根/cm；纬线：丝，无捻，单根排列，紫色，33根/cm；组织：1/1平纹。

L:S.466　Ch.00323　紫色油绢残片　　唐—五代

a. 长：20.0 cm；宽：2.2 cm
b. 长：12.5 cm；宽：4.5 cm
c. 长：12.0 cm；宽：5.0 cm
d. 长：7.5 cm；　宽：3.0 cm
e. 长：7.0 cm；　宽：2.0 cm
f. 长：4.0 cm；　宽：2.0 cm
组织结构：
经线：丝，无捻，单根排列，紫色，48根/cm；纬线：丝，无捻，单根排列，紫色，36根/cm；组织：1/1平纹。

L:S.467　Ch.00322　红色绮残片　　唐—五代

a. 长：18.5 cm；宽：2.5 cm
b. 长：11.8 cm；宽：7.8 cm
c. 长：0.9 cm；　宽：3.4 cm
组织结构：
经线：丝，无捻，单根排列，红色，54根/cm；纬线：丝，无捻，单根排列，红色，31根/cm；组织：1/1平纹地上以5/1 S斜纹显花。

L:S.468　Ch.00321　褪紫色绢幡残片　　唐—五代

a. 长：20.6 cm；　宽：41.5 cm
b. 长：58.6 cm；　宽：2.0 cm
c. 长：31.0 cm；　宽：2.0 cm
d. 长：28.6 cm；　宽：2.1 cm
e. 长：4.0 cm；　宽：1.1 cm
组织结构：
经线：丝，无捻，单根排列，褪紫色，44根/cm；纬线：丝，无捻，单根排列，褪紫色，29根/cm；组织：1/1平纹。

L:S.469　Ch.00318　橘黄色绢残片　　唐—五代

a. 长：27.5 cm；　宽：13.0 cm
b. 长：1.7 cm；　宽：1.3 cm
组织结构：
经线：丝，无捻，单根排列，橘黄色，39根/cm；纬线：丝，无捻，单根排列，橘黄色，40根/cm；组织：1/1平纹。

L:S.470　Ch.00434　　浅绿色绢残片　　唐—五代

a. 长：35.0 cm；宽：50.0 cm
b. 长：29.6 cm；宽：10.0 cm
c. 长：9.2 cm；宽：13.8 cm
d. 长：13.0 cm；宽：9.0 cm
e. 长：5.0 cm；宽：1.7 cm
组织结构：
经线：丝，无捻，单根排列，浅绿色，51根/cm；纬线：丝，
无捻，单根排列，浅绿色，32根/cm；组织：1/1平纹。

L:S.471　Ch.00257　　浅红色绢残片　　唐—五代

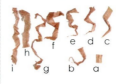

a. 长：4.5 cm；宽：4.5 cm
b. 长：3.0 cm；宽：24.0 cm
c. 长：3.1 cm；宽：21.8 cm
d. 长：3.5 cm；宽：25.0 cm
e. 长：5.5 cm；宽：28.0 cm
f. 长：5.3 cm；宽：37.0 cm
g. 长：2.2 cm；宽：56.0 cm
h. 长：4.5 cm；宽：22.5 cm
i. 长：3.0 cm；宽：37.5 cm
组织结构：
经线：丝，无捻，单根排
列，浅红色，39根/cm；
纬线：丝，无捻，单根排
列，浅红色，25根/cm；
组织：1/1平纹。

L:S.472　Ch.00441　深蓝色绢幡头斜边残片　唐—五代

长：72.6 cm；宽：14.7 cm
组织结构：
经线：丝，无捻，单根排
列，深蓝色，46根/cm；纬
线：丝，无捻，单根排列，深
蓝色，27根/cm；组织：1/1
平纹。

L:S.473　Ch.00435　　　浅绿色绢残片　　唐—五代

长：28.0 cm；宽：43.0 cm
组织结构：
经线：丝，无捻，单根排列，浅绿色，39根/cm；
纬线：丝，无捻，单根排列，浅绿色，25根/cm；
组织：1/1平纹。

L:S.474　Ch.00311　　　席残片　　　　唐—五代

a. 长：23.8 cm；宽：9.0 cm
b. 长：102.0 cm；宽：7.5 cm
c. 长：53.5 cm；宽：8.0 cm
组织结构：
1. 席
经线：麻，两根S捻以Z捻并合，单根排列，本色，约2根/cm；
纬线：草，无捻，单根排列，本色，31根/cm；组织：1/1平纹。
2. 紫色菱纹绮
经线：丝，无捻，单根排列，紫色，51根/cm；纬线：丝，无捻，

单根排列，紫色，50根/cm；组织：1/1平纹地上以1/3 Z斜
纹显花。
3. 紫色绢
经线：丝，无捻，单根排列，紫色，46根/cm；纬线：丝，
无捻，单根排列，紫色，40根/cm；组织：1/1平纹。

L:S.475　Ch.xxi.003　　深棕色绢幡头斜边　　唐—五代

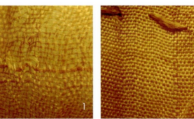

长：57.0 cm；宽：86.5 cm
组织结构：
1. 浅棕色绢悬襻
经线：丝，无捻，单根排列，浅棕色，34根/cm；纬线：丝，无
捻，单根排列，浅棕色，24根/cm；组织：1/1平纹。
2. 浅棕色绢悬襻
经线：丝，无捻，单根排列，浅棕色，56根/cm；纬线：丝，无
捻，单根排列，浅棕色，34根/cm；组织：1/1平纹。

3. 深棕色绢幡头斜边
经线：丝，无捻，单根排列，深棕色，45根/cm；纬线：丝，无捻，
双根排列，深棕色，70根/cm；组织：1/1平纹。

L:S.477　Ch.009　　绢幡头斜边及幡带残片　　唐—五代

长：115.4 cm
宽：34.8 cm
1. 黄色绢悬襟（结构图不可拍）
经线：丝，无捻，单根排列，黄色，密度不可测；纬线：丝，
无捻，单根排列，黄色，密度不可测；组织：1/1平纹。
2. 褪紫色绢幡头斜边
经线：丝，无捻，单根排列，褪紫色，44根/cm；纬线：丝，
无捻，单根排列，褪紫色，45根/cm；组织：1/1平纹。
3. 浅棕色绢幡带
经线：丝，无捻，单根排列，浅棕色，36根/cm；纬线：丝，
无捻，单根排列，浅棕色，36根/cm；组织：1/1平纹。

L:S.478　Ch.00359　　红色绢幡头斜边残片　　唐—五代

a. 长：24.5 cm；宽：32.1 cm
b. 长：11.0 cm；宽：3.0 cm
1. 红色绢幡头斜边
经线：丝，无捻，单根排列，红色，29根/cm；纬线：丝，无
捻，单根排列，红色，28根/cm；组织：1/1平纹。
2. 绿色绢幡面
经线：丝，无捻，单根排列，绿色，34根/cm；纬线：丝，无

捻，单根排列，绿色，24根/cm；组织：1/1平纹。
3. 本色棉布悬襟
经线：棉，S捻，单根排列，绿色，8根/cm；纬线：棉，
S捻，单根排列，本色，7根/cm；组织：1/1平纹。

L:S.479　　红绢幡带残片　　唐—五代

长：12.2 cm；宽：4.4 cm
组织结构：
经线：丝，无捻，单根排列，红色，39根/cm；
纬线：丝，无捻，单根排列，红色，21根/cm；
组织：1/1平纹。

L:S.480:1-2　　绢残片　　唐—五代

a. 长：23.2 cm；宽：4.8 cm
b. 长：23.1 cm；宽：4.5 cm
组织结构：
1. 白色绢
经线：丝，无捻，单根排列，白色，45根/cm；
纬线：丝，无捻，单根排列，白色，23根/cm；
组织：1/1平纹。
2. 黄色绢
经线：丝，无捻，单根排列，黄色，43根/cm；
纬线：丝，无捻，单根排列，黄色，40根/cm；
组织：1/1平纹。

L:S.482　Ch.0032　　流苏　　唐—五代

长：11.0 cm
宽：5.0 cm
组织结构：
线：丝，两股以S或Z捻并合

L:S.483　Ch.0077　　纸花布伞　　　　　　唐代

长：17.5 cm；宽：17.5 cm
组织结构：
1. 本色棉布
经线：棉，S捻，单根排列，本色，10根/cm；纬线：棉，S捻，单根排列，本色，9根/cm；组织：1/1平纹。
2. 纬锦
经线：明经：丝，无捻，单根排列，淡红色，密度不可测；夹经：丝，无捻，单根排列，淡红色，密度不可测；纬线：丝，无捻，单根排列，红、绿、黄、蓝等色，密度不可测；组织：五枚缎辽式纬重组织。

L:S.484 Ch.00515　　绢幡残片　　　　　　晚唐

长：11.5 cm；宽：25.5 cm
组织结构：
1. 浅褐色绢
经线：丝，无捻，单根排列，浅褐色，43根/cm；纬线：丝，无捻，单根排列，浅褐色，35根/cm；组织：1/1平纹。
2. 黄色绢
经线：丝，无捻，单根排列，黄色，49根/cm；纬线：丝，无捻，单根排列，黄色，41根/cm；组织：1/1平纹。
3. 橙色绢
经线：丝，无捻，单根排列，橙色，38根/cm；纬线：丝，无捻，单根排列，橙色，30根/cm；组织：1/1平纹。

4. 橙色绢
经线：丝，无捻，单根排列，橙色，33根/cm；纬线：丝，无捻，单根排列，橙色，22根/cm；组织：1/1平纹。
5. 褐色绢
经线：丝，无捻，单根排列，褐色，40根/cm；纬线：丝，无捻，单根排列，褐色，29根/cm；组织：1/1平纹。

L:S.485　Ch.0086　　浅绿色绢幡头斜边　　　唐—五代

长：63.0 cm；宽：97.5 cm
组织结构：
1. 本色棉布悬襻
经线：棉，S捻，单根排列，本色，10根/cm；
纬线：棉，S捻，单根排列，本色，11根/cm；
组织：1/1平纹。
2. 浅绿色绢幡头斜边
经线：丝，无捻，单根排列，浅绿色，35根/cm；
纬线：丝，无捻，单根排列，浅绿色，24根/cm；
组织：1/1平纹。

L:S.486　Ch.0078　　麻布经帙边框　　　　唐—五代

长：56.5 cm；宽：30.3 cm
组织结构：
1. 麻布
经线：麻，S捻，单根排列，本色，10根/cm；
纬线：麻，S捻，单根排列，本色，8根/cm；
组织：1/1平纹。
2. 纬锦
经线：明经：丝，无捻，单根排列，淡红色，18根/cm；
夹经：丝，无捻，单根排列，淡红色，18根/cm；
纬线：丝，无捻，单根排列，颜色不可辨，约40副/cm；
组织：1/2 S斜纹纬重组织。

L:S.490　Ch.0086　　暗花绫地彩绘莲座佛像幡头　　五代

高：42.5 cm
宽：86.5 cm
组织结构：
经线：丝，S捻，单根排列，本色，43根/cm；
纬线：丝，无捻，单根排列，本色，30根/cm；
组织：2/1 S斜纹地上以1/5 S斜纹显花。

敦煌纺织品总表

L:S.491:1　Ch.00442　　　微型绮伞　　　　　唐代

长：11.5 cm；宽：11.9 cm
组织结构：
1. 蓝色龟背几何纹绮
经线：丝，无捻，单根排列，蓝色，51根/cm；
纬线：丝，无捻，单根排列，蓝色，36根/cm；
组织：1/1平纹地上以4-4并丝组织显花。
2. 黄色绢
经线：丝，无捻，单根排列，黄色，47根/cm；
纬线：丝，无捻，单根排列，黄色，27根/cm；
组织：1/1平纹。
3. 本色绢
经线：丝，无捻，单根排列，本色，42根/cm；
纬线：丝，无捻，单根排列，本色，37根/cm；
组织：1/1平纹。
4. 本色棉布
经线：棉，S捻，单根排列，本色，密度不可测；纬线：棉，S捻，单根排列，本色，密度不可测；组织：1/1平纹。

L:S.491:2　Ch.00442　　　微型百纳绢伞残片　　　　唐代

长：31.4 cm
宽：27.0 cm
组织结构：
1. 蓝色绢
经线：丝，无捻，单根排列，蓝色，49根/cm；
纬线：丝，无捻，单根排列，蓝色，32根/cm；
组织：1/1平纹。
2. 本色绢
经线：丝，无捻，单根排列，本色，47根/cm；
纬线：丝，无捻，单根排列，本色，41根/cm；
组织：1/1平纹。
3. 红色绢
经线：丝，无捻，单根排列，红色，61根/cm；
纬线：丝，无捻，单根排列，红色，35根/cm；

组织：1/1平纹。
4. 蓝色绢
经线：丝，无捻，单根排列，蓝色，54根/cm；
纬线：丝，无捻，单根排列，蓝色，约38根/cm；
组织：1/1平纹。
5. 红色绮
经线：丝，无捻，单根排列，红色，60根/cm；
纬线：丝，无捻，单根排列，红色，46根/cm；
组织：1/1平纹地上以3/1 Z斜纹组织显花。

L:S.491:3　Ch.00442　　　微型绢伞　　　　唐代

长：15.5 cm；宽：15.0 cm
组织结构：
经线：丝，无捻，单根排列，绿色，45根/cm；纬线：丝，无捻，单根排列，绿色，29根/cm；组织：1/1平纹。

L:S.491:4　Ch.00442　　　微型绢伞　　　　唐代

长：18.3 cm；宽：17.8 cm
组织结构：
经线：丝，无捻，单根排列，油绿色，37根/cm；纬线：丝，无捻，单根排列，油绿色，33根/cm；组织：1/1平纹。

L:S.491:5　Ch.00442　　　微型绢伞　　　　唐代

长：23.8 cm；宽：26.4 cm
组织结构：
经线：丝，无捻，单根排列，浅黄色，50根/cm；纬线：丝，无捻，单根排列，浅黄色，36根/cm；组织：1/1平纹。

L:S.491:6　Ch.00442　　　微型绢伞　　　　唐代

长：20.5 cm；宽：22.5 cm
组织结构：
经线：丝，无捻，单根排列，白色，28根/cm；纬线：丝，无捻，单根排列，白色，22根/cm；组织：1/1平纹。

L:S.491:7　Ch.00442　　　微型绢伞　　　唐代

长：19.8 cm；宽：19.0 cm
组织结构：
经线：丝，无捻，单根排列，本色，47根/cm；纬线：丝，
无捻，单根排列，本色，20根/cm；组织：1/1平纹。

L:S.491:8　Ch.00442　　　微型绢伞　　　唐代

长：14.8 cm；宽：16.3 cm
组织结构：
经线：丝，无捻，单根排列，棕色，24根/cm；纬线：丝，
无捻，单根排列，棕色，15根/cm；组织：1/1平纹。

L:S.491:9　Ch.00442　　　微型绢伞　　　唐代

长：21.3 cm；宽：22.5 cm
组织结构：
经线：丝，无捻，单根排列，军绿色，37根/cm；纬线：丝，
无捻，单根排列，军绿色，27根/cm；组织：1/1平纹。

L:S.491:10　Ch.00442　　　微型绢伞　　　唐代

长：21.3 cm；宽：22.5 cm
组织结构：
经线：丝，无捻，单根排列，驼色，48根/cm；纬线：丝，
无捻，单根排列，驼色，25根/cm；组织：1/1平纹。

L:S.491:11　Ch.00442　　　微型绢伞　　　唐代

长：18.2 cm；宽：19.1 cm
组织结构：
经线：麻，S捻，单根排列，本色，15根/cm；纬线：麻，
S捻，单根排列，本色，17根/cm；组织：1/1平纹。

L:S.491:12　Ch.00442　　　微型绢伞　　　唐代

长：17.0 cm；宽：17.0 cm
组织结构：
经线：麻，S捻，单根排列，本色，14根/cm；纬线：
麻，S捻，单根排列，本色，12根/cm；组织：1/1平纹。

L:S.491:13　Ch.00442　　　微型绢伞　　　唐代

长：18.5 cm；宽：18.0 cm
组织结构：
1. 本色麻布
经线：麻，S捻，单根排列，本色，13根/cm；纬线：麻，
S捻，单根排列，本色，11根/cm；组织：1/1平纹。
2. 红色菱格纹绮
经线：丝，无捻，单根排列，红色，密度不可测；纬线：丝，
无捻，单根排列，红色，18根/cm；组织：1/1平纹地上以
4-2并丝组织显花。

L:S.491:14　Ch.00442　　　微型绢伞　　　唐代

长：16.3 cm；宽：16.1 cm
组织结构：
经线：棉，S捻，单根排列，土黄色，13根/cm；纬线：棉，
S捻，单根排列，土黄色，12根/cm；组织：1/1平纹。

L:S.491:15　Ch.00442　微型布伞　唐代

长：25.0 cm
宽：25.0 cm
组织结构：
经线：棉，S捻，单根排列，红色，11根/cm；纬线：棉，S捻，单根排列，红色，9根/cm；组织：1/1平纹。

L:S.491:16　Ch.00442　微型布伞　唐代

长：22.3 cm
宽：23.2 cm
组织结构：
经线：棉，S捻，单根排列，棕色，12根/cm；纬线：棉，S捻，单根排列，棕色，10根/cm；组织：1/1平纹。

L:S.516　Ch.00450.a　深紫色几何纹罗彩绣花叶　唐—五代

长：2.3 cm
宽：19.3 cm
组织结构：
经线：丝，无捻，单根排列，深紫色，密度不可测；纬线：丝，无捻，单根排列，深紫色，密度不可测；组织：四经绞地上以二经绞组织显花。
刺绣：
绣线：丝，无捻；色彩：草绿、绿、墨绿、橙红等色。
针法：平针。

L:S.517　Ch.00450.b　深紫色几何纹罗彩绣花叶　唐—五代

长：1.0 cm
宽：14.3 cm
组织结构：
经线：丝，无捻，单根排列，深紫色，49根/cm；纬线：丝，无捻，单根排列，深紫色，15根/cm；组织：四经绞地上以二经绞组织显花。
刺绣：
绣线：丝，无捻；色彩：草绿、绿、红、白、浅蓝、黑、粉等色。
针法：平针。

L:S.518　Ch.00446　深蓝色菱纹罗地彩绣花鸟　晚唐—五代

a. 长：12.0 cm；宽：15.0 cm
b. 长：3.0 cm；宽：24.5 cm
及其他多块
组织结构：
1. 深蓝色菱纹罗
经线：丝，无捻，单根排列，深蓝色，54根/cm；纬线：丝，无捻，单根排列，深蓝色，11根/cm；组织：四经绞地上以二经绞组织显花。
2. 深蓝色绢
经线：丝，无捻，单根排列，深蓝色，约54根/cm；纬线：丝，无捻，单根排列，深蓝色，约43根/cm；组织：1/1平纹。
刺绣：
绣线：丝，弱S捻；色彩：深蓝、蓝绿、黄绿、红、淡红、黄、浅蓝等色。
针法：平针。

L:S.522　Ch.00348　绿色几何纹罗地彩绣朵花　晚唐—五代

a. 长：14.4 cm；宽：18.3 cm
b. 长：6.2 cm；宽：8.0 cm
组织结构：
1. 绿色几何纹罗
经线：丝，无捻，单根排列，绿色，密度不可测；纬线：丝，无捻，单根排列，绿色，密度不可测；组织：四经绞地上以二经绞组织显花。
2. 绿色绢
经线：丝，无捻，单根排列，绿色，34根/cm；纬线：丝，无捻，单根排列，绿色，27根/cm；组织：1/1平纹。
刺绣：
绣线：丝，无捻；色彩：黄、红、紫、白、浅紫、月白、绿、草绿等色。
针法：平针。

L:S.523　Ch.00443.a　　百衲残片　　　唐代

长：14.0 cm　宽：11.5 cm
组织结构：
1. 棕色素罗
经线：丝，无捻，单根排列，棕色，64根/cm；
纬线：丝，无捻，单根排列，棕色，17根/cm；
组织：四经绞组织。
2. 浅蓝色绢
经线：丝，无捻，单根排列，浅蓝色，58根/cm；
纬线：丝，无捻，单根排列，浅蓝色，38根/cm；
组织：1/1平纹。
3. 黄色绢
经线：丝，无捻，单根排列，黄色，47根/cm；

纬线：丝，无捻，单根排列，黄色，34根/cm；
组织：1/1平纹。
4. 黄色绮
经线：丝，无捻，单根排列，黄色，38根/cm；
纬线：丝，无捻，单根排列，黄色，18根/cm；
组织：1/1平纹地上以1/3 Z不规则斜纹组织显花。
5. 黄色绢
经线：丝，无捻，单根排列，黄色，44根/cm；
纬线：丝，无捻，单根排列，黄色，37根/cm；
组织：1/1平纹。

L:S.524　Ch.00347　深蓝菱格绫地压金银花卉纹绣　晚唐—五代

a. 长：4.7 cm；宽：7.6 cm
b. 长：10.1 cm；宽：2.3 cm
组织结构：
经线：丝，S捻，单根排列，深蓝色，42根/cm；
纬线：丝，S捻，深蓝色，36根/cm；组织：2/2菱形斜纹。
刺绣：
绣线：丝，无捻，色彩：红、浅红、粉红、蓝、浅蓝绿、浅绿
等色。片金线及片银线。
钉线：丝，两根Z捻以S捻并合，白、红色。
针法：平针、钉针。

L:S.525　Ch.00281　蓝罗地彩绣花鸟　晚唐—五代

长：102.0 cm
宽：28.0 cm
组织结构：
1. 蓝色菱纹罗
经线：丝，无捻，单根排列，蓝色，72根/cm；
纬线：丝，无捻，单根排列，蓝色，19根/cm；
组织：四经绞地上以二经绞组织显花。
2. 蓝色绢
经线：丝，无捻，单根排列，蓝色，59根/cm；
纬线：丝，无捻，单根排列，蓝色，43根/cm；
组织：1/1平纹。
3. 橘色绢
经线：丝，无捻，单根排列，橘色，48根/cm；
纬线：丝，无捻，单根排列，橘色，39根/cm；
组织：1/1平纹。

L:S.526　Ch.00449　　彩绣花卉　　唐—五代

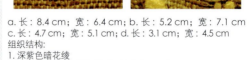

a. 长：8.4 cm；宽：6.4 cm；b. 长：5.2 cm；宽：7.1 cm
c. 长：4.7 cm；宽：5.1 cm；d. 长：3.1 cm；宽：4.5 cm
组织结构：
1. 深紫色暗花绫
经线：丝，无捻，单根排列，深紫色，33根/cm；
纬线：丝，无捻，单根排列，深紫色，19根/cm；
组织：2/1 Z斜纹地上以1/5 Z斜纹组织显花。
2. 墨绿色绢
经线：丝，无捻，单根排列，墨绿色，38根/cm；纬线：丝，无
捻，单根排列，墨绿色，22.5根/cm；组织：1/1平纹。
3. 浅褐色绢
经线：丝，无捻，单根排列，浅褐色，38根/cm；纬线：丝，无
捻，单根排列，浅褐色，20根/cm；组织：1/1平纹。
刺绣：
绣线：丝，无捻；色彩：红、黄、蓝等色。
针法：平针。

维多利亚与艾尔伯特博物馆藏

敦煌纺织品总表

L:S.527:1-2　　绣蝴蝶纹罗带　　晚唐

a. 长：7.3 cm；宽：3.7 cm
b. 长：10.0 cm；宽：2.4 cm
组织结构：
1. 绿色菱纹罗
经线：丝，无捻，单根排列，
绿色，60根/cm；纬线：丝，
无捻，单根排列，绿色，
20根/cm；组织：四经绞地上以
二经绞组织显花。
2. 绿色绢
经线：丝，无捻，单根排列，
绿色，47根/cm；纬线：丝，
无捻，单根排列，绿色，
34根/cm；组织：1/1平纹。
刺绣：
绣线：丝，无捻；色彩：米、
黄、红、蓝、浅蓝绿等色。
针法：平针。

L:S.528　Ch.00332　紫色纱地压金彩绣龙片　唐—五代

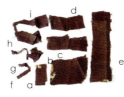

a. 长：3.0 cm；宽：5.5 cm
b. 长：10.5 cm；宽：6.5 cm
c. 长：11.0 cm；宽：3.5 cm
d. 长：16.7 cm；宽：3.7 cm
e. 长：6.0 cm；宽：19.0 cm
f. 长：1.0 cm；宽：10.0 cm
g. 长：22.6 cm；宽：4.0 cm
h. 长：12.0 cm；宽：3.6 cm
i. 长：3.3 cm；宽：13.5 cm
组织结构：
1. 紫色纱
经线：丝，Z捻，30根/cm；
纬线：丝，Z捻，12根/cm；
组织：1:1绞纱组织。
2. 紫色绢
经线：丝，无捻，30根/cm；
纬线：丝，无捻，30根/cm；
组织：1/1平纹。

刺绣：
绣线：丝，无捻；色彩：红、
灰绿等色；片金线。
针法：平针、钉针。

L:S.541　Ch.00372　团花纹夹缬绢　唐代

a. 长：56.0 cm；宽：5.7 cm
b. 长：11.5 cm；宽：5.7 cm
组织结构：
经线：丝，无捻，单根排列，
浅棕色，37根/cm；
纬线：丝，无捻，单根排列，
浅棕色，20根/cm；
组织：1/1平纹。

L:S.544　Ch.lxi.005　十样花纹夹缬绢　盛唐—中唐

长：54.7 cm
宽：28.0 cm

组织结构：
经线：丝，无捻，单根排列，浅棕色，42根/cm；
纬线：丝，无捻，单根排列，浅棕色，28根/cm；
组织：1/1平纹。

L:S.545　Ch.00511　卷草团花夹缬绢幡残片　晚唐—五代

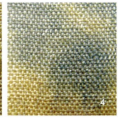

高：43.0 cm
宽：26.5 cm
组织结构：
1. 棕色绢悬襻
经线：丝，无捻，单根排列，棕色，52根/cm；
纬线：丝，无捻，单根排列，棕色，58根/cm；
组织：1/1平纹。
2. 棕色绢幡头斜边
经线：丝，无捻，单根排列，棕色，44根/cm；
纬线：丝，无捻，单根排列，棕色，37根/cm；
组织：1/1平纹。
3. 棕色柿蒂花纹绮幡面
经线：丝，无捻，单根排列，棕色，54根/cm；
纬线：丝，无捻，单根排列，棕色，37根/cm；
组织：1/1平纹地上以2-2并丝组织显花。
4. 卷草团花夹缬绢幡身
经线：丝，无捻，单根排列，浅棕色，42根/cm；
纬线：丝，无捻，单根排列，浅棕色，32根/cm；
组织：1/1平纹。

L:S.546　Ch.xxii.0036　簇六团花夹缬绢　晚唐—五代

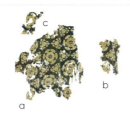

a. 长：30.5 cm；宽：33.0 cm
b. 长：9.5 cm；宽：16.0 cm
c. 长：10.5 cm；宽：10.0 cm
组织结构：
经线：丝，无捻，单根排列，本色，53根/cm；
纬线：丝，无捻，单根排列，本色，32根/cm；
组织：1/1平纹。

L:S.552　Ch.00358　绿地蛱蝶团花飞鸟夹缬绢幡　　晚唐—五代

长：76.0 cm；宽：34.2 cm
组织结构：
1. 棕色朵花纹绮幡头斜边
经线：丝，无捻，单根排列，棕色，47根/cm；
纬线：丝，无捻，单根排列，棕色，42根/cm；
组织：1/1平纹地上以4-4并丝组织显花。
2. 红色绢幡面
经线：丝，无捻，单根排列，红色，46根/cm；
纬线：丝，无捻，单根排列，红色，44根/cm；
组织：1/1平纹。
3. 绿地夹缬绮幡身
经线：丝，无捻，单根排列，本色，49根/cm；
纬线：丝，无捻，单根排列，本色，42根/cm；
组织：1/1平纹地上以4-2并丝组织显花。
4. 绿地蛱蝶团花飞鸟夹缬绢幡身
经线：丝，无捻，单根排列，本色，38根/cm；
纬线：丝，无捻，单根排列，本色，29根/cm；
组织：1/1平纹。

5. 棕色绢幡带
经线：丝，无捻，单根排列，棕色，50根/cm；
纬线：丝，无捻，单根排列，棕色，47根/cm；
组织：1/1平纹。

L:S.554　Ch.00376.a　　花卉纹夹缬绢　　　　唐代

长：29.5 cm；宽：6.5 cm
组织结构：
1. 花卉纹夹缬绢
经线：丝，无捻，单根排列，本色，38根/cm；
纬线：丝，无捻，单根排列，本色，35根/cm；
组织：1/1平纹。
2. 浅棕色绢
经线：丝，无捻，单根排列，浅棕色，48根/cm；
纬线：丝，无捻，单根排列，浅棕色，42根/cm；
组织：1/1平纹。

L:S.555　Ch.00510.b　　蓝地白点纹夹缬绢　　　盛唐

长：17.3 cm
宽：5.6 cm
组织结构：
经线：丝，无捻，单根排列，本色，47根/cm；
纬线：丝，无捻，单根排列，本色，37根/cm；
组织：1/1平纹。

L:S.556:1-3　Ch.00371　　方胜朵花夹缬绮残幡　　晚唐—五代

a. 高：22.5 cm
　　宽：28.8 cm
b. 长：14.5 cm
　　宽：15.5 cm
c. 长：43.5 cm
　　宽：16.3 cm
组织结构：
1. 红色绢幡面
经线：丝，无捻，单根排列，
红色，42根/cm；纬线：丝，
无捻，单根排列，红色，
37根/cm；组织：1/1平纹。
2. 方点绮幡头斜边
经线：丝，无捻，单根排列，

本色，38根/cm；纬线：丝，无捻，单
根排列，本色，33根/cm；组织：1/1平
纹地上以4-4并丝组织显花。
3. 蓝地方胜花卉纹夹缬绮幡身

经线：丝，无捻，单根排列，本色，
40根/cm；纬线：丝，无捻，单根排
列，本色，30根/cm；组织：1/1平纹
地上以2-4并丝组织显花。

L:S.558　Ch.xxi.0036　簇六团花纹夹缬绢　　晚唐—五代

a. 长：32.0 cm；宽：18.3 cm
b. 长：6.7 cm；宽：8.6 cm
组织结构：
经线：丝，无捻，单根排列，本色，53根/cm；纬线：丝，无捻，单根排列，本色，32根/cm；组织：1/1平纹。

L:S.559　Ch.00450.c　　刺绣佛头　　中唐—晚唐

长：3.3 cm；宽：3.8 cm
组织结构：
经线：丝，无捻，单根排列，深棕色，密度不可测；
纬线：丝，无捻，深棕色，密度不可测；
组织：1/1平纹。
刺绣：
绣线：丝，弱S捻，色彩：蓝、红、蓝灰等；丝，2根S捻以Z捻并合，色彩：浅棕色。
针法：劈针。

L:S.584　Ch.0086　　红棕色绢幡身残片　　唐—五代

长：56.0 cm；宽：61.0 cm
组织结构：
1. 红棕色绫幡身
经线：丝，无捻，单根排列，红棕色，45根/cm；纬线：丝，无捻，单根排列，红棕色，22根/cm；组织：2/1斜纹。
2. 黄色绢
经线：丝，无捻，单根排列，黄色，45根/cm；纬线：丝，无捻，单根排列，黄色，26根/cm；组织：1/1平纹。

L:S.590　Ch.xxvi.002　　白色暗花绫地彩绣花卉纹幡头残片　　晚唐—五代

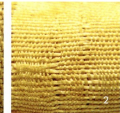

长：79.0 cm；宽：46.0 cm
组织结构：
1. 橘红色锦悬襻
经线：明经：丝，无捻，单根排列，米色，密度不可测；夹经：丝，无捻，单根排列，米色，密度不可测；纬线：丝，无捻，蓝、橘红等色，密度不可测；基础组织：1/2 S斜纹纬重组织。
2. 灰绿色锦小幡带
经线：丝，无捻，褪色不可辨，34套/cm；纬线：明纬：丝，无捻，单根排列，米色，12根/cm；夹纬：丝，无捻，单根排列，米色，12根/cm；基础组织：2/1 Z斜纹经重组织。
3. 深紫红色素罗幡头斜边
经线：丝，无捻，单根排列，深紫红色，72根/cm；纬线：丝，无捻，单根排列，深紫红色，15根/cm；组织：四经绞组织。
4. 白色暗花绫地彩绣花卉纹幡面
经线：丝，无捻，单根排列，白色，43根/cm；纬线：丝，无捻，单根排列，白色，32根/cm；组

织：1/2 S斜纹地上以1/5 S斜纹显花。
5. 深紫色绢幡身
经线：丝，无捻，单根排列，深紫色，52根/cm；纬线：丝，无捻，单根排列，深紫色，12根/cm；组织：1/1平纹。
6. 蓝色绢幡带
经线：丝，无捻，单根排列，蓝色，49根/cm；纬线：丝，无捻，单根排列，蓝色，21根/cm；组织：1/1平纹。

7. 灰绿色素罗幡带
经线：丝，无捻，单根排列，灰绿色，25根/cm；纬线：丝，无捻，单根排列，灰绿色，15根/cm；组织：四经绞组织。
刺绣：
绣线：丝，无捻；色彩：褐、米、浅橙红、橙红、深棕、浅绿、绿、浅黄绿、浅蓝、蓝、蓝绿等色。
针法：平针、戗针。

L:S.591　Ch.00305　　连叶朵花夹缬绢　　中唐—晚唐

长：45.5 cm；宽：12.2 cm
组织结构：
1. 花卉纹夹缬绢
经线：丝，无捻，单根排列，本色，36根/cm；
纬线：丝，无捻，单根排列，本色，36根/cm；
组织：1/1平纹。
2. 黄色绢
经线：丝，无捻，单根排列，黄色，41根/cm；
纬线：丝，无捻，单根排列，黄色，32根/cm；
组织：1/1平纹。

L:S.592　Ch.xxii.0036　簇六团花夹缬绢　晚唐—五代

长：30.5 cm
宽：33.0 cm
组织结构：
经线：丝，无捻，单根排列，本色，49根/cm；纬线：丝，无捻，单根排列，本色，47根/cm；组织：1/1平纹。

L:S.593　Ch.00181　米色地宝花纹锦　唐代

高：11.2 cm；宽：21.2 cm
组织结构：
1. 米色地宝花纹锦
经线：丝，无捻，单根排列，米、橘红、棕、蓝、绿色，40套/cm；纬线：明纬，丝，无捻，单根排列，深黄绿色，16根/cm；夹纬，丝，基本无捻，单根排列，深黄绿色，16根/cm；组织：2/1 S1:3斜纹经重组织，局部为1:1或1:2斜纹经重组织。
2. 橘红色绢
经线：丝，无捻，单根排列，橘红色，55根/cm；纬线：丝，无捻，单根排列，橘红色，30根/cm；组织：1/1平纹。

L:S.598　Ch.00119　朱红地彩绣花卉纹纱　五代

长：50.5 cm；宽：12.6 cm
组织结构：
经线：丝，无捻，单根排列，朱红色，32根/cm；纬线：丝，无捻，朱红色，13根/cm；组织：二经绞纱组织。
刺绣：
绣线：丝，无捻，色彩：米、浅蓝、蓝、深蓝、黄、蓝绿、黄绿、白等。
针法：平针。

L:S.600　Ch.00347　深蓝菱格绫地压金银花卉纹绣 晚唐—五代

长：4.9 cm；宽：17.5 cm
组织结构：
经线：丝，S捻，单根排列，深蓝色，42根/cm；纬线：丝，S捻，深蓝色，36根/cm；组织：2/2菱格斜纹。
刺绣：
绣线：丝，无捻，色彩：红、浅红、粉红、蓝、浅蓝、绿、浅绿等。片金线及片银线。
钉线：丝，两根Z捻以S捻并合，白、红色。
针法：平针、钉针。

L:S.601　Ch.00447.a　鳞形垂带　唐代

长：44.2 cm；宽：7.5 cm
组织结构：
1. 橘黄色绢
经线：丝，无捻，单根排列，橘黄色，52根/cm；纬线：丝，无捻，单根排列，橘黄色，26根/cm；组织：1/1平纹。
2. 深蓝色绮
经线：丝，无捻，单根排列，深蓝色，46根/cm；纬线：丝，无捻，单根排列，深蓝色，29根/cm；组织：1/1平纹地上以4-2并丝组织显花。
3. 绿色菱格纹绮
经线：丝，无捻，单根排列，绿色，46根/cm；纬线：丝，无捻，单根排列，绿色，26根/cm；组织：1/1平纹地上以2-2并丝组织显花。

4. 橘红色绮
经线：丝，无捻，单根排列，橘红色，44根/cm；纬线：丝，无捻，单根排列，橘红色，46根/cm；组织：1/1平纹地上以1/5山形斜纹显花。
5. 绿色绢
经线：丝，无捻，单根排列，绿色，45根/cm；纬线：丝，无捻，单根排列，绿色，29根/cm；组织：1/1平纹。
6. 黄色绢
经线：丝，无捻，单根排列，黄色，28根/cm；纬线：丝，无捻，单根排列，黄色，21根/cm；组织：1/1平纹。
7. 深褐色素罗

经线：丝，无捻，单根排列，深褐色，59根/cm；
纬线：丝，无捻，单根排列，深褐色，22根/cm；
组织：四经绞组织。
8. 橘红色绮（同4）
9. 棕红色素罗
经线：丝，无捻，单根排列，棕红色，63根/cm；
纬线：丝，无捻，单根排列，棕红色，16根/cm；
组织：四经绞组织。
10. 白色绢
经线：丝，无捻，单根排列，白色，51根/cm；
纬线：丝，无捻，单根排列，白色，31根/cm；
组织：1/1平纹。

L:S.602　Ch.00170　　小花晕裥纹锦　　　初唐—盛唐

长：25.0 cm；宽：5.5 cm
组织结构：
经线：丝，无捻，单根排列，橙、红、
粉红/蓝、黄绿/棕、粉红/蓝、红、橙、
棕/白、蓝、深绿、草绿/粉红、浅绿/棕、
草绿/粉红、深绿、蓝、棕/黄色，
55根/cm；纬线：丝，无捻，单根排列，粉
红色，37根/cm；组织：5/1 S斜纹地上以
经浮长显花，在起花区域为1:1经重组织。

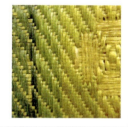

L:S.619　Ch.00342　　彩色绢幡　　　　唐—五代

长：131.0 cm；宽：34.0 cm
组织结构：
1. 本色绢悬襻
经线：丝，无捻，单根排列，本色，64根/cm；纬线：丝，无捻，
单根排列，本色，13根/cm；组织：1/1平纹。
2. 朱红色绢幡头斜边
经线：丝，无捻，单根排列，朱红色，39根/cm；纬线：丝，无
捻，单根排列，朱红色，25根/cm；组织：1/1平纹。
3. 朱红地彩绘绢幡面
经线：丝，无捻，单根排列，本色，43根/cm；纬线：丝，无捻，
单根排列，本色，16根/cm；组织：1/1平纹。
4. 深蓝色绢幡身
经线：丝，无捻，单根排列，深蓝色，42根/cm；纬线：丝，无
捻，单根排列，深蓝色，22根/cm；组织：1/1平纹。
5. 灰蓝色绢幡身
经线：丝，无捻，单根排列，灰蓝色，24根/cm；纬线：丝，无
捻，单根排列，灰蓝色，14根/cm；组织：1/1平纹。
6. 白色绢幡身
经线：丝，无捻，单根排列，白色，44根/cm；纬线：丝，无捻，
单根排列，白色，49根/cm；组织：1/1平纹。
7. 朱红色绢幡身
经线：丝，无捻，单根排列，朱红色，45根/cm；纬线：丝，无
捻，单根排列，朱红色，21根/cm；组织：1/1平纹。
8. 深蓝色绢幡足
经线：丝，无捻，单根排列，深蓝色，43根/cm；纬线：丝，无
捻，单根排列，深蓝色，41根/cm；组织：1/1平纹。
9. 深蓝色绮幡带
经线：丝，无捻，单根排列，深蓝色，50根/cm；纬线：丝，无
捻，单根排列，深蓝色，50根/cm；组织：1/1平纹地上以4-2并丝
组织显花。
10. 深蓝色绮幡带
经线：丝，无捻，单根排列，深蓝色，50根/cm；纬线：丝，无
捻，单根排列，深蓝色，22根/cm；组织：1/1平纹地上以4-2并丝
组织显花。

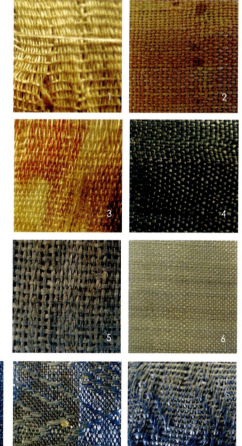

L:S.620　Ch.00381　彩绘麻布伞盖　　　唐代

长：100.0 cm；宽：91.0 cm；高：25.5 cm
组织结构：
经线：麻，S捻，单根排列，本色，11根/cm；
纬线：麻，S捻，单根排列，本色，8根/cm；
组织：1/1平纹。

L:S.621　Ch.i. 0022　黄地团窠盘鹤夹缬绢幡　　　晚唐

长：132.7 cm
宽：27.0 cm
组织结构：
1. 白色绮悬襻
经线：丝，无捻，单根排
列，白色，25根/cm；
纬线：丝，无捻，单根排
列，白色，33根/cm；组
织：1/1平纹地上以2-2并丝
组织显花。
2. 亮红色绮幡面
经线：丝，无捻，单根排列，亮红色，37根/cm；
纬线：丝，无捻，单根排列，亮红色，18根/cm；
组织：1/1平纹地上以2-2并丝组织显花。
3. 黄地团窠对鸟纹夹缬绢幡身
经线：丝，无捻，单根排列，白色，21根/cm；
纬线：丝，无捻，单根排列，白色，56根/cm；
组织：1/1平纹。
4. 亮红色绮幡足（同2）
5. 亮红色绮幡带（同2）

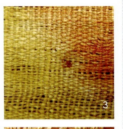

L:S.622.1-6　Ch.00280　帏幔残件　　　唐代

a. 长：132.7 cm；宽：27.0 cm
b. 长：25.8 cm；　宽：9.9 cm
c. 长：35.5 cm；　宽：9.7 cm
d. 长：40.6 cm；　宽：7.4 cm
e. 长：41.0 cm；　宽：7.4 cm
f. 长：41.1 cm；　宽：7.5 cm

维多利亚与艾尔伯特博物馆藏

敦煌纺织品总表

组织结构:

1. 褐色绢
经线：丝，无捻，单根排列，褐色，50根/cm；纬线：丝，无捻，单根排列，褐色，33根/cm；组织：1/1平纹。

2. 白地宝花纹锦
经线：丝，无捻，单根排列，米、橘红、棕、蓝、绿色，40套/cm；纬线：明纬，丝，无捻，单根排列，深黄绿色，16根/cm；夹纬，丝，基本无捻，单根排列，深黄绿色，16根/cm；组织：2/1 S1:3斜纹经重组织，局部为1:1或1:2斜纹经重组织。

3. 蓝地花卉纹锦
经线：丝，无捻，蓝、黄色，28套/cm；纬线：明纬：丝，无捻，单根排列，棕色，8根/cm；夹纬：丝，无捻，单根排列，棕色，8根/cm；组织：2/1 Z斜纹经重组织。

4. 紫色绢
经线：丝，无捻，单根排列，紫色，17根/cm；纬线：丝，无捻，单根排列，紫色，15根/cm；组织：1/1平纹。

5. 本色绢
经线：丝，无捻，单根排列，本色，51根/cm；纬线：丝，无捻，单根排列，本色，25根/cm；组织：1/1平纹。

6. 浅棕色罗
经线：丝，无捻，单根排列，浅棕色，密度不可测；纬线：丝，无捻，单根排列，浅棕色，密度不可测；组织：四经绞组织。

7. 橘红色绮
经线：丝，无捻，单根排列，橘红色，65根/cm；纬线：丝，无捻，单根排列，橘红色，40根/cm；组织：1/1平纹地上以4-2并丝组织显花。

8. 深蓝色绮
经线：丝，无捻，单根排列，深蓝色，46根/cm；纬线：丝，无捻，单根排列，深蓝色，29根/cm；组织：1/1平纹地上以4-2并丝组织显花。

9. 绿色菱格纹绮
经线：丝，无捻，单根排列，绿色，46根/cm；纬线：丝，无捻，单根排列，绿色，26根/cm；组织：1/1平纹地上以2-2并丝组织显花。

10. 橘红色绮（同7）

11. 绿色绢
经线：丝，无捻，单根排列，绿色，45根/cm；纬线：丝，无捻，单根排列，绿色，29根/cm；组织：1/1平纹。

12. 黄色绢
经线：丝，无捻，单根排列，黄色，28根/cm；纬线：丝，无捻，单根排列，黄色，28根/cm；组织：1/1平纹。

13. 深褐色素罗
经线：丝，无捻，单根排列，深褐色，59根/cm；纬线：丝，无捻，单根排列，深褐色，22根/cm；组织：四经绞组织。

14. 橘红色绮（同7）

15. 棕红色素罗
经线：丝，无捻，单根排列，棕红色，63根/cm；纬线：丝，无捻，单根排列，棕红色，16根/cm；组织：四经绞组织。

16. 白色绢
经线：丝，无捻，单根排列，白色，51根/cm；纬线：丝，无捻，单根排列，白色，31根/cm；组织：1/1平纹。

17. 白色绢
经线：丝，无捻，单根排列，白色，28根/cm；纬线：丝，无捻，单根排列，白色，21根/cm；组织：1/1平纹。

18. 绿色绢
经线：丝，无捻，单根排列，绿色，34根/cm；纬线：丝，无捻，单根排列，绿色，28根/cm；组织：1/1平纹。

19. 褪红色绢
经线：丝，无捻，单根排列，褪红色，35根/cm；纬线：丝，无捻，单根排列，褪红色，29根/cm；组织：1/1平纹。

20. 白色绢（同17）

21. 绿地四瓣小花纹夹缬绢
经线：丝，无捻，单根排列，本色，39根/cm；纬线：丝，无捻，单根排列，本色，34根/cm；组织：1/1平纹。

22. 蓝色绮
经线：丝，无捻，单根排列，蓝色，51根/cm；纬线：丝，无捻，单根排列，蓝色，33根/cm；组织：1/1平纹地上以2-2并丝组织显花。

23. 奶油色绢
经线：丝，无捻，单根排列，奶油色，34根/cm；纬线：丝，无捻，单根排列，奶油色，24根/cm；组织：1/1平纹。

L:S.626　Ch.00259　绿色菱纹罗地彩绣花簇蝴蝶　　晚唐—五代

长：65.0 cm；宽：5.5 cm
组织结构：
经线：丝，无捻，单根排列，绿色，48根/cm；
纬线：丝，无捻，单根排列，绿色，13根/cm；
组织：四经绞地上以二经绞组织显花。
刺绣：
绣线：丝，无捻；色彩：橙、草黄、黄绿、蓝绿、
白、褐等色；
针法：平针、套针、长短针。

L:S.629　Ch.00496　深蓝地银绘卷草花叶纹绮幡带　　唐—五代

长：132.7 cm；宽：27.0 cm
组织结构：
经线：丝，无捻，单根排列，深蓝色，52根/cm；
纬线：丝，无捻，单根排列，深蓝色，45根/cm；
组织：1/1平纹地上以4-4并丝组织显花。

L:S.632　Ch.00295　绿地花卉纹锦　　盛唐

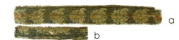
a
b

a. 长：36.9 cm；宽：5.8 cm
b. 长：18.5 cm；宽：3.8 cm
组织结构：
经线：丝，无捻，蓝绿、橘红、米、浅绿色，31套/cm；
纬线：明纬：丝，无捻，单根排列，棕色，7根/cm；
夹纬：丝，无捻，单根排列，棕色，7根/cm；
组织：2/1 Z斜纹经重组织。

L:S.633　Ch.00169　菱格花卉纹锦幡头斜边　　盛唐—中唐

高：19.0 cm
宽：33.2 cm
组织结构：
1. 菱格花卉纹锦幡头斜边
经线：明经，丝，无捻，单根排列，浅棕色，18根/cm；
夹经：丝，无捻，双根排列，浅棕色，18根/cm；
纬线：丝，无捻，单根排列，深褐、亮绿、亮蓝、亮橙等色，27副/cm；
组织：2/1 S斜纹纬重组织。
2. 本色幡面
经线：丝，无捻，单根排列，本色，42根/cm；
纬线：丝，无捻，单根排列，本色，42根/cm；
组织：1/1平纹。

L:S.634　Ch.00233　黄白花卉纹二色绫　晚唐—五代

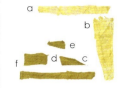

a. 长：2.0 cm；　宽：16.9 cm　e. 长：4.7 cm；　宽：8.0 cm
b. 长：14.2 cm；　宽：4.7 cm　f. 长：2.6 cm；　宽：5.6 cm
c. 长：2.9 cm；　宽：9.0 cm　g. 长：38.0 cm；　宽：26.0 cm

组织结构：
经线：丝，弱S捻，单根排列，白色，40根/cm；
纬线：丝，无捻，单根排列，黄色，24根/cm；
组织：2/1 S斜纹地上以1/5 S斜纹组织显花。

L:S.635　Ch.00176　锦残片　辽

长：5.4 cm；宽：0.9 cm
组织结构：
经线：明经，丝，无捻，单根排列，粉红色，15根/cm；
夹经：丝，无捻，单根排列，粉红色，15根/cm；
纬线：丝，无捻，红、白、蓝、绿、浅蓝、黄色，16副/cm；
组织：1/2 Z辽式斜纹纬重组织。

L:S.636　Ch.0063　红地联珠纹锦　初唐—盛唐

长：6.4 cm
宽：9.5 cm
组织结构：
经线：明经，丝，Z捻，单根排列，米色，21根/cm；
夹经：丝，Z捻，双根排列，米色，42根/cm；
纬线：丝，无捻，单根排列，绿、白、红（与桔色交替显花）色，10副/cm；
组织：1/2 S斜纹纬重组织。

L:S.637　Ch.00165.a　大花卉纹双面锦幡头残片　晚唐—五代

组织结构：
1. 浅橙红色绢幡头斜边
经线：丝，无捻，单根排列，浅橙红色，30根/cm；纬线：丝，无捻，单根排列，浅橙红色，33根/cm；组织：1/1平纹。
2. 大花卉纹双面锦幡面
经线：丝，无捻，单根排列，淡红色，37根/cm；纬线：丝，无捻，单根排列，米、红色，10副/cm，1/5纬重双面组织。

高：35.0 cm
宽：36.0 cm

3. 深褐色绢幡带
经线：丝，无捻，单根排列，深褐色，52根/cm；纬线：丝，无捻，单根排列，深褐色，29根/cm；组织：1/1平纹。
4. 彩绘条纹绢
经线：丝，无捻，单根排列，本色，38根/cm；纬线：丝，无捻，单根排列，本色，35根/cm；组织：1/1平纹。

L:S.638　Ch.00231.b　黄地卷草纹二色绫　晚唐—五代

长：5.6 cm
宽：6.0 cm
组织结构：
经线：丝，Z捻，单根排列，白色，46根/cm；
纬线：丝，无捻，单根排列，黄色，17根/cm；
组织：5/1 S斜纹地上以1/5 Z斜纹组织显花。

L:S.639　Ch.00236　黄色大花纹绫残片　晚唐—五代

a. 长：6.0 cm；　宽：10.5 cm
b. 长：5.0 cm；　宽：12.0 cm
c. 长：29.5 cm；　宽：1.5 cm
d. 长：1.6 cm；　宽：43.0 cm
e. 长：12.5 cm；　宽：12.0 cm
f. 长：5.5 cm；　宽：11.0 cm
g. 长：0.7 cm；　宽：7.0 cm
h. 长：1.0 cm；　宽：11.0 cm
i. 长：5.7 cm；　宽：11.3 cm

组织结构：
经线：丝，无捻，单根排列，黄色，46根/cm；纬线：丝，无捻，单根排列，黄色，36根/cm；组织：2/1 Z斜纹地上以1/5 Z斜纹组织显花。

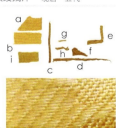

L:S.640　Ch.00302　纬锦残片　唐—五代

长：2.0 cm
宽：21.5 cm
组织结构：
经线：明经，丝，无捻，单根排列，棕色，22根/cm；
夹经：丝，无捻，单根排列，棕色，22根/cm；
纬线：丝，无捻，红、棕、绿、白、蓝色，13副/cm；
组织：五枚缎纹纬重组织。

L:S.641　Ch.00176　1. 红地纬锦残片　2. 红色绮　唐—五代

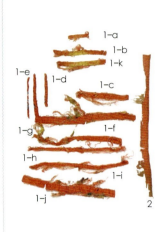

1. 红地纬锦残片
a. 长：1.0 cm；　宽：7.0 cm　b. 长：1.4 cm；　宽：16.5 cm
c. 长：1.7 cm；　宽：17.0 cm　d. 长：10.5 cm；　宽：1.0 cm
e. 长：13.0 cm；　宽：0.5 cm　f. 长：15.5 cm；　宽：33.0 cm
g. 长：1.8 cm；　宽：30.4 cm　h. 长：1.0 cm；　宽：31.5 cm
i. 长：1.0 cm；　宽：32.7 cm　j. 长：2.2 cm；　宽：31.5 cm
k. 长：1.3 cm；　宽：17.6 cm

组织结构：
经线：明经，丝，无捻，单根排列，红棕色，15根/cm；
夹经：丝，无捻，单根排列，红棕色，15根/cm；
纬线：丝，无捻，深蓝、浅蓝、绿、粉红、白、黄色，17副/cm；
组织：1/2 Z辽式斜纹纬重组织。

2. 红色绮　长：45.0 cm；宽：4.5 cm

组织结构：
经线：丝，无捻，单根排列，红色，61根/cm；
纬线：丝，无捻，单根排列，红色，41根/cm；
组织：1/1平纹地上以1/5 Z斜纹组织显花。

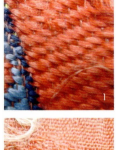

L:S.642　Ch.00230　1. 红地宝花纹锦残片　2. 纬锦残片　中唐—晚唐

1. 红地宝花纹锦残片
a. 长：3.7 cm；　宽：3.4 cm
b. 长：6.9 cm；　宽：4.0 cm
c. 长：13.1 cm；　宽：5.9 cm
d. 长：11.5 cm；　宽：8.8 cm
e. 长：30.0 cm；　宽：15.3 cm
f. 长：2.1 cm；　宽：10.0 cm
g. 长：2.1 cm；　宽：12.9 cm
h. 长：12.7 cm；　宽：2.5 cm
i. 长：1.3 cm；　宽：5.6 cm
j. 长：1.0 cm；　宽：5.2 cm
k. 长：1.4 cm；　宽：12.8 cm
l. 长：2.8 cm；　宽：10.5 cm
m. 长：1.3 cm；　宽：11.2 cm
n. 长：6.3 cm；　宽：3.8 cm
o. 长：3.9 cm；　宽：5.3 cm
p. 长：3.5 cm；　宽：5.7 cm
q. 长：2.7 cm；　宽：7.4 cm
r. 长：2.3 cm；　宽：12.1 cm
s. 长：4.8 cm；　宽：4.8 cm
t. 长：12.1 cm；　宽：3.2 cm
u. 长：6.0 cm；　宽：1.4 cm
v. 长：2.5 cm；　宽：12.9 cm
w. 长：2.5 cm；　宽：12.0 cm
x. 长：3.0 cm；　宽：23.2 cm
y. 长：24.7 cm；　宽：0.8 cm
z. 长：4.2 cm；　宽：1.5 cm
a'. 长：21.6 cm；　宽：1.1 cm
b'. 长：9.5 cm；　宽：2.2 cm
c'. 长：3.3 cm；　宽：0.8 cm
d'. 长：31.8 cm；　宽：0.8 cm
e'. 长：14.7 cm；　宽：0.7 cm
f'. 长：12.4 cm；　宽：1.1 cm
g'. 长：14.8 cm；　宽：0.9 cm
h'. 长：14.7 cm；　宽：0.4 cm

i'. 长：12.8 cm；宽：0.8 cm
j'. 长：8.8 cm；宽：0.7 cm
k'. 长：23.0 cm；宽：0.5 cm
l'. 长：5.4 cm；宽：0.9 cm
m'. 长：11.8 cm；宽：1.5 cm
n'. 长：7.1 cm；宽：1.3 cm
o'. 长：3.3 cm；宽：2.9 cm
p'. 长：2.8 cm；宽：8.0 cm
q'. 长：2.1 cm；宽：9.4 cm
r'. 长：1.8 cm；宽：13.1 cm
s'. 长：1.2 cm；宽：13.1 cm
t'. 长：1.2 cm；宽：12.9 cm
u'. 长：4.5 cm；宽：13.5 cm
v'. 长：27.5 cm；宽：12.0 cm
w'. 长：14.0 cm；宽：4.4 cm
x'. 长：3.0 cm；宽：28.3 cm
y'. 长：27.6 cm；宽：2.3 cm
z'. 长：31.0 cm；宽：4.0 cm
a''. 长：13.7 cm；宽：1.9 cm
b''. 长：29.5 cm；宽：2.2 cm
组织结构：
经线：明经，丝，Z捻，单根排列，红色，15根/cm；夹经：丝，Z捻，三根排列，红色，15根/cm；纬线：丝，无捻，绿、红、白、浅蓝、深蓝色，32副/cm；组织：1/2 S斜纹纬重组织。

2. 纬锦残片
长：11.0 cm；宽：0.4 cm
经线：明经，丝，Z捻，单根排列，红色，30根/cm；夹经：丝，Z捻，单根排列，红色，30根/cm；纬线：丝，无捻，红、黄色，35副/cm；组织：1/2 S斜纹纬重组织。

L:S.643　Ch.0064　纬锦残片　辽

长：15.0 cm；宽：2.0 cm
组织结构：
经线：明经，丝，无捻，单根排列，浅棕色，29根/cm；夹经：丝，无捻，单根排列，浅棕色，29根/cm；纬线：丝，无捻，绿、白、蓝、红、草黄色，15副/cm；组织：五枚缎纹纬重组织。

L:S.644　Ch.00228　1. 红地团凤纹妆花绫 2. 红地点状花纹妆花绫　　晚唐—五代

1. 红地团凤纹妆花绫
a. 长：15.5 cm；　宽：4.0 cm
b. 长：8.5 cm；　宽：1.5 cm
c. 长：7.5 cm；　宽：5.0 cm
d. 长：22.6 cm；　宽：2.0 cm
e. 长：27.7 cm；　宽：1.2 cm
f. 长：3.7 cm；　宽：3.1 cm
g. 长：3.4 cm；　宽：1.3 cm
h. 长：10.0 cm；　宽：0.9 cm
i. 长：19.3 cm；　宽：0.8 cm
j. 长：11.5 cm；　宽：1.0 cm
k. 长：13.0 cm；　宽：2.0 cm
l. 长：2.2 cm；　宽：15.5 cm
m. 长：3.2 cm；　宽：15.5 cm
n. 长：6.0 cm；　宽：2.5 cm
o. 长：0.6 cm；　宽：3.5 cm
p. 长：2.0 cm；　宽：5.3 cm
q. 长：10.5 cm；　宽：2.3 cm
r. 长：6.0 cm；　宽：7.0 cm
s. 长：4.5 cm；　宽：1.2 cm
t. 长：4.0 cm；　宽：0.9 cm

u. 长：2.7 cm；　宽：2.4 cm
v. 长：6.5 cm；　宽：1.0 cm
w. 长：2.0 cm；　宽：10.7 cm
x. 长：1.1 cm；　宽：5.0 cm

组织结构：
经线：丝，无捻，单根排列，红色，42根/cm；
纬线：地纬：丝，无捻，红色，34根/cm；
纹纬：丝，无捻，黄色，23根/cm；地组
织：5/1 S斜纹组织，妆花组织：1/5 S斜纹组
织。

2. 红地点状花纹妆花绫
a. 长：4.3 cm；　宽：15.5 cm
b. 长：8.4 cm；　宽：0.8 cm
c. 长：14.2 cm；　宽：1.2 cm
d. 长：35.0 cm；　宽：1.5 cm

组织结构：
经线：丝，S捻，单根排列，红色，40根/cm；
纬线：地纬：丝，无捻，红色，21根/cm；纹
纬：丝，无捻，黄色，10根/cm；地组织：
5/1 Z斜纹组织，妆花组织：1/5 Z斜纹组织。

L:S.645　Ch.00313　紫色联珠方格卍字纹纱　　晚唐—五代

a. 长：32.0 cm；　宽：1.0 cm
b. 长：24.0 cm；　宽：0.8 cm
c. 长：3.0 cm；　宽：1.5 cm
d. 长：25.0 cm；　宽：0.7 cm

组织结构：
经线：丝，无捻，通常单根排列，偶然成双
排列，紫色，26根/cm；纬线：丝，无捻，
通常三根排列，紫色，13根/cm；组织：
1:1对称绞地上以绞经浮长起花。

L:S.646　Ch.00232　黄地花卉纹二色绫　　晚唐—五代

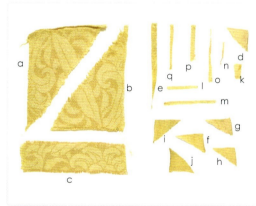

a. 长：6.8 cm；　宽：9.0 cm
b. 长：7.0 cm；　宽：9.0 cm
c. 长：9.5 cm；　宽：2.5 cm
d. 长：8.5 cm；　宽：9.3 cm
e. 长：31.5 cm；　宽：2.0 cm
f. 长：8.0 cm；　宽：9.5 cm
g. 长：7.7 cm；　宽：8.5 cm
h. 长：8.0 cm；　宽：8.3 cm
i. 长：7.0 cm；　宽：10.5 cm
j. 长：6.3 cm；　宽：9.5 cm
k. 长：5.5 cm；　宽：2.5 cm
l. 长：1.0 cm；　宽：11.3 cm
m. 长：0.9 cm；　宽：19.2 cm
n. 长：8.0 cm；　宽：0.5 cm
o. 长：17.5 cm；　宽：1.0 cm
p. 长：13.7 cm；　宽：1.3 cm
q. 长：19.0 cm；　宽：1.3 cm

组织结构：
经线：丝，S捻，单根排列，黄色，
40根/cm；纬线：丝，无捻，单根
排列，橘红色，28根/cm；组织：
1/5 Z斜纹地上以5/1 Z斜纹组织显花。

L:S.649　Ch.00339　棕色绶带纹绫幡　　晚唐—五代

长：92.5 cm
宽：37.0 cm

组织结构：
1. 白色绢悬襻
经线：丝，无捻，单根排列，白色，
30根/cm；纬线：丝，无捻，单根排
列，白色，22根/cm；组织：1/1平纹。
2. 红色绢幡头斜边
经线：丝，无捻，单根排列，红色，
54根/cm；纬线：丝，无捻，单根排
列，红色，29根/cm；组织：1/1平纹。
3. 褐色暗花绫幡面
经线：丝，无捻，单根排列，褐色，
42根/cm；纬线：丝，无捻，单根排
列，褐色，23根/cm；组织：2/1 S斜

纹地上以1/5 S斜纹显花。
4. 棕色绶带纹绫幡身
经线：丝，无捻，单根排列，棕
色，49根/cm；纬线：丝，无捻，
单根排列，棕色，27根/cm；组
织：2/1 S斜纹地上以1/5 S斜纹显花。
5. 灰藏青色绮幡带
经线：丝，无捻，单根排列，灰藏
青色，51根/cm；纬线：丝，无
捻，单根排列，灰藏青色，36根/
cm；组织：1/1平纹地上以1/5 Z不
规则斜纹显花。

L:S.651　Ch.00173　彩条朵花纹锦　　　盛唐

长：41.0 cm；宽：6.0 cm
组织结构：
甲经：丝，无捻，双根排列，白色，17根/cm；
乙经：丝，无捻，双根排列，棕色，17根/cm；
纬线：丝，无捻5根排列，白色做地，蓝、橙、浅绿、浅褐色交替显花，16副/cm；
组织：1/1平纹双层组织。

L:S.652　Ch.00336　1. 紫色几何纹纱　2. 紫色方格卍字纹纱　　晚唐—五代

1. 紫色几何纹纱
a. 长：1.8 cm；宽：14.3 cm
b. 长：1.5 cm；宽：12.4 cm
组织结构：
经线：丝，无捻，单根排列，紫色，32根/cm；纬线：丝，无捻，单根排列，紫色，15根/cm；组织：1:1绞纱地上以纬浮长起花。

2. 紫色方格万字纹纱
a. 长：2.0 cm；宽：32.9 cm
b. 长：1.3 cm；宽：19.6 cm
组织结构：
经线：丝，无捻，单根排列，紫色，36根/cm；纬线：丝，无捻，单根排列，紫色，15根/cm；组织：1:1绞纱地上以纬浮长起花。

L:S.653　Ch.00241　黄色暗花绫残片　　唐

a. 长：14.8 cm；宽：3.5 cm
b. 长：14.2 cm；宽：3.1 cm
c. 长：14.5 cm；宽：4.2 cm
组织结构：
经线：丝，无捻，单根排列，黄色，46根/cm；
纬线：丝，无捻，单根排列，黄色，34根/cm；
组织：2/1 Z斜纹地上以5/1 Z斜纹组织显花。

L:S.654　Ch.00237　黄色斜纹纬锦残片　　唐—五代

a. 长：16.3 cm；宽：3.6 cm
b. 长：2.4 cm；宽：14.5 cm
c. 长：10.8 cm；宽：7.8 cm
d. 长：2.0 cm；宽：9.5 cm
e. 长：0.8 cm；宽：9.0 cm
f. 长：11.2 cm；宽：1.5 cm
g. 长：1.0 cm；宽：4.0 cm

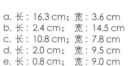

组织结构：
经线：明经，丝，无捻，单根排列，黄色，30根/cm；夹经：丝，无捻，单根排列，黄色，30根/cm；纬线：丝，无捻，黄，30副/cm；组织：1/2 S斜纹纬重组织。

L:S.655　Ch.00324.a-b　灰蓝色暗花罗残片　　唐—五代

a. 长：12.0 cm；宽：9.5 cm
b. 长：0.9 cm；宽：3.0 cm
组织结构：
经线：丝，无捻，单根排列，灰蓝色，48根/cm；
纬线：丝，无捻，单根排列，灰蓝色，12根/cm；
组织：四经绞地上以二经绞组织显花。

L:S.656　Ch.00494　红色朵花纹绮　　唐—五代

长：3.6 cm；宽：15.2 cm
组织结构：
经线：丝，无捻，单根排列，红色，42根/cm；
纬线：丝，无捻，单根排列，红色，25根/cm；
组织：1/1平纹地上以3/1 Z斜纹组织显花。

L:S.657　Ch.00248　红色暗花绮　　唐—五代

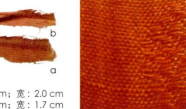

a. 长：8.0 cm；宽：2.0 cm
b. 长：7.0 cm；宽：1.7 cm
组织结构：
经线：丝，无捻，单根排列，红色，43根/cm；
纬线：丝，无捻，单根排列，红色，单根排列，32根/cm；
组织：1/1平纹地上以4-4并丝组织显花。

L:S.658　Ch.00488　红色暗花绫残片　　晚唐—五代

长：1.7 cm；宽：8.7 cm
组织结构：
经线：丝，无捻，单根排列，红色，43根/cm；
纬线：丝，无捻，单根排列，红色，23根/cm；
组织：3/1 Z斜纹地上以3-2并丝组织显花。

L:S.659　Ch.00432　蓝地小花纹锦幡头斜边　　　中唐—晚唐

高：36.9 cm；宽：49.4 cm
组织结构：
1. 蓝地小花纹锦
经线：明经：丝，无捻，单根排列，米色，28根/cm；
夹经：丝，无捻，单根排列，米色，28根/cm；
纬线：丝，无捻，深蓝、浅蓝、红、米白色，15副/cm；
基础组织：五枚缎纹1：2辽式纬重组织，地部为1：1辽式纬重组织。

2. 红色素绫
经线：绵线，Z捻，单根排列，红色，22根/cm；
纬线：绵线，S捻，单根排列，红色，24根/cm；
组织：2/2斜纹。
3. 红色绢
经线：丝，先捻，单根排列，红色，33根/cm；
纬线：丝，无捻，单根排列，红色，26根/cm；
组织：1/1平纹。

L:S.660　Ch.00440　黄色菱格纹绮残片　　　唐—五代

长：53.0 cm；宽：54.0 cm
组织结构：
经线：丝，无捻，单根排列，黄色，55根/cm；
纬线：丝，无捻，单根排列，黄色，32根/cm；
组织：1/1平纹地上2-2并丝组织显花。

L:S.661　Ch.00362　蓝地纬锦残片　　　唐—五代

长：11.2 cm；宽：24.5 cm
组织结构：
经线：明经：丝，无捻，单根排列，17根/cm；
夹经：丝，无捻，单根排列，17根/cm；
纬线：丝，无捻，蓝、红、白、黄、绿、粉色，16副/cm；
组织：1/2 S辽式斜纹纬重组织。

L:S.662　Ch.00492　红色暗花绮幡身残片　　　唐—五代

a. 长：47.7 cm；宽：25.8 cm
b. 长：33.4 cm；宽：19.0 cm
c. 长：24.2 cm；宽：11.8 cm
组织结构：
经线：丝，无捻，单根排列，红色，56根/cm；
纬线：丝，无捻，单根排列，红色，27根/cm；
组织：1/1平纹地上以1/5 Z斜纹组织显花。

L:S.663　Ch.00509　条纹绢残片　　　唐—五代

长：3.0 cm
宽：83.0 cm
组织结构：
经线：丝，无捻，单根排列，
本色，32根/cm；
纬线：丝，无捻，单根排列，
本、蓝色，27根/cm；
组织：1/1平纹。

L:S.664　Ch.00235　黄色花叶纹绫　　　晚唐—五代

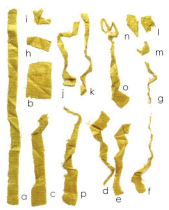 

a. 长：35.5 cm；宽：3.5 cm　b. 长：6.0 cm；宽：4.2 cm
c. 长：1.4 cm；宽：13.2 cm　d. 长：25.2 cm；宽：3.5 cm
e. 长：25.2 cm；宽：3.0 cm　f. 长：26.0 cm；宽：2.6 cm
g. 长：9.0 cm；宽：6.3 cm　h. 长：2.6 cm；宽：6.0 cm
i. 长：6.7 cm；宽：4.7 cm　j. 长：1.2 cm；宽：26.0 cm
k. 长：1.4 cm；宽：27.0 cm l. 长：25.4 cm；宽：3.7 cm
m. 长：4.7 cm；宽：5.2 cm　n. 长：4.0 cm；宽：4.0 cm
o. 长：2.6 cm；宽：48.5 cm p. 长：29.0 cm；宽：2.5 cm
组织结构：
经线：丝，无捻，单根排列，黄色，46根/cm；
纬线：丝，无捻，单根排列，黄色，19根/cm；
组织：2/1山形斜纹地上以六枚破斜纹组织显花。

L:S.665　Ch.00361　蓝地团花锦　　　唐一五代

长：31.0 cm；宽：1.8 cm
组织结构：
经线：明经：丝，无捻，单根排列，粉红色，24根/cm；
　　　夹经：丝，无捻，单根排列，蓝色，24根/cm；
纬线：丝，无捻，蓝、红、白、黄、绿色，19副/cm；
组织：五枚缎纹纬重组织。

L:S.666　Ch.00517　鳞形垂带　　　唐代

长：47.0 cm
宽：12.3 cm

组织结构：
1. 咖啡色绢
经线：丝，无捻，单根排列，咖啡色，36根/cm；
纬线：丝，无捻，单根排列，咖啡色，26根/cm；
组织：1/1平纹。
2. 黄色绢
经线：丝，无捻，单根排列，黄色，41根/l cm；
纬线：丝，无捻，单根排列，黄色，23根/cm；
组织：1/1平纹。
3. 红色绢
经线：丝，无捻，单根排列，红色，37根/cm；
纬线：丝，无捻，单根排列，红色，32根/cm；
组织：1/1平纹。
4. 黄地花卉纹夹缬绢
经线：丝，无捻，单根排列，浅棕色，36根/cm；
纬线：丝，无捻，单根排列，浅棕色，25根/cm；
组织：1/1平纹。
5. 红色绢
经线：丝，无捻，单根排列，红色，33根/cm；
纬线：丝，无捻，单根排列，红色，29根/cm；
组织：1/1平纹。
6. 蓝绿色花卉纹绫
经线：丝，无捻，单根排列，蓝绿色，40根/cm；
纬线：丝，无捻，单根排列，蓝绿色，26根/cm；
组织：2/1 S斜纹地上以1/5 S斜纹显花。

7. 淡红色绢
经线：丝，无捻，单根排列，淡红色，38根/cm；
纬线：丝，无捻，单根排列，淡红色，32根/cm；
组织：1/1平纹。

L:S.667　Ch.00294　橙红色花卉纹绫幡头　　　唐代

长：46.0 cm；宽：52.6 cm
组织结构：
1. 黄色绢幡头斜边
经线：丝，无捻，单根排列，黄色，37根/cm；
纬线：丝，无捻，单根排列，黄色，32根/cm；
组织：1/1平纹。
2. 橙红色花卉纹绫幡头
经线：丝，无捻，单根排列，橙红色，44根/cm；
纬线：丝，无捻，单根排列，橙红色，38根/cm；
组织：3/1 S斜纹地上以1/3 Z斜纹组织显花。
3. 灰绿色绢幡身
经线：丝，无捻，单根排列，灰绿色，27根/cm；
纬线：丝，无捻，单根排列，灰绿色，19根/cm；
组织：1/1平纹。

维多利亚与艾尔伯特博物馆藏

敦煌纺织品总表

L:S.668　Ch.00443.b　1. 菱纹罗带　2. 本色棉布　3. 绿色绢　　唐—五代

1. 菱纹罗带
长：50.0 cm；宽：1.4 cm
组织结构：
1.1. 绿色菱纹罗
经线：丝，无捻，单根排列，绿色，72根/cm；
纬线：丝，无捻，单根排列，绿色，17根/cm；
组织：四经绞地上以二经绞组织显花。
1.2. 黄色菱纹罗
经线：丝，无捻，单根排列，黄色，88根/cm；
纬线：丝，无捻，单根排列，黄色，18根/cm；
组织：四经绞地上以二经绞组织显花。
1.3. 红色菱纹罗
经线：丝，无捻，单根排列，红色，68根/cm；
纬线：丝，无捻，单根排列，红色，16根/cm；
组织：四经绞地上以二经绞组织显花。

2. 本色棉布
长：8.0 cm；宽：6.2 cm
组织结构：
经线：棉，Z捻，单根排列，本色，14根/cm；
纬线：棉，Z捻，单根排列，本色，13根/cm；
组织：1/1平纹。
3. 绿色绢
长：5.5 cm；宽：1.6 cm
组织结构：
经线：丝，无捻，单根排列，绿色，46根/cm；
纬线：丝，无捻，单根排列，绿色，65根/cm；
组织：1/1平纹。

L:S.669　Ch.00338　　红棕色套环纹绮　　　唐—五代

a

b

a. 长：12.5 cm；宽：25.0 cm
b. 长：12.0 cm；宽：25.5 cm
组织结构：
经线：丝，无捻，单根排列，红棕色，46根/cm；
纬线：丝，无捻，单根排列，红棕色，26根/cm；
组织：1/1平纹地上以1/5 S斜纹组织显花。

L:S.670　Ch.00501.b　　棕色菱格纹绮　　　唐—五代

长：30.0 cm；宽：16.7 cm
组织结构：
经线：丝，无捻，单根排列，棕色，49根/cm；
纬线：丝，无捻，单根排列，棕色，32根/cm；
组织：1/1平纹地上以1/3 S斜纹组织显花。

L:S.671　Ch.00495.a-b　深蓝色散点小花纹绫　　晚唐—五代

a. 长：83.5 cm；宽：6.8 cm
b. 长：19.1 cm；宽：2.5 cm
组织结构：
经线：丝，无捻，单根排列，深蓝色，54根/cm；
纬线：丝，无捻，单根排列，深蓝色，25根/cm；
组织：1/5 S斜纹地上以5/1 Z斜纹组织显花。

L:S.672　Ch.00508　红褐色团窠对雁纹绫　　唐—五代

长：22.2 cm；宽：22.5 cm
组织结构：
经线：丝，无捻，单根排列，红褐色，41根/cm；
纬线：丝，无捻，单根排列，红褐色，15根/cm；
组织：1/2 S斜纹地上以1/5 S斜纹组织显花。

L:S.682　Ch.xxii.0036　簇六团花夹缬绢　　晚唐—五代

长：31.0 cm；宽：58.0 cm
组织结构：
经线：丝，无捻，单根排列，本色，53根/cm；
纬线：丝，无捻，单根排列，本色，32根/cm；
组织：1/1平纹。

L:S.683　Ch.00309.b　十样宝花纹夹缬绢幡头　　唐—五代

高：47.0 cm；宽：52.0 cm
组织结构：
1. 十样宝花纹夹缬绢幡头斜边及碎片
经线：丝，无捻，单根排列，浅棕色，42根/cm；纬线：丝，
无捻，单根排列，浅棕色，28根/ cm；组织：1/1平纹。
2. 浅棕色绢幡面
经线：丝，无捻，单根排列，浅棕色，54根/cm；纬线：丝，
无捻，单根排列，浅棕色，42根/ cm；组织：1/1平纹。
3. 灰绿色绢悬襻
经线：丝，无捻，单根排列，灰绿色，43根/cm；纬线：丝，
无捻，单根排列，灰绿色，31根/ cm；组织：1/1平纹。
4. 棕色绢幡带
经线：丝，无捻，单根排列，棕色，59根/cm；纬线：丝，无
捻，单根排列，棕色，48根/cm；组织：1/1平纹。

S.71　　彩条绢经卷系带　　唐—五代

长：1.0 cm；宽：0.7 cm
组织结构：
经线：丝，无捻，单根排列，黑、米、橘红、绿、黄色，31根/cm；
纬线：丝，无捻，单根排列，米色，15根/cm；
组织：1/1平纹。

S.93　　蓝色绢经卷系带　　唐—五代

长：54.2 cm；宽：1.3 cm
组织结构：
经线：丝，无捻，单根排列，蓝色，37根/cm；
纬线：丝，无捻，单根排列，蓝色，28根/cm；
组织：1/1平纹。

S.351　　蓝色绢经卷系带　　唐—五代

长：61.0 cm；宽：1.6 cm
组织结构：
经线：丝，无捻，单根排列，蓝色，28根/cm；
纬线：丝，无捻，单根排列，蓝色，26根/cm；
组织：1/1平纹。

S.425　　紫红色绢经卷系带　　唐—五代

长：59.7 cm；宽：0.8 cm
组织结构：
经线：丝，无捻，单根排列，紫红色，52根/cm；
纬线：丝，无捻，单根排列，紫红色，48根/cm；
组织：1/1平纹。

S.478　　橘红色绢经卷系带　　唐—五代

长：50.2 cm；宽：0.8 cm
组织结构：
经线：丝，无捻，单根排列，橘红色，43根/cm；
纬线：丝，无捻，单根排列，橘红色，52根/cm；
组织：1/1平纹。

S.490　　夹缬绢经卷系带　　唐—五代

长：49.8 cm；宽：1.1 cm
组织结构：
经线：丝，无捻，单根排列，蓝色，33根/cm；
纬线：丝，无捻，单根排列，蓝色，24根/cm；
组织：1/1平纹。

S.603　　浅褐色绢经卷系带　　唐—五代

长：27.2 cm
宽：0.6 cm
组织结构：
经线：丝，无捻，单根排列，褐色，56根/cm；
纬线：丝，无捻，单根排列，褐色，53根/cm；
组织：1/1平纹。

S.604　　浅褐色绢经卷系带　　唐—五代

长：51.3 cm
宽：0.9 cm
组织结构：
经线：丝，无捻，单根排列，浅褐色，48根/cm；
纬线：丝，无捻，单根排列，浅褐色，45根/cm；
组织：1/1平纹。

S.726　　褐色绢经卷系带　　唐—五代

长：2.9 cm
宽：0.8 cm
组织结构：
经线：丝，无捻，单根排列，褐色，65根/cm；
纬线：丝，无捻，单根排列，褐色，36根/cm；
组织：1/1平纹。

S.738　　红色绢经卷系带　　唐—五代

长：1.8 cm
宽：0.6 cm
组织结构：
经线：丝，无捻，单根排列，蓝色，35根/cm；
纬线：丝，无捻，单根排列，蓝色，27根/cm；
组织：1/1平纹。

S.770　　浅红色绢经卷系带　　唐—五代

长：2.1 cm
宽：0.7 cm
组织结构：
经线：丝，无捻，单根排列，浅红色，36根/cm；
纬线：丝，无捻，单根排列，浅红色，32根/cm；
组织：1/1平纹。

S.938　　绿色暗花绫经卷系带　　唐—五代

长：34.0 cm
宽：0.8 cm
组织结构：
经线：丝，无捻，单根排列，绿色，41根/cm；
纬线：丝，无捻，单根排列，绿色，27根/cm；
组织：在2/1 S斜纹组织地上以3-3并丝组织起花。

S.1430　　豆沙色绢经卷系带　　唐—五代

长：38.2 cm
宽：0.8 cm
组织结构：
经线：丝，无捻，单根排列，浅紫色，48根/cm；
纬线：丝，无捻，单根排列，浅紫色，44根/cm；
组织：1/1平纹。

S.1578　　紫色绢经卷系带　　唐—五代

长：27.3 cm
宽：0.7 cm
组织结构：
经线：丝，无捻，单根排列，紫色，21根/cm；
纬线：丝，无捻，单根排列，紫色，30根/cm；
组织：1/1平纹。

S.1593　　绿色绢经卷系带　　唐—五代

长：39.6 cm
宽：0.8 cm
组织结构：
经线：丝，无捻，单根排列，绿色，60根/cm；
纬线：丝，无捻，单根排列，绿色，37根/cm；
组织：1/1平纹。

S.1595　　褐色绢经卷系带　　唐—五代

长：44.0 cm
宽：0.8 cm
组织结构：
经线：丝，无捻，单根排列，褐色，29根/cm；
纬线：丝，无捻，单根排列，褐色，24根/cm；
组织：1/1平纹。

S.1832　　褐色绢经卷系带　　唐—五代

长：25.5 cm
宽：0.7 cm
组织结构：
经线：丝，无捻，单根排列，
褐色，56根/cm；
纬线：丝，无捻，单根排列，
褐色，16根/cm；
组织：1/1平纹。

S.2116　　夹缬绢经卷系带　　唐—五代

长：16.4 cm
宽：1.3 cm
组织结构：
经线：丝，无捻，单根排列，
本色，23根/cm；
纬线：丝，无捻，单根排列，
本色，20根/cm；
组织：1/1平纹。

S.2125　　浅紫色绢经卷系带　　唐—五代

长：44.5 cm
宽：0.9 cm
组织结构：
经线：丝，无捻，单根排列，
浅紫色，35根/cm；
纬线：丝，无捻，单根排列，
浅紫色，34根/cm；
组织：1/1平纹。

S.2129　　晕裥彩条纹绢经卷系带　唐—五代

长：5.5 cm
宽：0.8 cm
组织结构：
经线：丝，无捻，单根排列，
浅棕、白、粉红、绿色，
31根/cm；
纬线：丝，无捻，双根排列，
褐色，38根/cm；
组织：1/1平纹。

S.2130　　草绿色绢经卷系带　　唐—五代

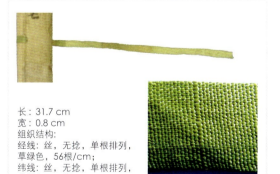

长：31.7 cm
宽：0.8 cm
组织结构：
经线：丝，无捻，单根排列，
草绿色，56根/cm；
纬线：丝，无捻，单根排列，
草绿色，29根/cm；
组织：1/1平纹。

S.2134　　深绿色菱纹罗经卷系带　唐—五代

长：18.5 cm
宽：0.8 cm
组织结构：
经线：丝，无捻，单根排列，
深绿色，80根/cm；
纬线：丝，无捻，单根排列，
深绿色，15根/cm；
组织：四经绞地上以二经绞
组织起花。

S.2194　　蓝绿色菱纹罗经卷系带　唐—五代

长：26.3 cm
宽：0.8 cm
组织结构：
经线：丝，无捻，单根排列，
绿色，约100根/cm；
纬线：丝，无捻，单根排列，
绿色，21根/cm；
组织：四经绞地上以二经绞
组织起花。

S.2400　　黄色绢经卷系带　　唐—五代

长：32.0 cm；宽：0.9 cm
组织结构：
经线：丝，无捻，单根排列，
黄色，59根/cm；
纬线：丝，无捻，单根排列，
黄色，40根/cm；
组织：1/1平纹。

S.2746　棕色绢经卷系带　唐—五代

长：45.2 cm
宽：1.0 cm
组织结构：
经线：丝，无捻，单根排列，
棕色，34根/cm；
纬线：丝，无捻，单根排列，
棕色，50根/cm；
组织：1/1平纹。

S.2794　橘红色绢经卷系带　唐—五代

长：29.7 cm
宽：0.7 cm
组织结构：
经线：丝，无捻，单根排列，
橘红色，31根/cm；
纬线：丝，无捻，单根排列，
橘红色，40根/cm；
组织：1/1平纹。

S.2855　浅红色绢经卷系带　唐—五代

长：46.6 cm
宽：1.0 cm
组织结构：
经线：丝，无捻，单根排列，
浅红色，48根/cm；
纬线：丝，无捻，单根排列，
浅红色，21根/cm；
组织：1/1平纹。

S.3755　黄绿色暗花绫经卷系带　唐—五代

长：41.7 cm
宽：1.3 cm

组织结构：
经线：丝，无捻，单根排列，
黄绿色，45根/cm；纬线：
丝，无捻，单根排列，黄绿
色，20根/cm；组织：2/1 Z
斜纹地上以1/5 Z斜纹起花。

S.4861　彩条晕裥经卷系带　唐—五代

长：30.2 cm
宽：0.6 cm

组织结构：
经线：丝，无捻，单根排
列，褐、白、红、绿色，
35根/cm；
纬线：丝，无捻，单根排
列，褐色，16根/cm；
组织：1/1平纹。

S.4868　彩条晕裥经卷系带　唐—五代

长：41.5 cm
宽：0.7 cm

组织结构；
经线：丝，无捻，单根排列，
褐、白、浅红、绿、桔黄、
浅绿。30根/cm；
纬线：丝，无捻，单根排列，
褐色，14根/cm；
组织：1/1平纹。

S.4869　彩条绢经卷系带　唐—五代

长：39.8 cm
宽：0.8 cm
组织结构：
经线：丝，无捻，单根排列，
浅棕、白、粉红、红、绿，
31根/cm；
纬线：丝，无捻，双根排列，
褐色，21根/cm；
组织：1/1平纹。

S.4876　蓝绢经卷系带　唐—五代

长：51.5 cm
宽：1.2 cm

组织结构：
经线：丝，无捻，单根排
列，蓝色，35根/cm；
纬线：丝，无捻，单根排
列，蓝色，34根/cm；
组织：1/1平纹。

S.4916　　彩条绢经卷系带　　唐—五代

长：36.3 cm
宽：0.7 cm

组织结构：
经线：丝，无捻，单根排列，浅棕、白、粉红、绿、红色，35根/cm；
纬线：丝，无捻，单根排列，褐色，23根/cm；组织：1/1平纹。

S.5116　　蓝色绢经卷系带　　唐—五代

长：38.8 cm
宽：1.0 cm

组织结构：
经线：丝，无捻，单根排列，蓝色，35根/cm；纬线：丝，无捻，单根排列，蓝色，28根/cm；组织：1/1平纹。

S.5132　　草绿色绢经卷系带　　唐—五代

长：26.2 cm
宽：0.8 cm
组织结构：
经线：丝，无捻，单根排列，草绿色，58根/cm；
纬线：丝，无捻，单根排列，草绿色，27根/cm；
组织：1/1平纹。

S.5204　　黄色绢经卷系带　　唐—五代

长：42.3 cm
宽：0.8 cm

组织结构：
经线：丝，无捻，单根排列，黄色，40根/cm；
纬线：丝，无捻，单根排列，黄色，24根/cm；
组织：1/1平纹。

S.5266　　红色绢经卷系带　　唐—五代

长：20.0 cm
宽：0.9 cm
组织结构：
经线：丝，无捻，单根排列，红色，35根/cm；
纬线：丝，无捻，单根排列，红色，23根/cm；
组织：1/1平纹。

S.5279　　蓝绿色绢经卷系带　　唐—五代

长：45.1 cm
宽：0.9 cm

组织结构：
经线：丝，无捻，单根排列，蓝绿色，46根/cm；纬线：丝，无捻，单根排列，蓝绿色，38根/cm；组织：1/1平纹。

S.5296　　绿色菱格花卉纹绮经卷系带　　唐—五代

长：50.1 cm；宽：1.1 cm
组织结构：
经线：丝，无捻，排列，绿色，48根/cm；
纬线：丝，无捻，排列，绿色，47根/cm；
组织：1/1平纹地上以4-2并丝组织起花。

S.10853　　红绢经卷系带　　唐—五代

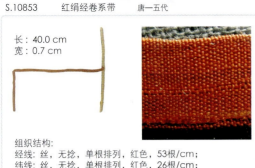

长：40.0 cm
宽：0.7 cm

组织结构：
经线：丝，无捻，单根排列，红色，53根/cm；
纬线：丝，无捻，单根排列，红色，26根/cm；
组织：1/1平纹。

S.10854　　夹缬绢经卷系带　　唐—五代

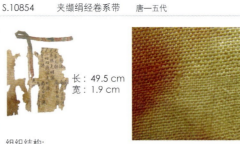

长：49.5 cm
宽：1.9 cm

组织结构：
经线：丝，无捻，单根排列，本色，38根/cm；
纬线：丝，无捻，单根排列，本色，58根/cm；
组织：1/1平纹。

S.10861　　橙红色绢经卷系带　　唐—五代

长：18.5 cm
宽：0.5 cm

组织结构：
经线：丝，无捻，单根排列，橙红色，32根/cm；
纬线：丝，无捻，单根排列，橙红色，41根/cm；
组织：1/1平纹。

S.10865　　暗绿色绢经卷系带　　唐—五代

长：27.0 cm
宽：1.3 cm

组织结构：
经线：丝，无捻，单根排列，暗绿色，52根/cm；
纬线：丝，无捻，单根排列，暗绿色，34根/cm；
组织：1/1平纹。

S.10872　　晕裥彩条绢经卷系带　　唐—五代

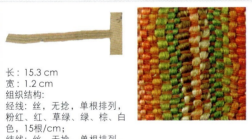

长：15.3 cm
宽：1.2 cm
组织结构：
经线：丝，无捻，单根排列，
粉红、红、草绿、绿、棕、白
色，15根/cm；
纬线：丝，无捻，单根排列，
粉红色，20根/cm；
组织：1/1平纹。

S.10877　　晕裥彩条绢经卷系带　　唐—五代

长：23.5 cm
宽：0.5 cm
组织结构：
经线：丝，无捻，单根排列，黄褐、浅黄褐、绿色，
31根/cm；纬线：丝，无捻，单根排列，黄褐色，
11根/cm；组织：1/1平纹。

S.10882　　紫色绢经卷系带　　唐—五代

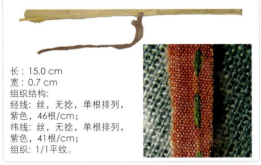

长：15.0 cm
宽：0.7 cm
组织结构：
经线：丝，无捻，单根排列，
紫色，46根/cm；
纬线：丝，无捻，单根排列，
紫色，41根/cm；
组织：1/1平纹。

S.10891　　红色暗花罗经卷系　　唐—五代

长：17.5 cm
宽：0.6 cm
组织结构：
经线：丝，无捻，单根排列，
红色，密度不可测；
纬线：丝，无捻，单根排列，
红色，18根/cm；
组织：1/1平纹。

S.10906　　彩条绢经卷系带　　唐—五代

长：19.8 cm
宽：0.6 cm
组织结构：
经线：丝，无捻，单根排列，褐、白、浅红、绿
色，21根/cm；
纬线：丝，无捻，单根排列，褐色，22根/cm；
组织：1/1平纹。

S.10910　　黄色绢经卷系带　　唐—五代

长：11.0 cm
宽：0.9 cm

组织结构：
经线：丝，无捻，单根排列，黄色，41根/cm；纬线：丝，无捻，单根排列，黄色，28根/cm；组织：1/1平纹。

S.10911　　晕裥彩条绢经卷系带　　唐—五代

长：22.2 cm
宽：1.0 cm

组织结构：
经线：丝，无捻，单根排列，白、绿、黄、橙、浅红色，24根/cm；纬线：丝，无捻，单根排列，浅红色，11根/cm；组织：1/1平纹。

S.10921　　紫色绢经卷系带　　唐—五代

长：11.8 cm
宽：1.0 cm

组织结构：
经线：丝，无捻，单根排列，紫色，40根/cm；纬线：丝，无捻，单根排列，紫色，27根/cm；组织：1/1平纹。

S.10924　　暗红色菱纹罗经卷系带　唐—五代

长：37.2 cm
宽：0.6 cm

组织结构：
经线：丝，无捻，单根排列，暗红色，35根/cm；纬线：丝，无捻，单根排列，暗红色，34根/cm；组织：四经绞地上以二经绞组织显花。

S.10933　　棕色暗花绮经卷系带　　唐—五代

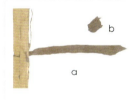

a. 长：14.2 cm
　 宽：1.2 cm
b. 长：1.7 cm
　 宽：1.5 cm

组织结构：
经线：丝，无捻，单根排列，棕色，48根/cm；纬线：丝，无捻，单根排列，棕色，34根/cm；组织：1/1平纹地上以3/1 Z斜纹显花。

S.10939　　红色绢经卷系带　　唐—五代

长：34.1 cm
宽：1.0 cm

组织结构：
经线：丝，无捻，单根排列，红色，47根/cm；纬线：丝，无捻，单根排列，红色，26根/cm；组织：1/1平纹。

S.10940　　浅棕色绢经卷系带　　唐—五代

长：46.9 cm
宽：0.7 cm

组织结构：
经线：丝，无捻，单根排列，浅棕色，45根/cm；纬线：丝，无捻，单根排列，浅棕色，28根/cm；组织：1/1平纹。

S.10952　　褐色绢经卷系带　　唐—五代

长：55.4 cm
宽：0.9 cm

组织结构：
经线：丝，无捻，单根排列，褐色，42根/cm；纬线：丝，无捻，单根排列，褐色，54根/cm；组织：1/1平纹。

S.10953   彩条绢经卷系带   唐—五代

长：3.5 cm
宽：0.4 cm

组织结构：
经线：丝，无捻，单根排列，米色，密度不可测；纬线：丝，无捻，单根排列，绿、浅黄等色，密度不可测；组织：1/1平纹。

S.10985   褐色绢经卷系带   唐—五代

长：37.2 cm
宽：1.0 cm

组织结构：
经线：丝，无捻，单根排列，褐色，27根/cm；纬线：丝，无捻，单根排列，褐色，21根/cm；组织：1/1平纹。

S.10991   彩条绢经卷系带   唐—五代

长：13.5 cm
宽：0.6 cm

组织结构：
经线：丝，无捻，单根排列，白、黄、绿色，26根/cm；纬线：丝，无捻，单根排列，浅褐色，23根/cm；组织：1/1平纹。

S.10993   褐色绢经卷系带   唐—五代

长：42.3 cm
宽：0.5 cm

组织结构：
经线：丝，无捻，单根排列，褐色，48根/cm；纬线：丝，无捻，单根排列，褐色，31根/cm；组织：1/1平纹。

S.10994   褐色绢经卷系带   唐—五代

长：36.6 cm
宽：0.6 cm

组织结构：
经线：丝，无捻，单根排列，褐色，41根/cm；纬线：丝，无捻，单根排列，褐色，34根/cm；组织：1/1平纹。

S.11002   彩条绢经卷系带   唐—五代

长：11.2 cm
宽：0.3 cm

组织结构：
经线：丝，无捻，单根排列，白、绿、浅褐色，密度不可测；纬线：丝，无捻，单根排列，浅褐色，密度不可测；组织：1/1平纹。

S.11003   褐色绢经卷系带   唐—五代

长：4.0 cm
宽：0.8 cm

组织结构：
经线：丝，无捻，单根排列，褐色，31根/cm；纬线：丝，无捻，单根排列，褐色，21根/cm；组织：1/1平纹。

S.11004   浅褐色绢经卷系带   唐—五代

长：12.0 cm
宽：0.8 cm

组织结构：
经线：丝，无捻，单根排列，浅褐色，35根/cm；纬线：丝，无捻，单根排列，浅褐色，25根/cm；组织：1/1平纹。

S.11017　　黄色绢经卷系带　　唐—五代

长：18.5 cm
宽：0.3 cm

组织结构：
经线：丝，无捻，单根排列，黄色，
51根/cm；纬线：丝，无捻，单根排
列，黄色，41根/cm；组织：1/1平纹。

S.11022　　黄色绢经卷系带　　唐—五代

长：36.5 cm
宽：0.5 cm

组织结构：
经线：丝，无捻，单根排列，黄色，
58根/cm；纬线：丝，无捻，单根排
列，黄色，36根/cm；组织：1/1平纹。

S.11027　　深褐色绢经卷系带　　唐—五代

长：46.0 cm
宽：0.9 cm

组织结构：
经线：丝，无捻，单根排列，深褐
色，42根/cm；纬线：丝，无捻，
单根排列，深褐色，57根/cm；
组织：1/1平纹。

S.11028　　紫色暗花罗经卷系带　　唐—五代

长：3.4 cm
宽：0.9 cm

组织结构：
经线：丝，无捻，单根排列，紫色，
47根/cm；纬线：丝，无捻，单根
排列，紫色，34根/cm；组织：四
经绞地上以二经绞组织显花。

S.11029　　蓝色绢经卷系带　　唐—五代

长：64.4 cm
宽：1.1 cm

组织结构：
经线：丝，无捻，单根排列，蓝色，
35根/cm；纬线：丝，无捻，单根
排列，蓝色，34根/cm；组织：1/1
平纹。

S.11030　　深红色绮经卷系带　　唐—五代

长：10.1 cm
宽：0.6 cm

组织结构：
经线：丝，无捻，单根排列，深红
色，54根/cm；纬线：丝，无捻，
单根排列，深红色，30根/cm；组
织：1/1平纹地上以3/1 Z斜纹显花。

S.11038　　浅棕色绢经卷系带　　唐—五代

长：2.9 cm
宽：0.6 cm

组织结构：
经线：丝，无捻，单根排列，浅棕
色，75根/cm；纬线：丝，无捻，
单根排列，浅棕色，58根/cm；
组织：1/1平纹。

S.11039　　彩条绢经卷系带　　唐—五代

长：18.5 cm
宽：0.8 cm

组织结构：
经线：丝，无捻，单根排列，棕、白、橙
绿、红、绿、橙、白、棕、白、橙、绿
红色，32根/cm；纬线：丝，无捻，单根
排列，棕色，18根/cm；组织：1/1平纹。

S.11075　　　棕色绢经卷系带　　唐—五代

组织结构：
经线：丝，无捻，单根排列，棕色，50根/cm；纬线：丝，无捻，单根排列，棕色，44根/cm；组织：1/1平纹。

长：35.5 cm
宽：0.9 cm

S.11079　　　红色绢经卷系带　　唐—五代

组织结构：
经线：丝，无捻，单根排列，红色，48根/cm；纬线：丝，无捻，单根排列，红色，31根/cm；组织：1/1平纹。

长：40.9 cm
宽：1.0 cm

S.11096　　褐色绢经卷系带　　唐—五代

组织结构：
经线：丝，无捻，单根排列，褐色，38根/cm；纬线：丝，无捻，单根排列，褐色，35根/cm；组织：1/1平纹。

长：47.2 cm
宽：0.5 cm

S.11098　　　　　　　　唐—五代

组织结构：
经线：丝，无捻，单根排列，黄色，35根/cm；纬线：丝，无捻，单根排列，黄色，23根/cm；组织：1/1平纹。

长：63.0 cm
宽：0.7 cm

S.11099　　　白色绢经卷系带　　唐—五代

组织结构：
经线：丝，无捻，单根排列，白色，27根/cm；纬线：丝，无捻，单根排列，白色，44根/cm；组织：1/1平纹。

长：48.1 cm
宽：1.1 cm

S.11108　　褐色绢经卷系带　　唐—五代

组织结构：
经线：丝，无捻，单根排列，褐色，35根/cm；纬线：丝，无捻，单根排列，褐色，34根/cm；组织：1/1平纹。

长：8.4 cm
宽：0.8 cm

S.11114　　褐色绢经卷系带　　唐—五代

组织结构：
经线：丝，无捻，单根排列，褐色，28根/cm；纬线：丝，无捻，单根排列，褐色，24根/cm；组织：1/1平纹。

长：2.6 cm
宽：0.6 cm

S.11124　　绿色绢经卷系带　　唐—五代

组织结构：
经线：丝，无捻，单根排列，绿色，35根/cm；纬线：丝，无捻，单根排列，绿色，34根/cm；组织：1/1平纹。

长：59.5 cm
宽：1.5 cm

S.11126　绿色绢经卷系带　唐—五代

长：51.0 cm
宽：1.2 cm

组织结构：
经线：丝，无捻，单根排列，绿色，35根/cm；纬线：丝，无捻，单根排列，绿色，18根/cm；组织：1/1平纹。

S.11131　褐色绢经卷系带　唐—五代

长：30.5 cm
宽：0.7 cm

组织结构：
经线：丝，无捻，单根排列，褐色，47根/cm；纬线：丝，无捻，单根排列，褐色，28根/cm；组织：1/1平纹。

S.11135　紫色绢经卷系带　唐—五代

长：4.6 cm
宽：1.0 cm

组织结构：
经线：丝，无捻，单根排列，紫色，41根/cm；纬线：丝，无捻，单根排列，紫色，32根/cm；组织：1/1平纹。

S.11140　浅红色绢经卷系带　唐—五代

长：49.3 cm
宽：1.0 cm

组织结构：
经线：丝，无捻，单根排列，浅红色，47根/cm；纬线：丝，无捻，单根排列，浅红色，37根/cm；组织：1/1平纹。

S.11142　深红色绢经卷系带　唐—五代

长：36.8 cm
宽：1.0 cm

组织结构：
经线：丝，无捻，单根排列，深红色，49根/cm；纬线：丝，无捻，单根排列，深红色，33根/cm；组织：1/1平纹。

S.11150　棕色绢经卷系带　唐—五代

长：7.6 cm
宽：0.8 cm

组织结构：
经线：丝，无捻，单根排列，棕色，43根/cm；纬线：丝，无捻，单根排列，棕色，34根/cm；组织：1/1平纹。

S.11153　浅褐色绢经卷系带　唐—五代

长：29.5 cm
宽：0.8 cm

组织结构：
经线：丝，无捻，单根排列，浅褐色，30根/cm；纬线：丝，无捻，单根排列，浅褐色，25根/cm；组织：1/1平纹。

S.11162　深褐色绢经卷系带　唐—五代

长：41.5 cm
宽：0.8 cm

组织结构：
经线：丝，无捻，单根排列，深褐色，41根/cm；纬线：丝，无捻，单根排列，深褐色，60根/cm；组织：1/1平纹。

S.11166   褐色绢经卷系带   唐—五代

长：41.2 cm
宽：0.6 cm

组织结构：
经线：丝，无捻，单根排列，褐色，46根/cm；纬线：丝，无捻，单根排列，褐色，28根/cm；组织：1/1平纹。

S.11167   褐色绢经卷系带   唐—五代

长：4.3 cm
宽：0.8 cm

组织结构：
经线：丝，无捻，单根排列，褐色，35根/cm；纬线：丝，无捻，单根排列，褐色，29根/cm；组织：1/1平纹。

S.11173   浅褐色绢经卷系带   唐—五代

长：20.7 cm
宽：0.8 cm

组织结构：
经线：丝，无捻，单根排列，浅褐色，56根/cm；纬线：丝，无捻，单根排列，浅褐色，30根/cm；组织：1/1平纹。

S.11174   紫色绢经卷系带   唐—五代

长：48.5 cm
宽：1.0 cm

组织结构：
经线：丝，无捻，单根排列，紫色，50根/cm；纬线：丝，无捻，单根排列，紫色，24根/cm；组织：1/1平纹。

S.11181   褐色绢经卷系带   唐—五代

长：17.0 cm
宽：3.0 cm

组织结构：
经线：丝，无捻，单根排列，褐色，28根/cm；纬线：丝，无捻，单根排列，褐色，19根/cm；组织：1/1平纹。

S.11183   褐色绢经卷系带   唐—五代

长：36.5 cm
宽：0.6 cm

组织结构：
经线：丝，无捻，单根排列，褐色，41根/cm；纬线：丝，无捻，单根排列，褐色，44根/cm；组织：1/1平纹。

S.11196A   浅褐色绢经卷系带   唐—五代

长：53.0 cm
宽：0.7 cm

组织结构：
经线：丝，无捻，单根排列，浅褐色，41根/cm；纬线：丝，无捻，单根排列，浅褐色，52根/cm；组织：1/1平纹。

S.11198   褐色绢经卷系带   唐—五代

长：45.0 cm
宽：0.9 cm

组织结构：
经线：丝，无捻，单根排列，褐色，38根/cm；纬线：丝，无捻，单根排列，褐色，29根/cm；组织：1/1平纹。

敦煌纺织品总表

S.11200　　黄色绢经卷系带　　唐—五代

长：54.0 cm
宽：1.1 cm

组织结构：
经线：丝，无捻，单根排列，黄色，53根/cm；纬线：丝，无捻，单根排列，黄色，53根/cm；组织：1/1平纹。

S.11202　　黄色绢经卷系带　　唐—五代

长：53.6 cm
宽：1.2 cm

组织结构：
经线：丝，无捻，单根排列，黄色，56根/cm；纬线：丝，无捻，单根排列，黄色，52根/cm；组织：1/1平纹。

S.11203　　深褐色绢经卷系带　　唐—五代

长：38.5 cm
宽：0.8 cm

组织结构：
经线：丝，无捻，单根排列，深褐色，51根/cm；纬线：丝，无捻，单根排列，深褐，38根/cm；组织：1/1平纹。

S.11204　　紫红色绢经卷系带　　唐—五代

长：60.7 cm
宽：0.9 cm

组织结构：
经线：丝，无捻，单根排列，紫红色，37根/cm；纬线：丝，无捻，单根排列，紫红色，38根/cm；组织：1/1平纹。

S.11205　　深褐色绢经卷系带　　唐—五代

长：29.7 cm
宽：0.7 cm

组织结构：
经线：丝，无捻，单根排列，深褐色，51根/cm；纬线：丝，无捻，单根排列，深褐色，38根/cm；组织：1/1平纹。

S.11206　　红色绢经卷系带　　唐—五代

长：42.0 cm
宽：1.3 cm

组织结构：
经线：丝，无捻，单根排列，红色，42根/cm；纬线：丝，无捻，单根排列，红色，34根/cm；组织：1/1平纹。

S.11207　　棕色绢经卷系带　　唐—五代

长：23.1 cm
宽：0.5 cm

组织结构：
经线：丝，无捻，单根排列，棕色，53根/cm；纬线：丝，无捻，单根排列，棕色，24根/cm；组织：1/1平纹。

S.11208　　浅棕色绢经卷系带　　唐—五代

长：39.2 cm
宽：0.9 cm

组织结构：
经线：丝，无捻，单根排列，浅棕色，44根/cm；纬线：丝，无捻，单根排列，浅棕色，36根/cm；组织：1/1平纹。

S.11209　浅棕色绢经卷系带　唐—五代

长：19.5 cm
宽：0.5 cm

组织结构：
经线：丝，无捻，单根排列，浅棕
色，38根/cm；纬线：丝，无捻，
单根排列，浅棕色，34根/cm；
组织：1/1平纹。

S.11211　深褐色绢经卷系带　唐—五代

长：17.9 cm
宽：0.6 cm

组织结构：
经线：丝，无捻，单根排列，深褐
色，67根/cm；纬线：丝，无捻，
单根排列，深褐色，36根/cm；
组织：1/1平纹。

S.11215　橘黄色绢经卷系带　唐—五代

长：41.0 cm
宽：0.4 cm

组织结构：
经线：丝，无捻，单根排列，橘黄
色，31根/cm；纬线：丝，无捻，
单根排列，橘黄色，37根/cm；
组织：1/1平纹。

S.11219　深红色绢经卷系带　唐—五代

长：55.2 cm
宽：1.4 cm

组织结构：
经线：丝，无捻，单根排列，深红
色，46根/cm；纬线：丝，无捻，
单根排列，深红色，57根/cm；
组织：1/1平纹。

S.11226　浅棕色绢经卷系带　唐—五代

长：24.2 cm
宽：0.8 cm

组织结构：
经线：丝，无捻，单根排列，浅棕
色，52根/cm；纬线：丝，无捻，
单根排列，浅棕色，51根/cm；
组织：1/1平纹。

S.11227　浅棕色绢经卷系带　唐—五代

长：1.7 cm
宽：0.9 cm

组织结构：
经线：丝，无捻，单根排列，浅棕
色，47根/cm；纬线：丝，无捻，
单根排列，浅棕色，28根/cm；
组织：1/1平纹。

S.11241　浅棕色绢经卷系带　唐—五代

长：15.0 cm
宽：0.9 cm

组织结构：
经线：丝，无捻，单根排列，浅棕
色，44根/cm；纬线：丝，无捻，
单根排列，浅棕色，35根/cm；
组织：1/1平纹。

S.11243　黄色绢经卷系带　唐—五代

长：3.5 cm
宽：0.5 cm

组织结构：
经线：丝，无捻，单根排列，黄
色，63根/cm；纬线：丝，无捻，
单根排列，黄色，38根/cm；
组织：1/1平纹。

S.11250　浅绿色绢经卷系带　唐—五代

长：17.0 cm
宽：0.8 cm

组织结构：
经线：丝，无捻，单根排列，浅绿色，
35根/cm；纬线：丝，无捻，单根排列，
浅绿色，28根/cm；组织：1/1平纹。

S.11257　深蓝色绢经卷系带　唐—五代

长：42.5 cm
宽：1.1 cm

组织结构：
经线：丝，无捻，单根排列，深蓝色，
46根/cm；纬线：丝，无捻，单根排列，
深蓝色，26根/cm；组织：1/1平纹。

S.11259　浅棕色绢经卷系带　唐—五代

长：30.0 cm
宽：0.7 cm
组织结构：
经线：丝，无捻，单根排列，浅棕色，41根/cm；
纬线：丝，无捻，单根排列，浅棕色，45根/cm；
组织：1/1平纹。

S.11260　黄色绢经卷系带　唐—五代

长：18.0 cm
宽：1.2 cm
组织结构：
经线：丝，无捻，单根排列，黄色，51根/cm；
纬线：丝，无捻，单根排列，黄色，27根/cm；
组织：1/1平纹。

S.11261　浅红色绢经卷系带　唐—五代

长：37.8 cm
宽：1.2 cm
组织结构：
经线：丝，无捻，单根排列，浅红色，52根/cm；
纬线：丝，无捻，单根排列，浅红色，32根/cm；
组织：1/1平纹。

S.11263　白色绢经卷系带　唐—五代

长：37.8 cm
宽：1.2 cm
组织结构：
经线：丝，无捻，单根排列，白色，42根/cm；
纬线：丝，无捻，单根排列，白色，20根/cm；
组织：1/1平纹。

S.11265　深红色绢经卷系带　唐—五代

长：47.0 cm
宽：1.0 cm
组织结构：
经线：丝，无捻，单根排列，深红色，51根/cm；
纬线：丝，无捻，单根排列，深红色，31根/cm；
组织：1/1平纹。

S.11266　蓝色绢经卷系带　唐—五代

长：23.4 cm
宽：0.5 cm
组织结构：
经线：丝，无捻，单根排列，蓝色，35根/cm；
纬线：丝，无捻，单根排列，蓝色，30根/cm；
组织：1/1平纹。

S.11267　　褐色绢经卷系带　　唐—五代

长：3.2 cm；宽：0.7 cm
组织结构：
经线：丝，无捻，单根排列，紫色，密度不可测；
纬线：丝，无捻，单根排列，紫色，密度不可测；
组织：1/1平纹。

S.11465　　褐色绢经卷系带　　唐—五代

长：39.0 cm
宽：0.8 cm
组织结构：
经线：丝，无捻，单根排列，褐色，52根/cm；
纬线：丝，无捻，单根排列，褐色，33根/cm；
组织：1/1平纹。

S.11473　　褐色绢经卷系带　　唐—五代

长：10.1 cm
宽：0.9 cm
组织结构：
经线：丝，无捻，单根排列，褐色，43根/cm；
纬线：丝，无捻，单根排列，褐色，28根/cm；
组织：1/1平纹。

S.11488　　褐色绢经卷系带　　唐—五代

长：35.6 cm
宽：0.7 cm
组织结构：
经线：丝，无捻，单根排列，褐色，35根/cm；
纬线：丝，无捻，单根排列，褐色，34根/cm；
组织：1/1平纹。

S.11636　　棕色绢经卷系带　　唐—五代

长：53.7 cm
宽：0.7 cm
组织结构：
经线：丝，无捻，单根排列，棕色，37根/cm；
纬线：丝，无捻，单根排列，棕色，47根/cm；
组织：1/1平纹。

S.11647　　彩条晕裥经卷系带　　唐—五代

长：35.2 cm
宽：0.7 cm
组织结构：
经线：丝，S捻，单根排列，绿、黄、白、粉红、深红，
63根/cm；
纬线：丝，无捻，单根排列，白色，11根/cm；
组织：1/1平纹。

彩条晕裥经卷系带　　唐—五代

长：43.4 cm
宽：0.8 cm
组织结构：
经线：丝，无捻，单根排列，白、黄、绿色，29根/cm；
纬线：丝，无捻，四根排列，白色，48根/cm；
组织：1/1平纹。

S.11649　　　　　　唐—五代

长：30.6 cm
宽：0.6 cm
组织结构：
经线：丝，无捻，单根排列，红色，67根/cm；
纬线：丝，无捻，单根排列，红色，47根/cm；
组织：1/1平纹。

S.11651　白色菱纹绫经卷系带　唐—五代

长：46.3 cm
宽：1.6 cm

组织结构：
经线：丝，无捻，单根排列，白色，34根/cm，纬线：丝，无捻，单根排列，白色，23根/cm；组织：1/2右斜斜纹地上以2-2并丝组织显花。

S.11652　白色菱纹绫经卷系带　唐—五代

长：56.9 cm
宽：1.5 cm

组织结构：
经线：丝，无捻，单根排列，白色，41根/cm；纬线：丝，无捻，单根排列，白色，21根/cm；组织：1/3 S斜纹地上以3/1 Z斜纹显花。

S.11653　白色菱纹绫经卷系带　唐—五代

长：57.0 cm
宽：1.2 cm

组织结构：
经线：丝，无捻，单根排列，白色，43根/cm；纬线：丝，无捻，单根排列，白色，24根/cm；组织：3/1 Z斜纹地上以3-2并丝组织显花。

S.11654　紫色绢经卷系带　唐—五代

长：44.8 cm
宽：0.9 cm

组织结构：
经线：丝，无捻，单根排列，紫色，31根/cm；纬线：丝，无捻，单根排列，紫色，37根/cm；组织：1/1平纹。

S.11655　红色绢经卷系带　唐—五代

长：59.6 cm
宽：2.0 cm

组织结构：
经线：丝，无捻，单根排列，红色，31根/cm；纬线：丝，无捻，单根排列，红色，19根/cm；组织：1/1平纹。

S.11656a　紫色绢经卷系带　唐—五代

长：40.8 cm
宽：0.6 cm

组织结构：
经线：丝，无捻，单根排列，紫色，45根/cm；纬线：丝，无捻，单根排列，紫色，26根/cm；组织：1/1平纹。

S.11656b　棕色绢经卷系带　唐—五代

长：42.5 cm
宽：0.5 cm

组织结构：
经线：丝，无捻，单根排列，棕色，43根/cm；纬线：丝，无捻，单根排列，棕色，32根/cm；组织：1/1平纹。

S.11656c　棕色绢经卷系带　唐—五代

长：21.5 cm
宽：0.5 cm

组织结构：
经线：丝，无捻，单根排列，棕色，41根/cm；纬线：丝，无捻，单根排列，棕色，32根/cm；组织：1/1平纹。

S.11656d　白色绢经卷系带　唐—五代

长：45.0 cm
宽：1.0 cm
组织结构：
经线：丝，无捻，单根排列，白色，37根/cm；
纬线：丝，无捻，单根排列，白色，26根/cm；
组织：1/1平纹。

S.11656e　红色绢经卷系带　唐—五代

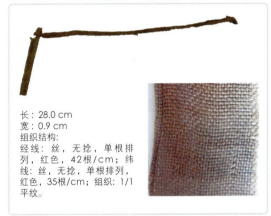

长：28.0 cm
宽：0.9 cm
组织结构：
经线：丝，无捻，单根排
列，红色，42根/cm；纬
线：丝，无捻，单根排列，
红色，35根/cm；组织：1/1
平纹。

S.11657　紫色绢经卷系带　唐—五代

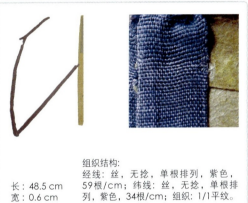

长：48.5 cm
宽：0.6 cm

组织结构：
经线：丝，无捻，单根排列，紫色，
59根/cm；纬线：丝，无捻，单根排
列，紫色，34根/cm；组织：1/1平纹。

S.11925　黄色绢经卷系带　唐—五代

长：28.0 cm
宽：0.5 cm
组织结构：
经线：丝，无捻，单根排列，
黄色，41根/cm；纬线：丝，
无捻，单根排列，黄色，
40根/cm；组织：1/1平纹。

S.11960　褐色绢经卷系带　唐—五代

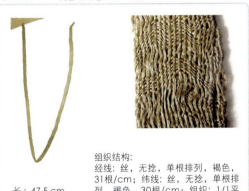

长：47.5 cm
宽：0.7 cm

组织结构：
经线：丝，无捻，单根排列，褐色，
31根/cm；纬线：丝，无捻，单根排
列，褐色，30根/cm；组织：1/1平
纹。

附 录

附录1 敦煌编号说明及编号对照表

　　英藏敦煌纺织品有几个不同的编号体系，知道它们是如何进行编号非常有用。为方便理解和参照这几种编号体系，我们编制了以下的编号对照表。

一、斯坦因的编号体系

　　斯坦因对他的发现有着一套非常清楚的编号体系，在《西域考古图记》第一卷（p.xv, n.16）和《亚洲腹地》（p.xv, n.12）中他曾对这套体系作过解释：

　　《西域考古图记》：对探险发现的"一览表（descriptive list）"自始至终都是跟随遗址编号而进行的。而编号中的数字是随着实物的发现、获得或是打开而产生，所以数字的顺序并不一定带有系统分类的意思。编号中的遗址是根据实物的发现而定，包括遗址的首字字母和废墟编号等，随后是阿拉伯数字，如：N.XXIV.viii.35。在这种情况下，阿拉伯数表示找到的实物的顺序。发现物的编号是我在遗址处就给出的，但当整理工作结束后，我又会在编号前面增加一个"0"。如：L.A.VI. ii.061。某些发现物我仅用发现地和阿拉伯数字进行了编号，而当后来在大英博物馆打开整理时增加了物品件数，这种情况就会在阿拉伯数字的前面增加两个"0"，如：M.I.ix.003。

　　在词条中，如果某一实物的细节描述同样适用于其他与之非常相似的实物时，有一种非常方便的表示方法，即在遗址号的前面增加一个"*"，如：*Ch.0010。

　　极少情况下，一些遗址编号因为褪色而在大英博物馆里被错读，后来我又在按遗址对物品进行整理时根据自己的日记进行了更正。这样，"一览表"中的所有遗址编号最终得以确定。

　　《亚洲腹地》："一览表"中发现物品的记录格式类似于《西域考古图记》中使用的方式，在《西域考古图记》第一卷（p. xv n.16）中有说明。

　　遗址名称后附注阿拉伯数字的编号方式一直沿用。这些数字是在实物发现、获得或是打开的时候产生的。因此，数字顺序并没有要将实物系统分类的意思。发现物的遗址编号在实物发现的时候产生，最前面是遗址的首字母，随后是废墟、地点等的编号，最后是阿拉伯数字，如：N.III.x.15。有些实物在发现时我仅当场记录了它的发现地以及阿拉伯数字，在随后的行程中或是在将实物打开的时候又会在阿拉伯数字前面增加一个0，如：L.M.II.iii.02。

　　在韦德–圣伊莱斯的编号体系中，遗址编号"Ch"表示"Ch'ien-fo-tung"（汉字"千佛洞"的拼音：Qianfodong）。

二、大英博物馆的编号体系

　　原则上，大英博物馆的每件收藏品都有一个独立的登记号。登记号可以是藏品组名编号或者是数字编号。在这两种情况下，登记号都是用于单个藏品的辨认和查找的。藏品组名编号的格式是：藏品组–藏品序号。例如登记号 MAS.1131 表示斯坦因（Marc Aurel Stein）藏品组的第 1131 件。数字登记号的格式是年–月–组–藏品序号。例如数字登记号 1919-1-1-0283（电脑数据库记录时也登记为 1919-1-1-0.283）表示在 1919 年 1 月登记的第一组实物中的第［0］283 件。藏品序号中的前缀［0］用来指出实物的类型：二维（平面）的实物有前缀［0］，三维（立体）的实物没有前缀［0］。

　　编号为 MAS 的这一组织物（也包括以 1917-11-28（年–月–组）开始的数字登记号）指的是斯坦因第二次中亚探险（1906—1908）的收集品。此次探险 60% 的资金由印度政府提供，另外 40% 由大英博物馆提供，并约定探险所得之物按双方的出资比例分配。探险所得之物先全部运往伦敦，在那里分类研究和发布资料，然后再分配。收集品在印度和伦敦之间如何分配由印

度政府（通过伦敦的印度事务部）和大英博物馆共同指定的专家决定，他们起草了实物分配清单供双方签署。这些专家有：负责绘画方面的拉斐尔·贝特鲁奇（由 E. 丹尼斯罗斯博士监督，均由印度事务部提名）和劳伦斯·比尼翁（大英博物馆提名）；负责手稿和手写文献的 F. W. 托马斯博士（印度事务部提名）、E. 丹尼斯·罗斯博士（印度事务部提名）和 L. D. 伯尼特博士（大英博物馆提名）；负责考古及其他发现的 E. 丹尼斯·罗斯（印度事务部提名）和劳伦斯·比尼翁（大英博物馆提名）。虽然早在 1915 年分配清单就已拟好且经过双方同意，但由于第一次世界大战的缘故，印度政府要求大英博物馆暂时代为管理分配给它的这部分藏品，直到 1919 年才将它们转移到伦敦的印度事务部并打算从那里运往印度。

　　编号为 1919-1-1 的这一组藏品主要指的是斯坦因第二次中亚探险（1906—1908）收集的绘画。第二次探险所得之物先全部运往伦敦，在那里分类研究和发布资料，然后再在印度和大英博物馆之间分配。绘画的分配由拉斐尔·贝特鲁奇（由 E. 丹尼斯罗斯博士监督，均由印度事务部提名）和劳伦斯·比尼翁（大英博物馆提名）协商决定。虽然 1915 年印度政府和大英博物馆就已经明确了绘画的分配，印度政府要求大英博物馆在第一次世界大战期间暂时保管所有的藏品，直到 1919 年才把分配给印度的那部分绘画转移到伦敦的印度事务部并打算从那里运往印度。这一组藏品的登记日期显示这些滞留在大英博物馆的绘画并不是和其他的探险所得物在同一时间登记的。

　　此外，我们还用到一组以 Hir（St.Hir.）开头的编号系列，这是在大英博物馆平山郁夫（Hiroyama）书画保护室对敦煌绢画及佛幡进行保护时进行的编号。

三、英国国家图书馆编号体系

　　现藏于英国国家图书馆的织物残片几乎都是斯坦因第二次中亚探险（1906—1908）从千佛洞第17窟收集回来的。然而，大部分从千佛洞带回的手稿都没有遗址号"Ch"（代表韦德-圣伊莱斯体系中的"Ch'ien-fo-tung"；汉字拼音的"Qianfodong"），而只有代表斯坦因的S.开头的编号。有可能是因为它们是在一个独立的地点发现的（不像考古发现那样是在一个遗址的不同地点发现的），所以每一件再独立编号就显得不那么必要。直到1919年翟林奈开始着手研究这批藏品的时候才在这组手稿前面增加了一个前缀"Or. 8210"。每一件藏品都还配有一个斯坦因编号，例如一件带有一条蓝色丝质系带的黄色纸稿《大宝积经》的英国国家图书馆书架号为Or. 8210/S.352。

四、维多利亚与艾尔伯特博物馆编号体系

　　大部分从印度政府那里借来的斯坦因探险收集的织物上都还保留原始的斯坦因编号（如Ch.00360.b）。每件织物还有一个维多利亚与艾尔伯特博物馆借用文物的编号（如LOAN: STEIN.291），这些编号似乎曾被几次修改和更新。在本书中，我们将 LOAN: STEIN 系列的编号全部简化为 L:S.。

　　维多利亚与艾尔伯特博物馆的借用文物编号显得有些杂乱（可能反映了以前对敦煌织物的不同存放），结果是编号中往往存在矛盾，特别是有些残片的号码并没有统一。譬如，有些编号中的几块残片有着不同的分编号，但有时一个编号可以包括很多残片，而有时只是其中的一部分（并非所有）残片有分编号。

　　鉴于以上原因，在本书中我们虽然采用了大英博物馆、维多利亚与艾尔伯特博物馆和英国国家图书馆现有的编号体系，但我们特地编制了下表，将斯坦因敦煌织物中的 Ch. 编号与此三馆的编号相对照，以便读者对照查阅，并比较《西域考古图记》中的原文。

名称	馆藏编号	斯坦因编号	《西域考古图记》（页码）	图录编号
深绿色绢幡足残片	（BM）1919.0101.0.85	Ch.xxvi.a.003	S:1031	
圆点纹夹缬幡头	（BM）1919.0101.0.092	Ch.xx.008	S:852, 859, 1018	043
蓝色绢幡残片	（BM）1919.0101.0.100	Ch.xxvii.001	S:1034	
黄色绢幡足残片	（BM）1919.0101.0.108-1	Ch.0010	S:939	
蓝色绢幡足残片	（BM）1919.0101.0.108-2	Ch.0010	S:1034	
绿色绢幡足	（BM）1919.0101.0.119	Ch.xxiv.004	S:1028	
浅蓝色绢银绘幡带残片	（BM）1919.0101.0.123	Ch.xxvi.a.005	S:1032	048
棕色绢幡带残片	（BM）1919.0101.0.124	Ch.00113	S:962	
菱格卍字纹绮幡头残片	（BM）1919.0101.0.125	Ch.i.005	S:1009	042
浅黄地簇六球路朵花纹夹缬绢幡	（BM）1919.0101.0.127	Ch.0024	S:843n, 944	021
灰绿色菱纹绮幡足	（BM）1919.0101.0.132	Ch.xxiv.002	S:1028	050
浅棕色绢幡残片	（BM）1919.0101.0.133	Ch.0087	S:956	
橙色绢幡足残片	（BM）1919.0101.0.138	Ch.lvi.0018		
彩绘麻布伞顶	（BM）1919.0101.0.202	Ch.lvi.0025	S:1079	002
浅黄色绢经帙带残片	（BM）1919.0101.0.228	Ch.00521		
墨绿色罗地彩绣花鸟鹿纹	（BM）1919.0101.052	Ch.00167	S:xxiii, 838n, 867, 970, pl.LXI	187
深蓝色绢幡足残片	（BM）Hir.14 Oct 04/1			
紫色小花纹绮残片	（BM）Hir.14 Oct 04/2.1			
彩绘绢片	（BM）Hir.14 Oct 04/2.2			
彩绘坐佛绢幡头残片	（BM）Hir.14 Oct 04/3.1			
棕绿色绢幡带残片	（BM）Hir.14 Oct 04/3.3			
绿色绢幡足残片	（BM）Hir.14 Oct 04/3.4			
蓝色绢幡足残片	（BM）Hir.14 Oct 04/3.5			
棕色绢幡头斜边残片	（BM）Hir.14 Oct 04/4.2			
绿色绢幡足残片	（BM）Hir.14 Oct 04/4.3			
联珠团花纹锦	（BM）Hir.14 Oct 04/4.4			
橘红色罗地刺绣残片	（BM）Hir.14 Oct 04/4.5			
棕色绢幡足残片	（BM）Hir.14 Oct 04/4.6a			
彩绘绢片	（BM）Hir.14 Oct 04/4.6b i, ii, iii			
彩绘绢幡头残片	（BM）Hir.14 Oct 04/5.1			
蓝色绢经帙带残片	（BM）Hir.14 Oct 04/5.2			
蓝色绢经帙带残片	（BM）Hir.14 Oct 04/5.3			
蓝色绢经帙带残片	（BM）Hir.14 Oct 04/5.4			
深蓝色绢幡带残片	（BM）Hir.14 Oct 04/5.5			
彩绘绢残片	（BM）Hir.14 Oct 04/6			
棕色幡身衬绢残片	（BM）Hir.14 Oct 04/6.1			
朱红色地墨绘绢片	（BM）Hir.14 Oct 04/6.2a			
褐色幡面衬绢残片	（BM）Hir.14 Oct 04/7			
彩绘绢幡头残片	（BM）Hir.14 Oct 04/7.1			
彩绘绢残片	（BM）Hir.14 Oct 04/8			
彩绘绢幡头残片	（BM）Hir.14 Oct 04/8.1			
彩绘绢幡头	（BM）Hir.14 Oct 04/8.2			

（续表）

名称	馆藏编号	斯坦因编号	《西域考古图记》（页码）	图录编号
蓝色绢幡带残片	（BM）Hir.14 Oct 04/8.3			
红色绢片	（BM）Hir.14 Oct 04/14			
浅棕色绢片	（BM）Hir.14 Oct 04/15			
浅棕色绢片	（BM）Hir.14 Oct 04/16			
彩绘绢片	（BM）Hir.14 Oct 04/17.1			
彩绘绢片	（BM）Hir.14 Oct 04/17.2			
浅棕色绢片	（BM）Hir.14 Oct 04/20			
绿色暗花绮幡带残片	（BM）Hir.14 Oct 04/21			
黄绢经帙带	（BM）Hir.14 Oct 04/22			
夹缬地墨印佛像绢片	（BM）Hir.14 Oct 04/24			175
彩绘绢片	（BM）Hir.14 Oct 04/25			
伞盖纹银泥绢幡头	（BM）Hir.24 Oct 04/9.1a			178
红绢地幡绢残片	（BM）Hir.24 Oct 04/9.2a			
手绘花鸟纹麻布	（BM）Stein Asia 145+			181
帷幔	（BM）MAS.855	Ch.00279	S:899, 900, 985, pl.CX	007
百衲经巾	（BM）MAS.856	Ch.lv.0028	S:823, 900, 905, 906, 1069, pls CVII, CVIII, CXXII	079
白色绫地彩绣缠枝花鸟纹	（BM）MAS.857	Ch.xxii.0019	S:900, 905, 1024, pl.CVI	192
联珠对狮纹锦缘经帙	（BM）MAS.858	Ch.xlviii.001	S:898, 900, 905, 908, 1049, 1294, pl.CXVI	055
花卉纹绞编经帙	（BM）MAS.859	Ch.xx.006	S:900, 907, 1018, pl.CVI	052
彩幡	（BM）MAS.860	Ch.i.0011	S:1010, pl.CX	014
锦缘彩绢幡	（BM）MAS.861	Ch.i.0020	S:1012, pl.CX	015
红地联珠对羊对鸟纹锦	（BM）MAS.862.a	Ch.009	S:481, 898, 908, 939, 1171, 1282, pl.LXIX	092
红地联珠对羊对鸟纹锦	（BM）MAS.862.b	Ch.00359.a	S:908, 939, 991, pl.CXV	092
淡红地团窠对鸭纹锦	（BM）MAS.863	Ch.00359.b	S:909, 939, 991, pl.CXV	093
簇四小窠联珠对鸟纹锦	（BM）MAS.864	Ch.00182	S:911, 973, pls CXI, CXVIII	087
红地宝花纹锦	（BM）MAS.865	Ch.00230	S:898, 910, 952, 982, pls. CXVIII.CXII	094
棕白色地花卉对鸳鸯纹锦	（BM）MAS.866	Ch.00168	S:971, pls LV, CXVIII	086
紫地团凤纹锦	（BM）MAS.869	Ch.00363	S:992	113
红地雁衔花枝纹锦	（BM）MAS.870	Ch.00177.a	S:972, pl.CXI	111
红地团花妆花绫残片	（BM）MAS.871	Ch.00229	S:898, 906, 981, pl.CVI	116
红地方胜几何纹锦	（BM）MAS.872	Ch.00174.a	S:972, pl.CXI	098
纬锦残片	（BM）MAS.873	Ch.00369	S:910, 992	099
朵花团窠对鹿纹夹缬绢	（BM）MAS.874.a-b	Ch.00291	S:910, 925, 986, pls CXIII, CXVI	164
朵花团窠对鹿纹夹缬绢残幡	（BM）MAS.875	Ch.00292	S:910, 986	025
朵花团窠对雁夹缬绢	（BM）MAS.876	Ch.00304.a	S:910, 987, pls CXIII, CXIV	163
朵花团窠对雁夹缬绢	（BM）MAS.877	Ch.00304.b	S:910, 987, pls CXIII, CXIV	163
连叶朵花夹缬绢	（BM）MAS.878.a-b	Ch.00305	S:905, 987, pl.CXIII	168
朵花夹缬绢	（BM）MAS.879.a	Ch.00306	S:987, pl.CXIII	
朵花夹缬绢	（BM）MAS.879.b	Ch.00310	S:987	

（续表）

名称	馆藏编号	斯坦因编号	《西域考古图记》（页码）	图录编号
方胜朵花夹缬绮残幡	（BM）MAS.880	Ch.00307	S: 988, pl.CXIII	023
团花夹缬绢	（BM）MAS.881	Ch.00308	S: 988, pl.CXIII	173
朵花纹夹缬绢	（BM）MAS.882	Ch.00310	S: 988, pl.CXIII	
宝花纹夹缬绢幡带	（BM）MAS.883	Ch.00372	S: 993	
云鸟花卉纹手绘幡带	（BM）MAS.884	Ch.xxiv.009	S: 1029, pl.CXIII	176
对马夹缬绢	（BM）MAS.885.a-b	Ch.00357	S: 910, 991, pl.CXVI	162
花卉纹夹缬绢幡	（BM）MAS.886	Ch.00360.a	S: 992, pl.CXXIII	018
墨绘鸟衔花枝纹幡	（BM）MAS.887	Ch.00513	S: 1007	027
暗花绫地彩绘莲座佛像幡头	（BM）MAS.888	Ch.xxi.003	S: 1020	036
孔雀衔绶纹二色绫	（BM）MAS.889	Ch.00293.a	S: 898, 986, pl.CXVIII	120
黄色花叶纹绫	（BM）MAS.890	Ch.00235	S: 982	141
深紫色几何纹绫	（BM）MAS.891	Ch.00242	S: 983, pl.CXXI	142
黄色描红团花绮	（BM）MAS.892	Ch.00244	S: 983	135
橙红色同向绫残片	（BM）MAS.893	Ch.00247	S: 983	
白色卷草纹绫	（BM）MAS.894	Ch.00239	S: 982, pl.CXXI	143
蓝色龟背纹绫	（BM）MAS.895	Ch.00243	S: 983, pl.CXXI	145
紫色菱格纹绮	（BM）MAS.896	Ch.00240	S: 982	126
黄棕色菱格纹绮幡带残片	（BM）MAS.897	Ch.00340	S: 989, pl.CXXI	128
棕色菱格纹绮幡带残片	（BM）MAS.898	Ch.00341	S: 989, pl.CXXI	129
蓝色折枝花卉纹绮幡足残片	（BM）MAS.899.a-b	Ch.00343	S: 989, pl.CXXI	127
紫色几何纹纱	（BM）MAS.900	Ch.00312	S: 988, pl.CXX	158
紫色联珠方格卍字纹纱	（BM）MAS.901	Ch.00313	S: 988, pl.CXX	155
紫色方格卍字纹纱	（BM）MAS.902	Ch.00336	S: 478, 989, pl.CXX	156
紫色如意团花卍字纹纱	（BM）MAS.903	Ch.00346	S: 899, 989, pl.CXX	157
红色菱纹罗	（BM）MAS.904	Ch.00344	S: 989, pl.CXX	154
绢地彩绘幡头	（BM）MAS.905	Ch.0058	S: 905, 950	034
浅橙地花卉纹缂丝带	（BM）MAS.906.a-b	Ch.00166	S: 898, 905, 970, pl.CVI	059
蓝地十样花缂丝带	（BM）MAS.907	Ch.00300	S: 905, 987, pl.CXII	061
红地小花缂丝带	（BM）MAS.908.a-b.	Ch.00301	S: 905, 987, pl.CXII	060
菱格纹斜编绦带	（BM）MAS.909	Ch.00298	S: 986, pl.CXII	062
彩色斜编绦带	（BM）MAS.910	Ch.00299	S: 986, pl.CXII	063
绢地刺绣立佛	（BM）MAS.911	Ch.iv.002	S: 778, 897n, 1014, pl.CVI	183
淡红色罗地彩绣花卉鹿纹	（BM）MAS.912	Ch.xxvi.003	S: 1030	186
罗结饰品	（BM）MAS.914	Ch.00438	S: 900, 1000	012
深蓝色菱格绫地压金银彩绣花卉	（BM）MAS.915	Ch.00347	S: 989, pl.CX	193
黄地联珠花树卷草纹锦	（BM）MAS.917.a-c	Ch.0026	S: 909, 944, pl.CXII	095
蓝地团窠十字花纹锦	（BM）MAS.918	Ch.0061.a	S: 952	108
米色地宝花纹锦	（BM）MAS.919	Ch.00171	S: 972, pl.CXI	085
红地飞雁纹锦	（BM）MAS.920.a-b	Ch.00172	S: 972, pl.CXI	106
红地雁衔卷草纹锦	（BM）MAS.920.c	Ch.00172	S: 972, pl.CXI	107

（续表）

名称	馆藏编号	斯坦因编号	《西域考古图记》（页码）	图录编号
蓝地朵花鸟衔璎珞纹锦	（BM）MAS.921	Ch.00165.b	S:905, 970, pl.CVI	084
黄地心形纹锦	（BM）MAS.922	Ch.00178	S:906, 973, pl.CXI	096
菱格小花锦	（BM）MAS.923	Ch.00297	S:986, pl.CXII	100
彩条朵花纹锦	（BM）MAS.924	Ch.00173	S:972, pl.CXI	124
蓝地花卉纹锦	（BM）MAS.925	Ch.00227	S:906, 981, pl.CVI	083
红地列堞龙凤虎纹锦幡头	（BM）MAS.926	Ch.00118	S:963	082
白地大花卉纹锦	（BM）MAS.927.a-e	Ch.00175	S:972, pl.CXI	112
天蓝地动物纹锦	（BM）MAS.928	Ch.00180	S:973, pl.CXI	109
黑地小团窠妆花绫残片	（BM）MAS.929	Ch.00364	S:992	117
团花纹锦	（BM）MAS.930.a-b	Ch.00481	S:1005	119
十样花纹夹缬绢	（BM）MAS.931	Ch.00309.a	S:905, 988, pl.CXIII	167
蓝地白点纹夹缬绢	（BM）MAS.932	Ch.00510.a	S:xxiii, 1007	172
黄地卷草纹二色绫	（BM）MAS.933	Ch.00231.a	S:982, pl.CXII	123
黄地花卉纹二色绫	（BM）MAS.934	Ch.00232	S:898, 982, pl.CXII	122
黄色花卉纹绫	（BM）MAS.935.a-b	Ch.00233	S:982	144
黄色大花纹绫	（BM）MAS.936	Ch.00236	S:982	146
深紫色几何纹绫	（BM）MAS.937	Ch.00238	S:982	148
黄色菱纹绫	（BM）MAS.938	Ch.00333	S:988	149
红色花卉纹绫	（BM）MAS.939.a-d	Ch.00429	S:1000	140
深蓝色菱格纹绮	（BM）MAS.940	Ch.00430.a	S:1000	131
深蓝色菱格纹绮	（BM）MAS.941	Ch.00430.b	S:1000	131
黄色龟背小花纹绮	（BM）MAS.942	Ch.00453	S:1001	125
蓝色杂宝卷云纹缎	（BM）MAS.943	Ch.00482	S:1005	161
团窠格力芬夹缬绮	（BM）MAS.944.a-c	Ch.00483	S:1005	165
深蓝色散点小花纹绫	（BM）MAS.945	Ch.00495.a	S:1006	147
银绘团窠花卉纹绮幡足残片	（BM）MAS.946	Ch.00497	S:1006	047
蓝绿色菱格纹绮幡足残片	（BM）MAS.947	Ch.00499	S:1006	049
蓝色菱格纹绮幡带	（BM）MAS.948	Ch.00500	S:1006	133
棕色菱格纹绮	（BM）MAS.949	Ch.00501.a	S:1006	137
锦缘深红色绮经帙	（BM）MAS.950	Ch.liv.005	S:xxiii, 1059, pls CVI, CXXI	056
红色絁	（BM）MAS.951	Ch.00320	S:988	160
紫红色绢残片	（BM）MAS.952	Ch.00323	S:988	
绿色菱点纹罗幡足残片	（BM）MAS.953	Ch.00324.b	S:988	151
红色暗花罗	（BM）MAS.954	Ch.00437	S:1000	153
紫色罗地刺绣残片	（BM）MAS.955	Ch.00445	S:1000	
彩绘花鸟纹绢	（BM）MAS.1128			177
凉州瑞像	（BM）MAS.1129	Ch.00260	S:851, 878, 885, 895, 896, 983, pl.XXXV	182
缠枝纹夹缬绢残片	（BM）MAS.1131			174
绞编经帙	（V&A）L:S.100	Ch.iii.0012.a-b	S:1014	053
深蓝色幡带残片	（V&A）L:S.151			155

（续表）

名称	馆藏编号	斯坦因编号	《西域考古图记》（页码）	图录编号
紫色联珠方格卍字纹纱	（V&A）L:S.224	Ch.00313	S:988	155
菱形花卉纹夹缬绢幡身残片	（V&A）L:S.225	Ch.00360.b-g	S:992, pl.CXXIII	
花卉纹夹缬绢幡	（V&A）L:S.291	Ch.00360.b	S:992, pl.CXXIII	020
花卉纹夹缬绢幡	（V&A）L:S.292	Ch.00360.c	S:992, pl.CXXIII	016
花卉纹夹缬绢幡	（V&A）L:S.294	Ch.00360.e	S:992, pl.CXXII	017
花卉纹夹缬绢幡	（V&A）L:S.295	Ch.00360.f	S:992, pl.CXXIII	
花卉纹夹缬绢幡	（V&A）L:S.296	Ch.00360.g	S:992, pl.CXXIII	
十样花纹夹缬绢残幡	（V&A）L:S.297	Ch.00455	S:1001	033
黄地彩绘花卉纹绢	（V&A）L:S.298	Ch.00439	S:1000	180
四鸟绕花纹锦缘幡头	（V&A）L:S.299	Ch.0076	S:906, 928n, 954	040
红地花卉方胜联珠飞鸟纹锦	（V&A）L:S.301:1-2	Ch.00176.a-b	S:972, pl.CXI	110
红地方胜几何纹锦	（V&A）L:S.304	Ch.00174.b	S:972, pl.CXI	
绿地纬锦残片	（V&A）L:S.324:1-2	Ch.00368	S:992	
绿地树叶纹双面锦幡头残片	（V&A）L:S.325	Ch.00365	S:992	038
红地团狮纹锦	（V&A）L:S.326	Ch.00179	S:905, 973	103
宝花纹锦	（V&A）L:S.328	Ch.00296	S:986, pl.CXII	
米色地宝花纹锦	（V&A）L:S.329	Ch.00171	S:972, pl.CXI	085
深绿地朵花纹锦	（V&A）L:S.330.a-b	Ch.00366.a-b	S:992	091
蓝地团花对鸟纹锦	（V&A）L:S.331:1	Ch.0062.a	S:952	104
蓝地团窠鹰纹锦	（V&A）L:S.331:2	Ch.0062.b	S:952	105
白色花卉妆花葡萄纹绫	（V&A）L:S.332	Ch.0065	S:xxiii, 898, 952	118
红地纬锦残片	（V&A）L:S.333	Ch.00177.b	S:972, pl.CXI	
红色小团鹦鹉纹锦	（V&A）L:S.334	Ch.00367	S:992	114
晕裥花卉纹锦带	（V&A）L:S.335.a-b	Ch.00487.a-b	S:1006	
心叶纹绫	（V&A）L:S.336	Ch.00485	S:1005	139
锦缘深红色绮经帙	（V&A）L:S.337	Ch.liv.005	S:xxiii, 1059, pls.CVI, CXXI	056
黄地心形纹锦	（V&A）L:S.338: 1	Ch.00178	S:906, 973, pl.CXI	096
纬锦幅边	（V&A）L:S.339			
锦机头残片	（V&A）L:S.340: 1	Ch.00370.a	S:992, 993	101
锦机头残片	（V&A）L:S.340: 2	Ch.00370.b	S:992, 993	102
浅棕色绫经帙	（V&A）L:S.342	Ch.00382	S:994, 995	057
红菱纹罗地刺绣花卉纹经巾	（V&A）L:S.343	Ch.0075	S:954	080
紫色素罗残片	（V&A）L:S.345	Ch.00444	S:1000	
黄棕色菱纹罗	（V&A）L:S.378	Ch.00337	S:989	150
红绫地银泥幡身	（V&A）L:S.379.a-b	Ch.00498.a-b	S:1006	179
蓝色菱格纹绮	（V&A）L:S.380	Ch.00345.a	S:989, pl.CXXI	130
暗红色小花纹绮	（V&A）L:S.381	Ch.00374	S:993	136
红色绮残片	（V&A）L:S.382	Ch.00245	S:983	
白色暗花绫带	（V&A）L:S.383	Ch.00484	S:1005	065
浅红色暗花绮带	（V&A）L:S.384	Ch.00489	S:1006	066
黄色菱格纹绮	（V&A）L:S.385	Ch.00503	S:1006	134

（续表）

名称	馆藏编号	斯坦因编号	《西域考古图记》（页码）	图录编号
浅棕色菱格纹绮	（V&A）L:S.386	Ch.00505	S:1006	
紫色暗花绫	（V&A）L:S.387	Ch.00238	S:982	
二色绫残片	（V&A）L:S.388	Ch.00250	S:983	
绿色绮残片	（V&A）L:S.389	Ch.00490	S:1006	
紫色几何纹纱	（V&A）L:S.390:1-5	Ch.00312	S:988, pl.CXX	
蓝绿色绮幡头斜边	（V&A）L:S.391	Ch.00246	S:983	
黄色菱纹绫	（V&A）L:S.392	Ch.00333	S:988	149
深黄绿色菱格纹绮	（V&A）L:S.393	Ch.00341	S:989, pl.CXXI	
白色素绫残片	（V&A）L:S.394:1-2	Ch.00251	S:983	
枝藤纹绫	（V&A）L:S.395	Ch.0066	S:952	
白色素绫	（V&A）L:S.396	Ch.00252	S:983	
黄色龟背小花纹绮	（V&A）L:S.397	Ch.00453	S:1001	125
红棕色暗花绮残片	（V&A）L:S.398	Ch.00491	S:1006	
棕色异向绫残片	（V&A）L:S.399	Ch.00507	S:1006	
蓝绿色菱格纹绫	（V&A）L:S.400	Ch.00506	S:1006	
褐色菱格纹绮	（V&A）L:S.401	Ch.00504	S:1006	
白色素纱	（V&A）L:S.402			
深紫色素纱	（V&A）L:S.403			
深紫色素纱和深紫色暗花纱	（V&A）L:S.405			
黄绿色绮残片	（V&A）L:S.406			
深紫色素罗残片	（V&A）L:S.408			
黄色小方格绫残片	（V&A）L:S.409			
团花纹夹缬绢	（V&A）L:S.411	Ch.00502	S:1006	170
浅绿色绮残片	（V&A）L:S.412	Ch.00454	S:1001	
深黄绿色绮幡头斜边	（V&A）L:S.414:1-9	Ch.00486	S:1005, 1006	046
团花纹绮幡面	（V&A）L:S.415:1-2	Ch.00249	S:982	
红色十字花纹绮幡带残片	（V&A）L:S.416	Ch.00493	S:1006	132
黄色花卉纹绮	（V&A）L:S.417	Ch.00351	S:907n, 991, pl.CXVII	138
蓝黄二色绫	（V&A）L:S.418	Ch.00293.b	S:986	121
黑地小团窠妆花绫残片	（V&A）L:S.419	Ch.00364	S:992	117
紫色菱格纹绮	（V&A）L:S.420	Ch.00240	S:982	126
红地花卉对鸳鸯纹锦	（V&A）L:S.421	Ch.00168	S:971, pl.CXVIII	088
蓝色菱纹绮幡脚残片	（V&A）L:S.422:1-3	Ch.00500	S:1006	
蓝色菱格纹绮	（V&A）L:S.423	Ch.00345.b	S:989, pl.CXXI	130
绢幡	（V&A）L:S.424.a-d	Ch.00516.a-d	S:1007	030
鳞形垂带	（V&A）L:S.425	Ch.00447.b	S:1001	
绢幡	（V&A）L:S.426	Ch.00514	S:1007	031
绿色菱纹绮	（V&A）L:S.427	Ch.00304.a	S:910, 952, 987, pls.CXIII, CXIV	
白色绢残片	（V&A）L:S.428	Ch.00253	S:983	
灰绿色绮幡头斜边残片	（V&A）L:S.431	Ch.00304.b	S:910, 952, 987, pls.CXIII, CXIV	
深绿色绢幡足	（V&A）L:S.432	Ch.0070.n	S:953	051

（续表）

名称	馆藏编号	斯坦因编号	《西域考古图记》（页码）	图录编号
黄绿色幡带残片	（V&A）L:S.433			
黄绢残片	（V&A）L:S.454	Ch.00326	S:988	
绿绢残片	（V&A）L:S.455	Ch.00325	S:988	159
橘黄色绢幡带残片	（V&A）L:S.456:1-2	Ch.00319	S:988	
紫色绢残片	（V&A）L:S.457	Ch.00315	S:988	
红色绢残片	（V&A）L:S.458	Ch.00258	S:983	
柠檬黄色绢残片	（V&A）L:S.459	Ch.00256	S:983	159
黄色绢残片	（V&A）L:S.460	Ch.00255	S:983	
白色绢残片	（V&A）L:S.461	Ch.00254	S:983	
白色棉布残片	（V&A）L:S.462	Ch.00433	S:1000	
蓝色绢残片	（V&A）L:S.463	Ch.00436	S:1000	159
黑色素绫残片	（V&A）L:S.464	Ch.00431	S:1000	
紫色绢残片	（V&A）L:S.465	Ch.00314	S:988	159
紫色油绢残片	（V&A）L:S.466	Ch.00323	S:988	
红色绮残片	（V&A）L:S.467	Ch.00322	S:988	
褪紫色绢幡残片	（V&A）L:S.468	Ch.00321	S:988	
橘黄色绢残片	（V&A）L:S.469	Ch.00318	S:988	
浅绿色绢残片	（V&A）L:S.470	Ch.00434	S:1000	
浅红色绢残片	（V&A）L:S.471	Ch.00257	S:983	
深蓝色绢幡头斜边残片	（V&A）L:S.472	Ch.00441	S:1000	
浅绿色绢残片	（V&A）L:S.473	Ch.00435	S:1000	
席残片	（V&A）L:S.474	Ch.00311	S:987, 988, pL: XLIX	
深棕色绢幡头斜边	（V&A）L:S.475	Ch.xxi.003	S:1014	
绢幡头斜边及幡带残片	（V&A）L:S.477	Ch.009	S:481, 898, 908, 939, 1171, 1282	
红色绢幡头斜边残片	（V&A）L:S.478	Ch.00359	S:991, 1000	
红绢幡带残片	（V&A）L:S.479			
绢残片	（V&A）L:S.480: 1-2			
丝线流苏	（V&A）L:S.482	Ch.0032	S:946, pl. CX	013
纸花布伞	（V&A）L:S.483	Ch.0077	S:954	006
绢幡残片	（V&A）L:S.484	Ch.00515	S:1007	032
浅绿色绢幡头斜边	（V&A）L:S.485	Ch.0086	S:907, 955, pl. CXVII	
麻布经帙边框	（V&A）L:S.486	Ch.0078	S:954	054
暗花绫地彩绘莲座佛像幡头	（V&A）L:S.490	Ch.0086	S.907, 955, pl. CXVII	037
微型绮伞	（V&A）L:S.491:1	Ch.00442	S:1000	003
微型百衲绢伞残件	（V&A）L:S.491:2	Ch.00442	S:1000	004
微型绢伞	（V&A）L:S.491:3	Ch.00442	S:1000	
微型绢伞	（V&A）L:S.491:4	CH.00442	S:1000	
微型绢伞	（V&A）L:S.491:5	Ch.00442	S:1000	
微型绢伞	（V&A）L:S.491:6	Ch.00442	S:1000	
微型绢伞	（V&A）L:S.491:7	Ch.00442	S:1000	
微型绢伞	（V&A）L:S.491:8	Ch.00442	S:1000	

（续表）

名称	馆藏编号	斯坦因编号	《西域考古图记》（页码）	图录编号
微型绢伞	（V&A）L:S.491:9	Ch.00442	S:1000	
微型绢伞	（V&A）L:S.491:10	Ch.00442	S:1000	
微型布伞	（V&A）L:S.491:11	Ch.00442	S:1000	
微型布伞	（V&A）L:S.491:12	Ch.00442	S:1000	005
微型布伞	（V&A）L:S.491:13	Ch.00442	S:1000	
微型布伞	（V&A）L:S.491:14	Ch.00442	S:1000	
微型布伞	（V&A）L:S.491:15	Ch.00442	S:1000	
微型布伞	（V&A）L:S.491:16	Ch.00442	S:1000	
深紫色几何纹罗彩绣花叶	（V&A）L:S.516	Ch.00450.a	S:1001	
深紫色几何纹罗彩绣花叶	（V&A）L:S.517	Ch.00450.b	S:1001	
深蓝色菱纹罗地彩绣花鸟	（V&A）L:S.518	Ch.00446	S:1000	191
绿色几何纹罗地彩绣朵花	（V&A）L:S.522	Ch.00348	S:989, pl. CX	189
百衲残片	（V&A）L:S.523	Ch.00443.a	S:1000	081
深蓝色菱格绫地压金银彩绣花卉绣	（V&A）L:S.524	Ch.00347	S:989, pl. CX	193
蓝罗地彩绣花鸟	（V&A）L:S.525	Ch.00281	S:986	190
彩绣花卉	（V&A）L:S.526	Ch.00449	S:1001	
绣蝴蝶纹罗带	（V&A）L:S.527:1-2			064
紫色纱地压金彩绣龙片	（V&A）L:S.528	Ch.00332	S:988	194
团花纹夹缬绢	（V&A）L:S.541	Ch.00372	S:993	171
十样花纹夹缬绢	（V&A）L:S.544	Ch.lxi.005	S:1085	167
卷草团花夹缬绢幡残片	（V&A）L:S.545	Ch.00511	S:1007	028
簇六团花夹缬绢	（V&A）L:S.546	Ch.xxii.0036	S:1027	166
绿地蛱蝶团花飞鸟夹缬绢幡	（V&A）L:S.552	Ch.00358	S:991, pl. CXIII	024
花卉纹夹缬绢	（V&A）L:S.554	Ch.00376.a	S:891, 993, 1472	169
蓝地白点纹夹缬绢	（V&A）L:S.555	Ch.00510.b	S:xxiii, 1007	172
方胜朵花夹缬绮残幡	（V&A）L:S.556: 1-3	Ch.00371	S:993	022
簇六团花夹缬绢	（V&A）L:S.558	Ch.xxii.0036	S:1027	166
刺绣佛头	（V&A）L:S.559	Ch.00450.c	S:897n, 1001, pl. CV	184
红棕色绢幡身残片	（V&A）L:S.584	Ch.0086	S:955	
白色暗花绫地彩绣花卉纹幡头残片	（V&A）L:S.590	Ch.xxvi.002	S:905, 1030, pL: CXI	035
连叶朵花夹缬绢	（V&A）L:S.591	Ch.oo305	S:905, 987, pl. CXII	168
簇六团花夹缬绢	（V&A）L:S.592	Ch.xxii.0036	S:1027	166
米色地宝花纹锦	（V&A）L:S.593	Ch.00181	S:906, 973	009
朱红地彩绣花卉纹纱	（V&A）L:S.598	Ch.00119	S:964	185
深蓝色菱格绫地压金银彩绣花卉	（V&A）L:S.600	Ch.00347	S:989, pl. CX	193
鳞形垂带	（V&A）L:S.601	Ch.00447.a	S:1001	010
小花晕裥纹锦	（V&A）L:S.602	Ch.00170	S:898, 971, pl. LV	089
彩色绢幡	（V&A）L:S.619	Ch.00342	S:989, pl. CXXI	
彩绘麻布伞盖	（V&A）L:S.620	Ch.00381	S:897, 994	001
黄地团窠盘鹤夹缬绢幡	（V&A）L:S.621	Ch.i.0022	S:905, 1012	026
帷幔残件	（V&A）L:S.622:1-6	Ch.00280	S:985, 986	008

（续表）

名称	馆藏编号	斯坦因编号	《西域考古图记》（页码）	图录编号
绿色菱纹罗地彩绣花簇蝴蝶	（V&A）L:S.626	Ch.00259	S:983, pl. CX	188
深蓝地银绘卷草花叶纹绮幡带	（V&A）L:S.629	Ch.00496	S:1006	
绿地花卉纹锦	（V&A）L:S.632	Ch.00295	S:986, pl. CXII	090
菱格花卉纹锦幡头斜边	（V&A）L:S.633	Ch.00169	S:971, pl. LV	045
黄色花卉纹绫	（V&A）L:S.634	Ch.00233	S:982	
红地联珠纹锦	（V&A）L:S.636	Ch.0063	S:909, 952	097
大花卉纹双面锦幡头残片	（V&A）L:S.637	Ch.00165.a	S:970, pl. CXII	039
黄地卷草纹二色绫	（V&A）L:S.638	Ch.00231.b	S:982, pl. CXII	123
黄色大花纹绫残片	（V&A）L:S.639	Ch.00236	S:982	159
黄色大花纹绫	（V&A）L:S.639	Ch.00236	S:982	146
纬锦残片	（V&A）L:S.640	Ch.00302	S:987	
红地纬锦残片和红色绮	（V&A）L:S.641	Ch.00176.a-b	S:972, pl. CXI	
红地宝花纹锦	（V&A）L:S.642	Ch.00230	S:898, 910, 952, 982, pls. CXVIII, CXII	094
纬锦残片	（V&A）L:S.643	Ch.0064	S:09/08/1902, 952	
红地团凤纹妆花绫	（V&A）L:S.644	Ch.00228	S:898, 905, 973, 981, pls. CXI, CVI	115
紫色联珠方格卍字纹纱	（V&A）L:S.645	Ch.00313	S:988, pl. CXX	155
黄地花卉纹二色绫	（V&A）L:S.646	Ch.00232	S:898, 982, pl. CXII	122
棕色绶带纹绫幡	（V&A）L:S.649	Ch.00339	S:998, pl. CXXI	029
彩条朵花纹锦	（V&A）L:S.651	Ch.00173	S:972, pl. CXI	124
紫色方格卍字纹纱	（V&A）L:S.652	Ch.00336	S:478, 989, pl. CXX	156
黄色暗花绫残片	（V&A）L:S.653	Ch.00241	S:982, pl. CXX I	
黄色斜纹纬锦残片	（V&A）L:S.654	Ch.00237	S:982	
灰蓝色暗花罗残片	（V&A）L:S.655	Ch.00324.a-b	S:988	152
红色朵花纹绮	（V&A）L:S.656	Ch.00494	S:1006	
红色暗花绮	（V&A）L:S.657	Ch.00248	S:983	
红色暗花绫残片	（V&A）L:S.658	Ch.00488	S:1006	159
蓝地小花纹锦幡头斜边	（V&A）L:S.659	Ch.00432	S:1000	044
黄色菱格纹绮残片	（V&A）L:S.660	Ch.00440	S:1000	
蓝地纬锦残片	（V&A）L:S.661	Ch.00362	S:992	
红色暗花绮幡身残片	（V&A）L:S.662	Ch.00492	S:1006	
条纹绢残片	（V&A）L:S.663	Ch.00509	S:1007	
黄色花叶纹绫	（V&A）L:S.664	Ch.00235	S:982	141
蓝地团花锦	（V&A）L:S.665	Ch.00361	S:992	
鳞形垂带	（V&A）L:S.666	Ch.00517	S:1007	011
橙红色花卉纹绫幡头	（V&A）L:S.667	Ch.00294	S:986	
菱纹罗带	（V&A）L:S.668	Ch.00443.b	S:1000	058
红棕色套环纹绮	（V&A）L:S.669	Ch.00338	S:989, pl. CXXI	
棕色菱格纹绮	（V&A）L:S.670	Ch.00501.b	S:1006	
深蓝色散点小花纹绫	（V&A）L:S.671	Ch.00495.a-b	S:1006	147
红褐色团窠对雁纹绫	（V&A）L:S.672	Ch.00508	S:1006	
簇六团花夹缬绢	（V&A）L:S.682	Ch.xxii.0036	S:1027	166
十样宝花纹夹缬绢幡头	（V&A）L:S.683	Ch.00309.b	S:905, 988, pl. CXIII	041

附录2 专有名词中英文对照表

人名

阿尔夫·考利   Alf Crowley

阿曼达·沃德   Amanda Ward

艾伯特·弗兰克·坎德里克   Albert Frank Kendrick

安德鲁斯   Fred Andrews

安娜·慕特修斯   Anna Muthesius

斯坦因   Aurel Stein

奥托·凡·发尔克   Otto von Falke

白海伦   Helen Persson

贝丝·马可乐   Beth McKillop

查娅·帕特卡娅-黑斯纳
    Chhaya Bhattacharya-Haesner

古德查特   Goodchild

哈那塞克   Hanausek

金玛丽   Mary Ginsberg

克里希娜·里布   Krishna Riboud

丽兰·拉塞尔-史密斯   Lilla Russell-Smith

林恩·布莱得利   Lynne Brindley

龙安妮   Anne Farre

鲁道夫·霍诺尔   Rudolf Hoernle

路易丝·弗莱彻   Louise Fletcher

罗伯特·布鲁斯·科顿爵士
    Sir Robert Bruce Cotton

罗里默   F. M. G. Lorimer

马克·琼斯   Mark Jones

马熙乐   Shelagh Vainker

麦嘉乐   Carol Michaelson

蒙安泰   Alastair Morrison

莫尼卡·波伦   Monique Pullan

尼尔·麦克奎格尔   Neil MacGregor

彼得·柯林伍德   Peter Collingwood

乔纳森·威廉姆斯   Jonathan Williams

琼·约书亚   Joan Joshua

让·皮埃尔·戴仁   Jean-Pierre Drege

塞西莉亚·布拉金   Cecilia Braghin

司美茵   Jan Stuart

苏默维尔   Summerville

塔妮娅·察拉伯   Tanya Szrajber

唐纳德·金   Donald King

特里萨·弗朗西斯   Teresa Francis

汪海岚   Helen Wang

魏泓   Susan Whitfield

韦斯   Wace

韦陀   Roderick Whitfield

卫怡真   Verity Wilson

温特   Winter

伍德查特   Woodchild

吴芳思   Frances Wood

小川靖康   Yasuhiko Ogawa

小约翰   Littlejohn

尤吉尼·卡特拉丽   Eugene Chartraire

约翰·劳瑞   John Lowry

翟林奈   Lionel Giles

周·克力布   Joe Cribb

朱利叶斯·凡·威斯纳   Julius von Wiesner

克尔   Rose Kerr

机构名

巴特斯理工大学   Battersea Polytechnic

产业博物馆   Museum of Manufactures

大英博物馆   British Museum

东方和印度藏品部
    OIOC, the Oriental and India Office
    Collections

东印度公司   East India Company

工业美术教育学院（克什米尔）
    Industrial Art Education（Kashmir）

国际敦煌项目   International Dunhuang Project

加尔各答伊斯兰学校   Calcutta Madrasah

拉合尔亚洲学院   Oriental College, Lahore

梅隆基金会   Andrew W. Mellon Foundation

南肯辛顿博物馆　South Kensington Museum

牛津大学包德利图书馆
　　　Bodleian Library，Oxford University

旁遮普大学　Punjab University

尚思大教堂　Sens Cathedral

斯坦因藏品室　Stein Collection

外交和殖民地事务部
　　　Foreign and Colonial Office

维多利亚与艾尔伯特博物馆
　　　Victoria and Albert Museum

徐展堂展厅　T. T .Tsui Gallery

亚太非藏品部
　　　APAC，Asia，Pacific and Africa
　　　Collections

亚洲纺织品资料研究中心
　　　AEDTA，Association pour l'Etude et la
　　　Documentation des Textiles d'Asie

印度博物馆　India Museum

印度高级事务办公室
　　　Office of the High Commissioner for
　　　India

印度事务部　India Office

印度事务部图书馆　　India Office Library

印度事务部图书馆和档案部
　　　India Office Library and Records

印度艺术博物馆　Museum fur Indische Kunst

印度政府　Government of India

英国国家图书馆　British Library

英国学术院　British Academy

英国文化协会　British Council

英国议会　British Parliament

中英学者基金会　Sino-British Fellowship Trust

自然历史博物馆　Natural History Museum

地名

阿姆河　Oxus

班伯里　Banbury

布达佩斯　Budapest

布伦斯堡　Bloomsbury

呼罗珊　Khorasan

辉伊　Huy

克什米尔　Kashmir

莱比锡　Leipzig

孟加拉　Bengal

莫谢瓦亚巴尔卡　Mochevaya Balka

旁遮普　Punjab

斯林那加　Srinagar

蒂宾根　Tubingen

维也纳　Vienna

新德里　New Delhi

著作名

《纺织品史》Textile History

《古代和田》Ancient Khotan

《国际古代纺织品研究中心会刊》
　　　Bulletin du CIETA Le Centre International
　　　d'Etude des Textiles Anciens

《契丹沙漠废墟》Ruins of Desert Cathay

《千佛洞》
　　　Caves of the Thousand Buddhas
　　　Chinese art from the Silk Route

《沙埋和田废墟记》
　　　Sand-buried Ruins of Khotan

《西域考古图记》Serindia

《亚洲腹地》Innermost Asia

《中国丝绸》Chinese silk: a cultural history

《中国艺术》Chinese Art

《中世纪早期织物图录》
　　　Catalogue of Early Medieval Woven Fabrics

《中亚艺术》
　　　The Art of Central Asia

附录3 伦敦的敦煌织物展示

1911	大英博物馆：展览（21 小片丝织物）[见包德利图书馆 Stein MSS 39/53]。
1912—1913	水晶宫：《帝国的节日》（ *Festival of Empire* ），其中有 18 件丝绸画参与展览。[见包德利图书馆 Stein MSS 39/53]。
1914.05	大英博物馆：《斯坦因爵士从中国西北收集的绘画、手稿和考古文物展》（ *Exhibition of paintings, manuscripts, and other archaeological objects collected by Sir Aurel Stein in Chinese Turkestan* ）。[关于展览导览，见 STEIN M A, 1914。关于展览细节，请见 WANG, 2002, pp. 662-667, and Appendix 1; and WANG, 2004, p.61]。
1925.07	大英博物馆（陶瓷馆）：《斯坦因第三次中亚探险收集文物典型标木展》（ *Ternporary exhibition of representative specimens of antiques from Sir Aurel Stein's Third Central Asian Expedition* ）。[见 W. Perceval Yetts'review of the exhibition in The Burlington Magazine for Connoisseurs vol. 47, no. 269（ August 1925 ）, p.103]。
1931.03.24—1931.05.02	印度馆：《斯坦因第三次中亚探险文物展》包括了纺织品。
1935.10	皇家艺术院：《国际中国艺术展》（ *International Exhibition of Chinese Art* ），其中展示了敦煌藏经洞出土的幡（ Ch.i.0022 ）和幡头（ Ch.0086 ）。[展览图录同时出版，见 Royal Academy of Arts 1936]。
1991 至今	维多利亚与艾尔伯特博物馆（徐展堂厅）：中国文物陈列中有敦煌织物部分。[展厅图录同时印行，见 KERR R, 1991]。
1990	大英博物馆：《千佛洞展》（ *Caves of the Thousand Buddnas* ）。[展览图录同时出版，见 WHITFIELD R, FARRER A, 1990]
1997 至今	维多利亚与艾尔伯特博物馆（98 号展厅）：陈列中有敦煌织物。
2003.05.07—2003.09	英国国家图书馆：《丝绸之路：贸易、旅行、战争和信仰》（ *The Silk Road: Trade, Travel, War and Faith* ）。[展览图录同时出版，见 WHITFIELD S, URSULA S-W, 2004]

附录4 图片来源

新疆维吾尔自治区博物馆：图 6、图 41、图 55、图 58
敦煌研究院：图 7、图 10、图 18、图 60
内蒙古巴林右旗博物馆：图 25
新疆文物考古研究所：图 59
法门寺博物馆：图 64

王乐：图 5、001、003、004 结构示意、图 23、图 28-37、图 39、图 42-53、025、079 结构复原、034、
　　　036、047、093、104、122–123、163–164 图案复原
万芳：024、040、079、086、098、105、140、155-157、171、174 图案复原
冯荟：029、055、092、094-095、103、120 图案复原
顾春华：图 9、图 12-14、图 17、图 20-22、图 24
刘珂艳：180、181 图案复原
谭文佳：007 示意图
赵丰：图 3-4、图 40、082 图案复原、图 55

图 8 *Tissus de Touen-Houang*，*EO.1201*，附图 2
图 15 《中国古舆服论丛》(增订版)，图 2-1
图 16 *Gandharan Art I*, pl. IV
图 27 《正仓院裂と飞鸟天平の染织》，p.160
图 38 *Innermost Asia* Vol.III, pl. LXXX
图 56 *Von China nach Byzanz*, pp.96–97
图 57 《俄藏敦煌艺术品》，图 175
图 65 *Serindia* Vol. IV, pl. CV

ff27

参考文献

中文文献

[1] 常沙娜, 2001. 中国敦煌历代服饰图案[M]. 北京: 中国轻工业出版社.

[2] 敦煌文物研究所, 1972a. 新发现的北魏刺绣[J]. 文物(2): 54-60.

[3] 敦煌文物研究所, 1972b. 莫高窟发现的唐代丝织品及其它[J]. 文物(12): 55-67.

[4] 敦煌研究院, 1992. 敦煌石窟艺术[M]. 南京: 江苏美术出版社.

[5] 高汉玉, 屠恒贤, 1985. 敦煌窟藏的丝绸与刺绣[J]. 丝绸史研究(4): 10-13.

[6] 韩国磐, 1986. 敦煌吐鲁番出土经济文书研究[M]. 厦门: 厦门大学出版社.

[7] 韩伟, 1991. 法门寺地宫唐代随真身物帐考[J]. 文物(5): 27-37.

[8] 郝春文, 1998. 唐后期五代宋初敦煌僧尼的社会生活[M]. 北京: 中国社会科学出版社.

[9] 胡素馨, 2003. 佛教物质文化寺院财富与世俗供养[M]. 上海: 上海书画出版社.

[10] 黄正建, 1993. 敦煌文书与唐代军队衣装[J]. 敦煌学辑刊(1): 11-15.

[11] 黄正建, 1998. 唐代衣食住行研究[M]. 北京: 首都师范大学出版社.

[12] 姜伯勤, 1994. 敦煌吐鲁番文书与丝绸之路[M]. 北京: 文物出版社.

[13] 姜伯勤, 2001. 敦煌科举文书的社会功能——兼论敦煌写本中的社会史料[J]. 中山大学学报(3): 49-55.

[14] 金滢坤, 1998. 从敦煌文书看晚唐五代敦煌地区布纺织业[J]. 敦煌研究(2): 133.

[15] 李诫, 1954. 营造法式[M]. 北京: 商务印书馆.

[16] 林健, 赵丰, 薛雁, 2005. 甘肃省博物馆新藏唐代丝绸的鉴定研究[J]. 文物(12): 60-68.

[17] 刘慧琴, 1995. 从敦煌文书中看沙洲纺织业[J]. 敦煌学辑刊(2): 49-54.

[18] 马德, 2008. 敦煌刺绣《灵鹫山说法图》的年代及相关问题[J]. 东南文化(1): 71-73.

[19] 宁可, 郝春文, 1999. 敦煌社邑文书辑校[M]. 南京: 江苏古籍出版社.

[20] 彭金章, 王建军, 2000. 敦煌莫高窟北区石窟[M]. 北京: 文物出版社.

[21] 丘古耶夫斯基, 2000. 敦煌汉文文书[M]. 王克孝, 译. 上海: 上海古籍出版社.

[22] 沙知, 孔祥星, 1984. 敦煌吐鲁番文书研究[M]. 兰州: 甘肃人民出版社.

[23] 山东省博物馆, 1977. 临淄郎家庄一号东周殉人墓[J]. 考古学报(1): 83-85.

[24] 山西省考古研究所, 2003. 太原北齐徐显秀墓发掘简报[J]. 文物(10): 4-40.

[25] 陕西省文物局, 法门寺博物馆, 1999. 法门寺[M]. 香港: 香江出版有限公司.

[26] 尚刚, 1998. 唐代工艺美术史[M]. 杭州: 浙江文艺出版社.

[27] 史苇湘, 1993. 刘萨诃与敦煌莫高窟[J]. 文物(6): 5-13.

[28] 宋家玉, 刘忠, 2000. 英国收藏敦煌汉藏文献研究[M]. 北京: 中国社会科学出版社.

[29] 孙继民, 1997. 敦煌文书S.964的定名及所涉兵员身份[J]. 敦煌研究(1): 101-112.

[30] 谭蝉雪, 1993. 敦煌婚姻文化[M]. 兰州: 甘肃人民出版社.

[31] 唐耕耦, 1997. 敦煌寺院会计文书研究[M]. 台北: 新文丰出版股份有限公司.

[32] 唐耕耦, 陆宏基, 1990a. 敦煌社会经济文献真迹释录(三)[M]. 北京: 全国图书馆文献缩微复制中心.

[33] 唐耕耦, 陆宏基, 1990b. 敦煌社会经济文献真迹释录(四)[M]. 北京: 全国图书馆文献缩微复制中心.

[34] 唐耕耦, 陆宏基, 1990c. 敦煌社会经济文献真迹释录(五)[M]. 北京: 全国图书馆文献缩微复制中心.

[35] 王谠, 1987. 唐语林[M]. 北京: 中华书局.

[36] 王仁裕, 姚汝能, 2006. 开元天宝遗事·安禄山事迹[M]. 北京: 中华书局.

[37] 王㐌, 2001. 王㐌与纺织考古[M]. 香港: 艺纱堂/服饰出版社.

［38］魏同贤,孟列夫,1998. 俄藏敦煌艺术品Ⅱ[M]. 上海:上海古籍出版社.

［39］吴永琪,郭宝发,1998. 秦始皇陵铜车马修复报告[M]. 北京:科学出版社.

［40］武敏,1984. 吐鲁番出土蜀锦的研究[J]. 文物(6): 76.

［41］新疆维吾尔自治区博物馆,出土文物展览工作小组,1973. 丝绸之路——汉唐织物[M]. 北京:北京文物出版社.

［42］新疆维吾尔自治区博物馆,西北大学历史系考古专业,1975. 1973年吐鲁番阿斯塔那古墓群发掘简报[J]. 文物(7): 8-26.

［43］新疆文物考古研究所,2000. 阿斯塔那古墓群第十次发掘简报[J]. 新疆文物(3): 4.

［44］扬之水,2004. 古诗文名物新证(二)[M]. 北京:紫禁城出版社,2004.

［45］赵丰,1991. 敦煌所见隋唐丝绸中的花鸟图案[C]//姜亮夫,郭在贻. 敦煌吐鲁番学研究论文集. 上海:汉语大词典出版社,858-871.

［46］赵丰,1992. 唐代丝绸与丝绸之路[M]. 西安:三秦出版社.

［47］赵丰,1996. 隋唐丝绸上的团窠图案[J]. 故宫文物月刊(7): 14-21.

［48］赵丰,1999. 织绣珍品——图说中国丝绸艺术史[M]. 香港:艺纱堂/服饰出版社.

［49］赵丰,2000. 辽庆州白塔所出丝绸的织染绣工艺[J],文物(4): 70-81.

［50］赵丰,2002a. 雁衔绶带锦袍研究[J]. 文物(4): 73-80.

［51］赵丰,2002b. 纺织考古新发现[M]. 香港:香港艺纱堂/服饰出版社.

［52］赵丰,2004. 辽代丝绸[M]. 香港:沐文堂.

［53］赵丰,陆芳芳,2023. 西海长云: 6—8世纪的丝绸之路青海道[M]. 杭州:浙江大学出版社.

［54］赵丰,于志勇,2000. 沙漠王子遗宝: 丝绸之路尼雅遗址出土文物[M]. 香港:艺纱堂/服饰出版社.

［55］中国社会科学院历史研究所,中国敦煌吐鲁番协会敦煌古文献编辑委员会,1990-1995. 英藏敦煌文献(汉文佛经以外部分)[M]. 成都:四川人民出版社.

外文文献

日文

［1］ シルクロード 學研究センタ-,2000. トルファン地域と出土絹織物[M]. 奈良:シルクロード 學研究センタ-.

［2］ 長澤和俊,1984. 染織の美(30卷)[M]. 京都:京都書院.

［3］ 松本包夫,1984. 正仓院裂と飞鸟天平の染织[M]. 京都:紫紅社.

［4］ 栗田功,2003. ガンダーラ美術I仏伝 全2卷(改訂增補版)[M]. 東京:二玄社.

西文

［1］ ANDREWS F H, 1935. Descriptive catalogue of antiquities recovered by Sir Aurel Stein during his explorations in Central Asia, Kansu and Eastern Iran[M]. India: New Delhi.

［2］ BAKER M, RICHARDSON B, 1997. A Grand Design: The Art of the Victoria and Albert Museum[M]. London: V&A Publications.

［3］ BECKER J, WAGNER D B, 1987. Pattern and Loom: A Practical Study of the Development of Weaving Techniques in China, Western Asia and Europe[M]. Copenhagen: Rhodos International Publishers.

［4］ BINYON L, 1936. The Chinese exhibition: a commemorative catalogue of the International Exhibition of Chinese Art[M]. London: Faber & Faber.

［5］ BURNHAM H B, 1965. Technical aspects of the warp-faced compound tabbies of the Han dynasty[J]. Bulletin de Liaison du Centre International d'Etude des Textiles Anciens(22): 25-45.

［6］ CHARLESTON R J, 1948. Han Damasks[J]. Oriental Art(3): 63-81.

［7］ CHARTRAIRE E, 1911. Les tissues anciens du trésor de la cathédrale de Sens[J]. Revue de l'Art Chrétien, 61(29): 47.

[8]　COLLINGWOOD P, 1982. The Techniques of Tablet Weaving[M]. London: Faber &Faber.

[9]　DIAMOND E, ROGERS T, 1983. Catalogue of the papers of Sir (Marc) Aurel Stein (1862—1943). Oxford: Bodleian Library, typescript catalogue, unpublished.

[10] DRÈGE J-P, 1979. Les cahiers des manuscrits de Touen-huang[M]. Geneva and Paris: Librairie Droz.

[11] DRÈGE J-P, 1996. Papillons et tourbillons[M]. Geneva: Librairie Droz.

[12] FALCONER J, et al., 2002. Catalogue of the collections of Sir Aurel Stein in the Library of the Hungarian Academy of Sciences[M]. Budapest: Library of the Hungarian Academy of Sciences and British Museum.

[13] FALKE O VON, 1913. Kunstgeschichte der Seidenweberei[M]. Berlin: Verlag Ernst Wasmuth.

[14] FRY R E, et al., 1935. Chinese Art: An introductory Handbook to Painting, Sculpture, Ceramics, Textiles, Bronzes & Minor Arts[M]. London: B. T. Batsford Ltd.

[15] GILES L, 1957. A Descriptive Catalogue of the Chinese manuscripts from Tunhuang in the British Museum[M]. London: British Museum.

[16] HICKMAN M L 1973. Notes on Buddhist banners[J]. Boston Museurm Bulletin, 71(363): 4-20.

[17] IERUSALIMSKAJA A A, BORKOPP-RESTLE B, 1996. Von China nach Byzanz: frühmittelalterliche Seiden aus der Staatlichen Ermitage Sankt Petersburg[M]. München: Bayerisches National Museum.

[18] JOSHUA J, 1933. The restoring of ancient textiles[J]. Embroidery(9): 15-18.

[19] KENDRICK A F, 1925. Catalogue of Early Medieval Woven Texties[M]. London: Victoria and Albert Museum.

[20] KERR R, 1991. Chinese Art and Design: the T. T. Tsui Gallery of Chinese Art[M]. London: Victoria and Albert Museum.

[21] KING D, 1968. Some notes on warp-faced compound weaves[J]. Bulletin du CIETA(28): 9-19.

[22] KRAHL R, 1989. Designs on early Chinese Textiles[J]. Orientations(8): 62-73.

[23] LI J, 2003. The Glory of the Silk Road: Art from Ancient China[M]. Dayton Ohio: The Dayton Art Institute.

[24] LOWRY J, 1963. Early Chinese Silks[J]. CIBA Review(2): 2-30.

[25] LUBO-LESNITCHENKO E.I, 1961. Drevnie kitaĭskie shelkovye tkani i vyshivki V v. do n.ė.-III v. n.ė. v sobranii Gosudarstvennogo Ėrmitazha: katalog[M]. Russia: Изд-во Гос. Эрмитажа.

[26] LUBO-LESNITCHENKO E.I, 1993. Western motifs in the Chinese textiles ofthe Early Middle Ages[J]. National Palace Museum Bulletin, 28(3-4): 1-28.

[27] MALLORY J P, MAIR V H, 2000. The Tarim Mummies: Ancient China and the Mystery of the Earliest Peoples from the West[M]. London: Thames & Hudson.

[28] MATANO M, 1909. Toyei Shuko: An Ilustrated Catalogue of the Ancient Imperial Treasury Called Shosoin at Nara [M]. 3 vols. Tokyo: Shimbi Shoin.

[29] MIRSKY J, 1977. Sir Aurel Stein—archaeological explorer[M]. Chicago: Chicago University Press.

[30] MONIQUE P, HANNAH V, 2018. Conserving and Displaying Textiles from the Stein Collection at The British Museum: Sakyamuni Preaching on Vulture Peak[C]//Textiles from the Silk Road in Museum Collections. London: The British Museum Mellon Symposium, 10.

[31] MUTHESIUS A M, 1995. Byzantine Influences along the Silk Route: Central Asian Silks Transformed[C]// Textile Society of America. Contact, Crossover, Continuity: Proceedings of the Fourth Biennial Symposium of the Textile Society of America, 181-191.

[32] MUTHESIUS A M, 1997. Byzantine Silk Weaving AD 400 to AD 1200[M]. Vienna: Verlag Fassbaender.

[33] OGAWA Y, 2006. A study of the silk braids on Stein Chinese scrolls[J]. IDP News(27): 6-7.

[34] O'NEALE L M. DOROTHY F.D, 1945. An Analysis of the Central Asian Silks excavated by Sir Aurel Stein[J]. Southwestern Journal of Anthropology(3): 392-446.

［35］PERSSON H, 2005. The Stein Textile Project at the Victoria & Albert Museum[J]. Circle of Inner Asian Art, 7(20): 24-25.

［36］PERSSON H, 2007. The Stein Mellon Textile Project at the V&A[J]. V&A Conserva-tion Journal(55): 2.

［37］POLYSPRING CO., 2002. Treasures of Dunhuang Grottoes[M]. Hong Kong: Polyspring Co., Ltd.

［38］RIBOUD K, 1972. Some remarks on strikingly similar Han fi gured silks found in recent years in diverse sites[J]. Archives of Asian Art(26): 12-25.

［39］RIBOUD K, 1975. Further Indication of Changing Techniques in Figured Silks of the Post-Han period[J]. Bulletin du CIETA, 41(2): 13-40.

［40］RIBOUD K, VIAL G, 1970. Tissus de Touen-Houang : conservés au Musée Guimet et à la Bibliothèque Nationale[M]. Paris: Adrien-Maisonneuve.

［41］ROBOT J-B , MONIQUE M, 1989. Le rôle des bannières et des peintures mobiles dans les rituals du bouddhisme d'Asie centrale[J]. Arts Asiatiques(44): 57-67.

［42］RYDER M, 2000. The Silk Route[J]. Textiles Magazine(2): 11-18.

［43］SHEPHERD D G, HENNING W B, 1959. Zandaniji Identified?[J]//Richard Ettinghause, Aus der Welt der islamischen Kunst: Festschrift für Ernst Kühnel zum 75. Geburtstag am 26. 10. 1957. Berlin: Mann, 15-40.

［44］SIGRID M-C, 1981. Documenta Textilia: Festschrft fur Sigrid Muller-Chistensen[M]. Munchen: Deutscher Kunstverlag.

［45］SKELTON R, 1978. The Indian Collections: 1798 to 1978[J]. The Burlington Magazine, CXX(902): 297-304.

［46］STEIN M A, 1903. Sand-buried ruins of Khotan: personal narrative of a journey of archaeological & geographical exploration in Chinese Turkestan[M]. London: T. F. Unwin.

［47］STEIN M A, 1907. Ancient Khotan: detailed report of archaeological explorations in Chinese Turkestan[M]. Oxford: Clarendon Press.

［48］STEIN M A, 1912. Ruins of Desert Cathay: personal narrative of explorations in Central Asia and Westernmost China[M]. London: MacMillan & Co. Ltd.

［49］STEIN M A, 1914. Guide to an exhibition of paintings, manuscripts, and other archaeological objects collected by Sir Aurel Stein in Chinese Turkestan[M]. London: British Museum.

［50］STEIN M A, 1920. Central Asian relics of China's ancient silk trade[J]. T'oung Pao, 2(20): 130-141.

［51］STEIN M A, 1921a. Ancient Buddhist paintings form the Caves of the Thousand Buddhason the westernmost border of China[M]. London: B. Quaritch.

［52］STEIN M A, 1921b. Serindia: detailed report of explorations in Central Asia and Westernmost China[M]. Oxford: Clarendon Press.

［53］STEIN M A, 1928. Innermost Asia: detailed report of explorations in Central Asia, Kan-su and Eastern Iran[M]. Oxford: Clarendon Press.

［54］STEIN M A, 1933. On Ancient Central-Asian Tracks: Brief Narrative of Three Expeditions in Innermost Asia and North-Western China[M]. London: Macmillan.

［55］STEIN M A, ANDREWS F H, 1920. Ancient Chinese figured silks excavated by Sir Aurel Stein at various sites of Central Asia[J]. The Burlington Magazine for Connoisseurs, 37(208): 2-10.

［56］TAMBURINI D, et al., 2019. An investigation of the dye palette in Chinese silk embroidery from Dunhuang (Tang dynasty)[J]. Archaeological and Anthropological Science(11): 1221-1239.

［57］VAINKER S, 2004. Chinese silk: a cultural history[M]. London: British Museum.

［58］VICTORIA AND ALBERT MUSEUM, 1997. A Grand Design: The Art of the Victoria and Albert Museum[M]. London: V&A publications.

［59］WALKER A, 1995. Aurel Stein, pioneer of the Silk Road[M]. London: John Murray.

[60] WANG H, 1999. Handbook to the Stein Collections in the UK[M]. London: British Museum Occasional.

[61] WANG H, 2002. Sir Aurel Stein in The Times[M]. London: Saffron Books.

[62] WANG H, 2004. Catalogue of the Sir Aurel Stein Papers in the British Museum Central Archives[C]// Sir Aurel Stein: proceedings of the British Museum study day, 23 March 2002. London: British Museum, 3(142): 37-62.

[63] WATT C Y, et al, 2004. China: Dawn of a Golden Age, 200-750 AD[M]. NewYork: Metropolitan Museum of Art.

[64] WATT C Y, WARDWELL E, 1997. When Silk was Gold: Central Asian and Chinese Textiles[M]. New York: The Metropolitan Museum of Art.

[65] WHITFIELD R, 1983. The Art of Central Asia. The Stein Collection in the British Museum[M]. 3 vols: Textiles, sculpture and other arts. Tokyo: Kodansha International Ltd in cooperationwith the Trustees of the British Museum.

[66] WHITFIELD R, 1998. Four unpublished paintings from Dunhuang in the Oriental Collections of the British Library[J]. British Library Journal, 24(1): 90-97.

[67] WHITFIELD R, FARRER A, 1990. Caves of the Thousand Buddhas: Chinese art from the Silk Route[M]. London: British Museum Publications Ltd.

[68] WHITFIELD S, URSULA S-W, 2004. The Silk Road: Trade,Travel, War and Faith[M]. London: British Library.

[69] WHITFIELD S, WOOD F, 1996. Dunhuang and Turfan: contents and conservation of ancient documents from Central Asia[M]. London: British Library Studies in Conservation Science.

[70] WILSON V, 1995. Early Textiles from Central Asia Approaches to study with reference to the Stein Loan Collection in the Victoria and Albert Museum, London[J]. Textile History, 26(1): 23-52.

[71] YAMANOBE T, 1979. Fabrics from the Silk Road: the Stein Collection, National Museum, New Delhi[M]. Kyoto: Shikosha.

[72] ZHAO F, 2003. Three textiles from Turfan[J]. Orientations, 2(34): 25-31.

[73] ZHAO F, 2004. Style from the steppes[M]. London: Rossi & Rossi.

索引